【改訂新版】

日本仏教のあゆみ

その歴史を読み解く

宮坂宥勝
Yusho Miyasaka

大法輪閣

目次

第三章　平安仏教……146

第四章　鎌倉仏教……256

まえがき（旧版より）

日本という風土のなかに根を下ろし、いわばわれわれ日本人の血となり肉ともなってしまっている仏教。その仏教のあゆみについて語るのは、概略的にでも容易なことでない。

一口に日本文化というけれど、その内容は複雑であり、またきわめて重層的な点は、ひとり宗教におけるシンクレティズム（諸教混淆）にとどまらないようである。わが国を他の世界諸国家の多くと比較していいうることは、――むろん、相対的な意味しかもちえないかも知れないが――一国家、おおむね一民族、一言語というのが、日本の特徴的な点ではないかと思われる。そうした国家にあって、仏教はどのように位置づけられ、評価されてきたであろうか。

第二次大戦のときには、偏狭な国粋主義者たちの、仏教は外来の宗教であってわが国固有のものでないという主張が横行し、国会では「いろは歌」は仏教の産物だから廃止すべしといった議論が大まじめで取りあげられ、椎尾辨匡《しいおべんきょう》師が反撃したのを覚えている。戦争が激しくなってきたとき、地方では戦死者の葬儀はすべて仏式を廃して神葬にしなければならないというようにさえなった。

恩師高神覚昇《たかがみかくしょう》先生は、神道は父、仏教は母で、この両親のもとに日本文化が生まれたのだから、今更嫁は他人の家から来た外者《よそもの》だから追い出せという離縁状は、理不尽きわまるといった。苦しい弁明のようにも思われたが、まだ学徒出陣前だったけれど、筆者は第二次排仏毀釈が着々と進行しているのを何かしら実感して仕方なかった。戦中派のひとりとして、不愉快な憶《おも》い出の一つではある。あの戦争がもっと長びいたならば、あるいは本当に排仏毀釈がはじまっていたかも知れない。

梅原猛はこうした戦時中の出来事とは別に、ある意味で排仏毀釈（現在は廃仏棄釈とも表記する）は今日まで続いているといっているけれども、確かにその通りであって、仏教はわが国固有の宗教ではないという意識は、直ちに仏教は日本の歴史や文化にとって本質的なものではありえないという結論に短絡する傾向が、今日、全くないとは断言できない。逆に大部分の人びとは仏教こそ日本の宗教だと思っているが、何よりもまず日本仏教そのものを正しく理解するためにも、仏教は本来、日本の宗教ではなく、インドの宗教であることから、認識してかからなければならないという所見もある。われわれは最初から仏教を日本宗教の一つとして取りあつかう態度よりも、やはり純然たるインド宗教として、まず仏教を正しく認識するほうが、けっきょく、いかなる意味においても日本仏教の性格、特徴を知るうえにも、きわめて必要なことではないかと思うのである。

かつて東大寺凝然《ぎょうねん》が『三国仏法伝通縁起』三巻を著したように、本来からすれば、インド・中国・日本を通じての現代版、伝通縁起が書かれなければならないであろう。もちろん、それはたんなる教理の歴史ではなく、それぞれの国の歴史、社会、文化との関わりにおいて、仏教がどのように受容され変貌し発展していったか、三国仏教の共通性と差異性とをはっきりさせるようなものでなければならない。

インド、中国に関してはすでに恩師渡辺照宏《しょうこう》先生の『仏教のあゆみ』（大法輪閣刊）が世に出た。本書『日本仏教のあゆみ』は、いわばその姉妹篇をなすものかと思われる。したがって、先生の著書と脈絡を保ち、仏教史発展の必然性が明確化されなければならぬであろう。しかし、本書は果して、そうした要請に答えられたであろうか。

とまれ、わが国の歴史と文化を形成してきた最大の原動力となったのは日本仏教であり、またわれわれ日本人の精神構造それじたいとして日本の仏教が捉えられるべきである。

そうした視点からするならば、およそ日本の歴史と文化とにふれる限りは、何びとといえども日本仏教を語ることはとりもなおさず、おのれの精神的履歴を語ることだといってよいであろう。

本書の前半をなす平安仏教までは、かつて「大法輪」誌上に毎月分載したものを補訂した。当時、筆者は一身上の都合で学窓を離れており、過忙とも思われるほどの繁雑な寺務と世俗の仕事に追われるなかで、寸暇を盗んで執筆をつづけた。したがって、今、読み返してみると十分に検討を要すると思われる箇所も少なくなく、意に満たないわけであるが、ともかく、今回、鎌倉以後を新たに書き加えて、日本仏教のあゆみに一往の形をつけたような次第である。

学校の倫社などの時間で、こまぎれに日本の仏教を教えているわけであるが、そうした教育を受けてきた若い層の人びと、あるいは広く仏教に関心をもつ一般読書士を主な対象として念頭に置きながら書いたのが本書である。

「大法輪」誌掲載のころから、終始、お世話になり、本書の生みの親ともいうべき畏友、渡辺照敬氏に心から感謝する。

一九七六年十二月

信州の山房にて

筆　者

しるす

改訂新版

日本仏教のあゆみ

――その歴史を読み解く

第一章

仏教の伝来と飛鳥時代の仏教

▼はじめに

仏教はキリスト教、イスラム教とともに、今日、世界の三大宗教といわれているように、世界宗教の一つに数えられていることはいうまでもない。

仏教が興起したのは西紀元前五世紀頃で、古代インド奴隷制社会の後期のことであった。わが国では狩猟《しゅりょう》や漁撈《ぎょろう》を生活の実体としていた縄文文化の時代に相当する。それから大和朝廷の後期すなわち古墳末期に仏教が初めてわが国に伝来するまでの間に、インドではすでに五世紀、中国でも数世紀にわたる仏教の歴史が流れていたのである。

そして、わが国に仏教が伝来して以来、今日にいたるまで、一千四百年の歴史がつづられているから、全般的にみてもわが国の仏教はわが国の歴史の幕明けとともに歩んできたといえるであろう。

仏教は基本的には世界宗教として普遍的な性格をもつとともに、またいっぽうでは、時代、地域、民族、社会その他文化一般の制約や影響のもとに、アジアの広範な諸地域において多種多彩な形態をとって発展をとげたのであった。キリスト教やイスラム教、あるいは儒教や道教などに較《くら》べて、単一宗教でありながら、内容的にみておそらくこれほど多様性に富んだ宗教は他にないであろう。これはひとえに仏教そのものが本来もっていた性格、つまり釈尊の説いた普遍的な真理《ダルマ》と寛容の精神とによるものであるといわなければならない。

インド仏教は中国に移入されて、中国的に受容され、さらに多くの変化、発達をとげた。われわれが中国仏教といっているのが、それである。インド仏教がインド・アリアン民族の諸言語を用いたのに対して、中国は漢字文化の国で全く言語系統を異にし、文化の様相も違っていたから、インド仏教が中国に伝えられた場合には大部分の労力を翻訳作業に費やさなければならなかった。

この中国における漢訳仏典は仏像、仏具、儀礼儀式などとともに朝鮮に伝えられた。そして朝鮮仏教または中国仏教がわが国に伝えられて、日本仏教が形成されていったのである。漢訳仏典を用いる点では中国と同じであるけれども、日本語と中国語あるいは朝鮮語とではこれまた言語が違っていた。もとより漢字の輸入とともに漢字音も日本語に入り、その語彙《ごい》はより豊かなものになっていったが、言語の相違は仏教受容の場合にもおのずから諸般の点で異なった結果をもたらした。だから、仏教はすでにインド仏教が中国仏教、朝鮮仏教というかたちで屈折し、さらにそれらがわが国に根を下ろして発展し、あるいは変貌をとげたのである。

このようなわけで、同じく、仏教といっても、インド仏教、中国仏教、朝鮮仏教、日本仏教では継続的に伝播《でんぱ》しながらも、他面では著しく異なっている。今日、日本仏教は世界宗教というよりも、なかば民族宗教化してしまっているともいえよう。

したがってわれわれが日本仏教史の流れをみてゆく場合にも、仏教の実践体系がもつ世界的な普遍性と同時に、歴史社会のなかで形成されてきた民族的な特殊性とを絶えず顧慮してみることがたいせつではないかと思われる。日本文化を明らかにする重要な鍵《かぎ》の一つは日本仏教にあると筆者は考えるのであるが、こうした仏教の二面性は日本文化の特質を理解するうえにも十分に注意を払う必要があるであろう。

近年、わが国における仏教の歴史的研究は、長足の進歩をみせている。第二次大戦後すでに数十年になんなんとするこの間、日本史についても自由な批判的研究が行なわれるようになり、戦前にはタブーとされていた研究分野にも、大胆にメスを入れることができるようになった。日本仏教史研究も、このような一般史学界の進展とともに、すぐれた成果が次つぎに生まれている。

ところで、仏教史の専門書は数多く出ているけれども、いずれかといえば一般の読書人にはなじみがうすい。また、わが国の歴史を勉強する場合にも、仏教史の知識は不可欠であるが、たんに教理の歴史を述べただけのものでは一般社会の動きや文化現象との関連が明らかでないために用をなさないことが少なくない。そこで一般史との関連をできるだけ考慮しながら、多角的かつ平易に筆をすすめてみることにした。とはいうものの、一千四百年の日本仏教の歩みをたどるのは容易ならざることである。そこで、大筋をとらえて、重点的に述べてみたいと思うのである。

従来の仏教史研究の成果をふまえていることはいうまでもないが、筆者がとくに関心をいだいている事柄や新たに着目していることについての叙述をまじえた箇所もあることを諒とされたい。

▼日本仏教のあけぼの

いずれの古代民族も現実の生活を中心とした素朴な感情と感覚的な認識に支配されていた。したがって、論理的、抽象的なものの考え方、超経験的な認識、すなわち広い意味における思想とよぶべきものをまだもっていなかった。わが国の場合もまたそうである。今日、民族固有の信仰とか古神道といっているのは、自然物や自然現象を神とするところのいわゆる自然神、または先祖神としての氏族の神（氏神《うじがみ》）をまつるものであって、アニミズム的信仰または祖先信仰がそれである。

古代の氏族社会は氏上《うじのかみ》をいただいた氏子《うじこ》たちよりなる血縁集団であって、農耕経済の段階において地縁関係を生じる。こうした氏族社会の宗教は祖先崇拝を信仰の主体とする。これは今日にいたるまで、日本仏教の本質的な部分を構成してなお存続しているものである。

仏教渡来前後の時代は古墳時代の後期に当たり、西紀四五〇年より六五〇年ころのことである。巨大な前方後円墳《ぜんぽうこうえんふん》は応神陵《おうじんりょう》や仁徳陵《にんとくりょう》がそれを代表しており、古代帝王の権威とともに日本人の祖霊信仰を如実に物語っているものでもある。すでに弥生《やよい》式文化が終わり、統一国家が出現しつつあるが、これは多分に氏族的な性格をもつものである。

わが国と朝鮮半島諸国との文化交流が仏教渡来以前から活発に行なわれていたことは、考古学的遺品や『日本書紀』の記録などに徴《ちょう》しても想像以上のものがある。したがって朝鮮仏教がわが国に伝来するためには、それなりの機が熟していたことが知られるのである。

西域仏教の中国流伝

仏教東漸《とうぜん》といわれるように、まさしくインドの仏教は中央アジアから絹の道《シルクロード》を通って中国へ流伝《るでん》し、そして朝鮮半島を通じて東海の島国である日本に伝えられたのである。この道程は、今日、アジアの地図をひらいてみてもじつに遠く遙かなものがある。中央アジアの仏教を西域《さいいき》仏教という。この西域仏教は後漢の明帝《めいてい》の永平十年（六七）に中国にもたらされたと伝えられるが、実際にはそれ以前から私伝されていたようである。

桓帝《かんてい》の建和二年（一四八）に、パルティア（安息国《あんそくこく》）のアルサケス（Arsakes）すなわち安《あん》世高《せいこう》が洛陽《らくよう》に来て、仏典を翻訳し、伝道した。この頃、すなわち二世紀の半ば頃から本格的な仏教の伝来がはじまる。インドでは中観《ちゅうがん》派の祖ナーガールジュナ（竜樹《りゅうじゅ》）が活動していた時代である。

朝鮮半島への流伝

東晋《とうしん》（三一七—四二〇）の時代になると、インドと中国との直接的な交流がはじまる。インドはグプタ朝に入り、すでに大乗仏教の最盛期を迎えていた。漢文化の朝鮮波及とともに仏教は半島の北方の高句麗《こうくり》から次第に百済《くだら》、新羅《しらぎ》におよんだ。伝えによれば、高句麗の小獣林王《しょうじゅうりんおう》の二年（三七二）に秦王符堅《しんおうふけん》が使者をこの国に派遣し、このとき僧順道《じゅんどう》に托して仏像・経巻をおくった。翌年、秦僧阿道《あどう》が来て、同五年（三七五）に仏寺を建立した、とある。百済への

摩羅難陀

墨胡子

仏教流伝は枕流《ちんりゅう》王の元年（三八四）に南中国の東晋から摩羅難陀《まらなんだ》が海路を経てやってきたのが、はじまりである。摩羅難陀はマーラーナンダ（Mālānanda）でインド名であるから、インド人かインド系の人物であったと思われる。このようにして高句麗仏教と百済仏教とでは伝来当初、流伝の系統を異にしていたけれども、その後、百済へは高句麗からも仏教が入ってきている。新羅へは原《げん》王（法興王）の十五年（五二八）に墨胡子《ぼくこし》が高句麗の仏教を伝えている。このようにして新羅仏教の起源は高句麗にもとめることができるであろう。

日本への仏教の公伝

司馬達等

わが国に仏教が公伝したのは欽明《きんめい》帝十三年すなわち五五二年ということであったが、『日本書紀』の暦年の研究結果、五三八年に訂正された。多少、問題がなくもないが、ほぼこの修正説が承認されたかたちになっている。欽明帝に対する批判も史家の間にはあって、安閑《あんかん》、宣化《せんか》二朝が欽明朝よりやや前に成立し、ある時期には欽明朝はそれらを併存したとみられているようである。

ともあれ、百済の聖明《せいめい》王十六年（五三八）に百済国より仏教がわが国に伝来した。『法王帝説』『元興寺縁起《がんごうじえんぎ》』などにより、欽明帝七年戊午（五三八）のときのことであるとする。

中国に仏教が入って以来、五世紀を経過したのであるが、中国から朝鮮に仏教が伝来して一世紀半たっていたわけである。したがって、この間、仏教が半島の渡来人とともに、しばしば私伝されていたようである。蘇我氏に協力して仏教の興隆に尽くした司馬達等《しばたっと》は一族一門が仏教に帰依したが、かれは『扶桑《ふそう》略記』によれば案部村主《くらっくりべのすぐり》司馬達止《しばたっと》といい、継体《けいたい》帝の十六年（五二二）に来朝した中国系の帰化人であった。もっとも『日本書紀』にはこれに関して記年を欠くので確証することができないけれども、司馬達等が大和国高市《やまとのくにたけち》郡坂田原に仏堂を建立して礼拝していたということは、当時の渡来人の奉ずる宗教がすべて仏教であったことからしても、十分首肯されよう。また司馬達等の娘嶋《しま》の出家得度の師は播磨国《はりまのくに》に住み、今は還俗《げんぞく》している高麗《こま》の恵便《えべん》という人であった。渡来しても寺がなかったり、その他の事情で還俗した人も少なくなかったかも知れない。今日、壱岐対馬《いきつしま》などで発見されている考古学的遺品、ことに信濃、上総《かずさ》、備中などの古墳より発掘された四仏四獣鏡《しぶつしじゅうきょう》は明らかに仏教に関係したものである。公伝以前に民間に仏教が伝わったことは『叡岳要記《えいがくようき》』『扶桑略記《ふそうりゃっき》』にも暗示されている。欽明帝の十五年二月に百済から来ていた僧曇慧《どんえ》ら九人を僧道深《どうじん》ら七人に代えたとある。したがって少なくともこの頃までに百済僧が渡ってきていたことが知られるのである。

『日本書紀』の欽明帝十二年の条に公伝を伝えていう。

「冬十月に、百済の聖明王、更《また》の名は聖王。西部姫氏達率怒唎斯致契等《せいほうきしだちそちぬりしちけいら》を遣《まだ》して、釈迦仏の金銅像一軀・幡蓋《はんがい》若干・経論若干巻を献《たてまつ》る。別《こと》に表《ふみ》して、流通し礼拝《おが》む功徳《のりのわざ》を讃めて云《もう》さく、〝是の法は諸の法の中に、最も殊勝《すぐ》れています。解り難く入り難し。周公・孔子も尚し知りたまふこと能《あた》はず。此の法は能《よ》く量も無く辺も無き、福徳果報を生《な》し、乃至《すなわ》ち無上《すぐれ》れたる菩提を成弁す。譬へば人の、随意宝を懐きて、用《す》べき所に逐ひて、尽に情の依《まま》なるが如く、此の妙法の宝も然なり。祈り願ふこと情の依《まま》にして、乏《とも》しき所無し。且夫れ遠くは天竺《てんじく》より、爰《ここ》に三韓《みつのからくに》に洎るまでに、教に依ひ奉《う》け持《たも》ちて、尊び敬はずといふこと無し。是に由りて、百済の王臣明《こきしゃつかれめい》、謹みて陪臣怒唎斯致契を遣《まだ》して、帝国《みかど》に伝へ奉

りて、畿内《うちつくに》に流通《あまねは》さむ。仏の、我が法は東に流《つたわ》らむ、と記《のたま》へるを果すなり〟、とまうす」（岩波、日本古典文学大系本、以下同）

蘇我稲目と物部尾輿・中臣鎌子

この仏法の功徳を述べた表文は義浄《ぎじょう》訳『金光明経《こんこうみょうきょう》』の「如来寿量品《にょらいじゅりょうほん》」や「四天王護国《してんのうごこく》品《ぼん》」にもとづいたものであって、作為的な記述であるとみられている。欽明帝は「朕《われ》、昔より来《このかた》、未だ曽て是の如く微妙《くわ》しき法を聞くことを得ず」とか「西 蕃《にしのとなりのくに》の献《たてまつ》れる仏の相貌端厳《かおきらぎら》し」といわれたという。しかし、外国の宗教を直ちに受け入れるべきかどうか決しかねたので、群臣にこれを計った。蘇我稲目《そがのいなめ》は諸外国でみな礼拝しているのに日本だけそむくこともないであろうと、崇仏《すうぶつ》を主張したのに対して、物部尾輿《もののべのおこし》・中臣鎌子《なかとみのかまこ》はわが国古来の神々をまつっているのだから、外国の神を拝めば国神《くにつかみ》の怒りをまねくにちがいないといって反対した。天皇は稲目に授けて試みに礼拝するように命じた。稲目は小墾田《おわりだ》（奈良県高市郡明日香村）の家に安置してまつった。また向原《むかはら》の家を寺としたが、これが後の豊浦寺（桜井寺）だといわれる。『元興寺縁起』には桜井道場とある。

疫病の流行

しかし、まもなく国に疫病が流行して多くの死者が出た。尾輿と鎌子は仏教を取り入れたタタリであると上奏して、仏像を難波《なにわ》の堀江に流し棄て、伽藍《がらん》に火を放って焼いた。

溝辺直

十四年の五月に河内国《かわちのくに》泉郡の茅渟海《ちぬのうみ》に梵音が聞こえて、雷のようであり、光り輝くものがあった。溝辺直《いけのへのあたい》が海に入って樟木《くすのき》を拾い天皇に献上した。天皇は仏像二軀を刻した。これが吉野《よしの》寺《てら》（比蘇山寺）の阿弥陀仏像だという。この説話は『霊異記《りょういき》』にも載っている。ただし敏達《びだつ》朝のことだとする。

高麗の恵便
善信尼
禅蔵尼
恵禅尼

敏達帝の六年五月に大別王《おおわけのおおきみ》と小黒吉子《こぐろのきし》が百済国へ派遣された。この年の十一月、百済国王は大別王に付けて、経論若干巻、律師《りっし》・禅師《ぜんじ》・比丘尼《びくに》・咒禁師《じゅごんじ》・造仏工・造寺工、六人をたてまつった。そこで難波の大別王の寺に安置させた。『扶桑略記』は『薬恒法華験記《やっこうほっけげんき》』を引いて、このときの経論は二百巻、その中には『法華経』もあったことを伝えている。

同じく八年の冬十月に新羅国は枳叱政奈末《きしさなま》を派遣して、わが国に貢物《みつぎもの》とあわせて仏像をおくった。

十三年の秋九月、百済より帰朝した鹿深臣《こうがのおみ》が弥勒《みろく》の石像一軀を、また佐伯連《さえきのむらじ》も仏像一軀をもたらした。稲目の子蘇我馬子《そがのうまこ》はこれらの仏像二軀をもらい、鞍部村主《くらつくりのすぐり》司馬達等《しばたつと》、池辺直《いけべのあたい》氷田《ひた》を派遣し、四方に使者を使わして修行者をさがし求めたところ、播磨《はりま》国に今は還俗している高麗《こま》の恵便《えべん》という者がいたので、これを師として、司馬達等の女《むすめ》の嶋《しま》を出家得度させた。かの女を善信尼《ぜんしんに》といった。年歯僅か十一歳であった。このとき、善信尼の弟子として二人を出家させた。一人は漢人夜菩《あやひとやぼ》の女の豊女《とよめ》で、法名を禅蔵尼《ぜんぞうのあま》といい、他は錦織壺《にしこりのつふ》の女の石女《いしめ》で、法名を恵善尼《えぜんのあま》という。馬子ひとり、仏法に帰依して三人の比丘尼をあがめ尊んだ。そして三人を氷田直と達等にさずけて、衣食を供養させた。また仏殿を馬子の邸宅の東方に建て、そこにさきの弥勒菩薩像を安置した。三人の比丘尼を招いて法会を行ない、斎《とき》（供養のための食事）を設けた。ところが達等は、このとき、供養の椀のなかに仏の舎利《しゃり》を得たのであった。舎利を馬子にたてまつった。馬子がかなとこ（鉄床）に置いて鎚《つち》で打ったところが、かなとこも鎚もくだけ飛んだが、舎利はそのままであった。また舎利を水に投げたところが、心の思うままに浮かび沈んだ。

このような奇瑞《きずい》があったので、馬子・池辺氷田・司馬達等はますます仏法を信仰するようになった。そして、馬子は石川の邸宅に仏殿を造営した。これより仏法が盛んになった。

以上は『日本書紀』の筋を追ってみたものである。

百済国の聖明王が仏教をわが国に伝えたことについて『上宮聖徳法王帝説《じょうぐうしょうとくほうおうていせつ》』では「仏像、経教ならびに僧等」とあるので、百済僧も渡来したもののようである。もっとも正式に仏教が伝来したときに仏像・経巻などだけがおくられたとするよりも、法王帝説の記述のほうがより自然のように思われる。

蘇我と物部の争い

仏教の公伝をめぐって計らずも蘇我氏と物部・中臣両氏との意見の対立があって、いわゆる崇仏派と排仏派に分かれたのであった。しかし、皇別氏族の蘇我氏と神別氏族の物部氏とはもともと異系氏族で抗争をつづけてきたことから、蘇我氏が進歩革新的な立場から仏教を受容し、勢力拡張のために仏教を利用したという、いわば政治的理解がこれまで行なわれていたわけである。

流木の楠《くすのき》で仏菩薩三軀すなわち弥陀三尊を造立したときの説話に登場する溝辺直《いけのへのあたい》は蘇我馬子に協力した池辺直氷田と同一人物であって、池辺直は東漢氏の一支族である。大別王は詳《つまびら》かでないが、難波に寺があって百済より請来した経論や仏者、造寺造像の技術者を受け入れているので、おそらく帰化系の氏族であったことと思われる。したがって難波の寺も氏寺であったかも知れない。鹿深臣は近江国甲賀郡の豪族であると推定されるから、漢氏族と関係のある者である。鞍部村主司馬達等も村主《すぐり》が漢人に多い姓であり、鞍部は技術者である点から、これも渡来した者であることは明らかである。高麗の恵便はいうまでもなく高麗僧である。漢人夜菩は漢氏の配下にある小氏族の帰化人であり、錦織は百済系の渡来人で技術者である。したがって、三人の比丘尼はいずれも渡来第二世の人びとである。

このようにみるならば、渡来者または帰化系の人びとが新興の蘇我氏を擁して、かれらの社会的または国家的地位を確立しようとしたという、従来とは全く逆の見方も成り立ち得るのではないかと思われる。ここで大切なのは当時の時代文化を代表するものは仏教であったから、朝鮮文化のわが国への流入はそのまま仏教文化の移植を意味しているということである。

なお、金銅仏の釈迦や石像の弥勒《みろく》菩薩が伝来したことは当時の百済仏教の信仰の対象を物語っているものであり、後の法隆寺金堂の本尊が釈迦三尊であることや、太秦《うずまさ》の広隆寺本尊が弥勒菩薩であることと併せ考えてみると興味ある事実といわなければならない。最近、広隆寺の現存する弥勒菩薩は百済製であるという見方が有力である。

敏達帝の十四年二月に馬子はさきに得た舎利を大野丘（奈良県橿原市和田町の地か）に建立した仏塔に安置した。この頃、馬子は疫病にかかり、また国内は疫病による死者が多数でた。三月、物部守屋《もののべのもりや》と中臣勝海《なかとみのかつみ》とは欽明帝以来疫病が流行しているのは蘇我氏が仏法を興隆させているからであると上奏したので、破仏の命が下った。そこで、守屋はみずから寺におもむいて寺院と仏像を焼いた。また残った仏像は難波の堀江に棄てさせた。また、さきの三人の比丘尼は佐伯造《さえきのみやつこ》御室《みむろ》の手で捕えられ、三衣を奪って尻や肩を笞《むち》でたたかれた。このときの疫病は天然痘《てんねんとう》であった。老《お》いも若《わか》きも、仏像を焼いた罪ではなかろうかと語りあった。そこでまた、六月に馬子が奏上したので、馬子ひとりだけが仏法を奉じることが許された。三人の比丘尼もかえされ、新たに寺院を建立して、これを迎え供養をした。

用明帝

敏達帝がなくなって次にたったのが用明帝である。天皇の母は堅塩姫《きたしひめ》といい、蘇我稲目の女《むすめ》で、馬子の妹である。「天皇、仏法を信《う》けたまひ神道を尊びたまふ」とある。天皇は異母妹にあたる穴穂部間人皇女《あなほべのはしひとのひめひこ》を皇后とし、厩戸《うまやどの》皇子、来目《くめの》皇子、殖栗《えくりの》皇子、茨田《まむたの》皇子の四人の男子があった。このうち、厩戸皇子は後に推古帝の摂政となった聖徳太子である。

鞍部多須奈と坂田寺

用明帝のときも依然として馬子が大臣《おおおみ》、守屋が大連《おおむらじ》である。帝の病いが篤《あつ》くなり臨終も近くなったとき、司馬達等《しばたつと》の子の鞍部《くらつくりの》多須奈《たすな》は「天皇のために出家して道を修め、また丈六の仏像と寺をつくりましょう」と申し出た。この寺は奈良の南淵《みなぶち》の坂田寺《さかたでら》がそれであるといわれている。

守屋はかねてから用明帝の弟の穴穂部《あなほべの》皇子を擁して即位させようとして、クーデターを企図した。これが発覚して、馬子は炊屋姫尊《かしきやひめのみこと》を奉じ、勅を下さしめて穴穂部皇子と宅部《やかべの》皇子を殺した。

このとき、善信尼らは「出家のみちは戒をもととする。百済に行って戒法を学んできたい」と馬子にいった。ちょうど、百済の使者が来たが、「帰国して国王に申し上げてから」ということになった。崇峻《すしゅん》帝の即位前のことである。帝の母が稲目の娘であったのを幸いにして馬子は皇子たちや群臣にすすめて、守屋を討伐した。しかし、守屋の軍勢は強くて、三たび馬子の軍は退却した。

厩戸皇子

このとき、厩戸皇子はヌルデ（白膠木）の木で四天王の像を作って、たぶち（頂

法興寺（元興寺）建立

髪）に置き、誓いをたてた。「もし、勝利をえたならば、護世四天王のために寺塔を建立しよう」と。馬子も同じように「諸天王、大神王等がわれを助けまもって勝つことをえしめたならば、寺塔を建立して三宝を世にひろめよう」と誓いをたてた。大連とその子らは殺された。

乱平定後、厩戸皇子は摂津《せっつ》国に四天王寺を、馬子は飛鳥に法興寺（元興寺）を建立することになった。

崇峻帝の元年（五八八）に百済国は使者にあわせて僧恵總《えそう》・令斤《りょうこん》・恵寔《えしょく》らを派遣し、仏舎利をおくってきた。また百済国に恩率首信《おんそちすしん》・徳率蓋文《とくそちこうもん》・那率福富味身《なそちふくふみじん》らを派遣して調《みつぎ》をたてまつり、あわせて仏舎利、僧の聆照《りょうしょう》律師・令威《りょうい》・恵衆《えしゅう》・恵宿《えしゅく》・道厳《どうごん》・令開《りょうけ》ら、寺工太良未太《だらみだ》・文《もん》賈古子《けこし》、鑪盤《ろばん》博士将徳白味淳《はくまいじゅん》、瓦博士麻奈文奴《まなもんぬ》・陽貴文・㥄《りょう》貴文・昔麻帝弥《しゃくまたいみ》、画工白加《びゃくか》をおくってきた。かれらはいずれも法興寺や四天王寺建立の準備として百済国から招いたものと思われる。

馬子は戒法のことを百済僧らにたずね、善信尼らを使者恩率首信らに託して留学させた。この年に法興寺建立に着手して推古帝四年に完成した。法興寺は飛鳥《あすか》寺ともいい、先年の発掘調査でわが国最初の大伽藍であったことが分かった。崇峻帝四年を法興元年とする私年号が用いられたのでも知られるように、法興寺はもと馬子の発願《ほつがん》によるものではあるが、国家的事業として行なわれたのである。

善信尼らは三年の三月に帰朝し、桜井寺（向原寺・豊浦寺とも）に住した。この年に、大《おお》伴《ともの》狭手彦《さでひこ》の娘善徳・大伴狛《こま》の夫人・新羅媛《しらぎひめ》善妙・百済媛《くだらひめ》妙光・漢人善聴・善通・妙徳・法定照・

日本最初の比丘・徳斉

善智聰・善智恵・善光らが出家した。いずれも比丘尼である。またさきに司馬達等の子の多須《た す》奈《な》が用明帝に出家を約束してあったので、このとき同時に出家して徳斉《とくさい》法師といった。善徳をのぞいた他はいずれも渡来人である。徳斉は名の伝えられる限りでは最初の比丘ということになろう。崇峻帝四年（五九一）十一月、天皇は馬子のために暗殺され、翌十二月に推古女帝が即位することになる。

仏教がわが国に渡来したときは最古代の氏族制が崩壊して統一国家が出現しようとする激動期であった。朝鮮文化の流入は仏教を主体とするものであり、当時大陸人でわが国に渡った者たちはいずれも仏教を信奉していた。四天王寺・法興寺が建立される以前にも、渡来者の手になるいくつかの寺院がすでに存在したが、いずれも氏寺としての性格をもつものであった。そういった意味においてはわが国古代の仏教は朝鮮仏教であり、しかも病気平癒とか戦争祈願といったような実利的な目的、または霊験奇瑞があって、仏像の造立、寺塔の建立が行なわれたわけである。

百済の聖明王が暗殺されたとき、王子の余昌《よしょう》は「父王のために出家しよう」といったが、群臣にとめられたので、そのかわりに百人を出家させたと欽明帝十六年（五五五）の条にみえている。これは死者の追善菩提のための出家であるが、多須奈の出家も同様であったと考えられる。また寺院建立も同じように追善菩提のためでもあり、現実的には慰霊というよりも、もっと生《なま》なましい死者のタタリを恐れての鎮魂をその内容としたものであったかも知れないのである。

▼聖徳太子の仏教

氏族制国家より統一国家の出現にいたる歴史の過渡期に仏教が高句麗《こうくり》、百済《くだら》、新羅《しらぎ》より渡来してきたことは、すでに述べたところである。

蘇我馬子《そがのうまこ》が守屋《もりや》一族を滅ぼすときに誓ったのは、一寺の建立であった。『日本書紀』の崇峻帝五年（五九二）十月の条に「大法興寺の仏堂と歩廊とを起《た》つ」とある飛鳥《あすか》の法興寺がそれである。完成したのは推古帝四年（五九六）十一月。そして、馬子の長子善徳《ぜんとく》を寺司とし、慧慈《えじ》と慧聡《えそう》の二人の渡来僧を住せしめたのであった。慧慈は高麗僧として前年（五九五）五月に渡来し、厩戸《うまやど》太子（聖徳太子）の師となっている。太子が直接に高句麗の仏教を学んだことは注目されよう。しかも、それは三論系の仏教であったと思われる。慧慈は推古帝二十三年（六一五）に太子の『法華義疏《ぎしょ》』を高句麗に伝えたといわれ、同三十年（六二二）二月に本国で示寂した。

渡来僧・慧慈と慧聡

また百済の慧聡が渡来したのは推古帝三年（五九五）のことである。慧慈と慧聡とはよく仏教をひろめ、「三宝の棟梁《とうりょう》」と仰がれた。

鞍作鳥が法興寺の大仏建立

十三年（六〇五）、鞍作鳥《くらつくりのとり》が造仏師となって法興寺の大仏を建立した。法興寺は南都七大伽藍の一つの元興寺《がんごうじ》の前身であって、発掘調査によって、わが国最初の大寺であったことが明らかにされた。「法興」というのは崇峻帝四年（五九一）の私年号であるから、この伽藍は蘇我氏の一氏寺《うじでら》というよりも、なかば国家的性格をもつものであり、仏法興隆を念願したものであったと思われる。法興寺の唯一の遺物は、現在、奈良県高市《たけち》郡明日香《あすか》村の安居院《あんご》に安置される

「飛鳥大仏」である。数回の罹災にあったこの釈迦像は、わずかに顔の上半分に造立当初のおもかげを伝えるが、鞍作鳥の作ったと伝えられる日本最古の仏像で、飛鳥寺の本尊だったものである。

太子の役割と意義

聖徳太子はわが国の仏教の源流であるという日本仏教の理念は、すでに奈良時代の頃から一般に認められている。太子はいろいろな意味において偶像化されている存在ではある。虚像としての太子像が歴史の真実をゆがめているかどうかは別問題として、太子はわが国の仏教史においていかなる役割と意義を有しているであろうか。

太子の名

太子の父は用明《ようめい》帝、母は穴穂部間人《あなほべのはしひと》皇后である。太子を厩戸豊聡耳《うまやどのとよとみみの》皇子《みこ》という。また聖王、法王《のりのきみ》、法大王《のりのおおきみ》などとも称せられ、聖徳太子というのは後の人びとの尊称である。上宮太子ともいうのは、太子の住居が用明帝の橘宮《たちばなのみや》の南の上手にあったからだといわれる。太子が生まれながらにして、いかに聡明であったかは、『書紀』の伝えるところによって明らかである。すなわち、

聖徳太子（宮内庁蔵）

「生《あ》れましながら能《よ》く言《ものい》ふ。聖《ひじり》の智《さとり》有り。壮《おとこさかり》に及びて、一《ひとたび》に十人《とたり》の訴《うたえ》を聞きたまひて、失《あやま》ちたまはずして能く弁《わきま》へたまふ。兼ねて未然《ゆくさきのこと》を

知ろしめす。且《また》、内教《ほとけのみのり》を高麗《こま》の僧慧慈《ほうしえじ》に習ひ、外典《とつふみ》を博士覚哿《はかせかくか》に学びたまふ。並に悉《ことごとく》に達《さと》りたまひぬ」

とある。『書紀』の編纂者の恣意的な讃辞にすぎないと断じえないであろう。

用明帝の妹が推古帝として即位するや、元年（五九三）、二十歳にして皇太子の位につき、摂政《せっしょう》となった。わが国で摂政になったのは太子がはじめてである。これは蘇我氏一族より皇室へと政治の実権が移行する変革期の現象とみてよい。このとき、蘇我馬子は大臣の位についた。平安時代以後、太子の伝記は数多く著わされたが、正史の記録としては馬子の守屋討伐のとき太子は軍後にあって指揮し、四天王に戦勝を祈念したことが『日本書紀』にみえるだけである。四天王信仰はもともと半島の三国で行なわれていたものがわが国に伝わったのであるが、元年にはじめて難波《なにわ》の荒陵《あらはか》に四天王寺が建立された（後述）。

翌年（五九四）二月、推古帝は太子と馬子に詔《みことのり》を下して三宝を興隆させた。そこで群臣は君親の報恩のために、きそって仏舎をつくった。この仏舎のことを「寺」というと、『書紀』にある。寺というのは本来、中国では役所をさしていった語であるが、書紀は「てら」と訓じている。この訓音は朝鮮古語のTiɔrの日本語化したものだといわれる。「ほとけ」もやはり朝鮮古語に由来するという説もある。

十二年（六〇四）四月、太子みずから「憲法十七条」を制定したといわれる。その第一条は「和《やわらか》なるを以《もっ》て貴しとし、忤《さか》ふることなきを宗《むね》とせよ……」とある。これは実際的にいって、まだ氏族制政治が色濃く残っている時代にあって徒党をくむことを誡めたものとみるべきであろう。それをひるがえせば、わが国が大陸の諸国に対して一箇の鮮明な国家意識をもって出発した当初の生《なま》なましい歴史的現実をよみとることができるのである。そうした第一条にもられた理念はやがて大化改新《たいかのかいしん》で実現した公地公民制となって具体化するとみることができよう。

要するに、第一条の趣旨とするところは統一国家の建設をめざしたものであり、そのためには人心を収拾しなければならない。今や、人心の収拾には古い氏族制の守護を果たしてきた原始以来の固有の神々ではもはや間にあわなくなってきていたのである。そこに登場したのが、普遍的な真理を説く仏教であったわけである。

聖徳太子はしばしば古代インドのマウリヤ朝第三代アショーカ王と比較される。たしかにアショーカ王が全インドを平定して最初の古代統一国家をつくり上げたとき、種族の神々や地方国家のアリアン的、非アリアン的諸宗教などを統括するために王が仏教を依用した点と共通するものがあるといえよう。ただ、太子は責任ある一国の統治者とならず、生涯、摂政にとどまった。そして、そのために後年はより仏教信仰に傾斜してゆき、地上の国家権力に対して否定的な態度をとるようになったところに著しい相違が認められるように思われる。

万人が仏教に帰依し、三宝を篤《あつ》く敬うべきことが第二条で示されている。

「二に曰《いわ》く、篤《あつ》く三宝を敬へ。三宝とは仏・法・僧なり。則ち四生の終帰、万《よろず》の国の極宗《きわめのむね》なり。何《いずれ》の世、何の人か、是《こ》の法を貴びずあらむ。人、尤《はなはだ》悪しきもの鮮《すくな》し。能《よ》く教わるをもて従ふ。其《そ》れ三宝に帰《よ》りまつらずは、何を以てか枉《まが》れるを直《ただ》さむ」

憲法十七条はもとより官人の服務心得ともいうべきものだが、この第二条は推古帝の仏法興隆の詔《みことのり》にもとづき、仏教の理想とするところをいっそう明確に成文化したものとみられる。

憲法十七条の制定が太子の作であることに対して、今日、疑問がもたれている。しかし、それが太子に帰せられるためには、それなりの十分な理由がなければならない。

『書紀』はさらに、太子と仏教との結びつきについて数々の伝承を記録している。すなわち、十四年（六〇六）七月、推古帝のために太子は『勝鬘経《しょうまんぎょう》』を講讃し、ついで『法華経』を岡本宮で講讃された。そこで、帝は太子に播磨国の水田百町を賜わり、太子はこれを斑鳩寺《いかるが》に施入した。斑鳩寺は太子が斑鳩宮《いかるがのみや》の隣に建立した寺で、ここで仏教の流布につとめたのである。これがいわゆる若草伽藍《わかくさがらん》で現在の法隆寺の普門院の敷地であるとみられている。

太子は没するまでの十五年間は政治から離れて、もっぱら斑鳩寺にこもって仏教の修行と研鑽につとめたようである。

太子はさらに七巻の注釈書を著わしたと伝えられる。推古帝十九年（六一一）に『勝鬘義疏《しょ》』一巻を、二十一年（六一三）に『維摩《ゆいま》義疏』一巻を、また二十三年（六一五）に『法華義疏』四巻を撰述したといわれる。これらを「三経義疏」または「上宮御製疏」と称する。『維摩経』の講讃はいつのことであるか明らかでないが、在俗の優婆塞《うばそく》である太子は維摩居士《ゆいまこじ》を主人公とするこの経典をとくに選ばれたのだといわれている。また『法華経』は中国や半島の三国でもひろく信仰されていたものである。勝鬘夫人《ぶにん》を主人公とする『勝鬘経』の講讃も推古帝が女帝であったことを思えば、この経典が選ばれたゆえんもうなずかれるのである。

奈良時代の「法隆寺縁起 幷《ならびに》 流記資財帳」「正倉院文書」にも御製疏が記録され、元興寺智《ち》光《こう》の『浄名《じょうみょう》玄論略述』、興福寺寿霊《じゅりょう》の『華厳五教章指事』などの奈良時代の撰述にも御製疏からの引用が認められる。

『法華義疏』には光宅寺法雲《ほううん》の『法華経義記』が、また『維摩義疏』には後秦の僧肇《そうじょう》（三八四—四一四頃）の『註維摩経』などを依用していることはつとに指摘されているが、近年、『勝鬘義疏』の類本が敦煌《とんこう》本にあることが発見されている。かような点から太子の真撰であることにはかなり疑念がもたれたりしている。

奈良末期の宝亀三年（七七二）に入唐《にっとう》した誡明《かいみょう》、得清《とくしょう》らは御製疏を唐に伝えた。そして、唐の法雲寺明空《みょうくう》は太子の『勝鬘義疏』に『勝鬘義疏私鈔』六巻の注釈書を撰述した。平安初期に入唐した円珍《えんちん》（智証《ちしょう》大師）がこの私鈔を手に入れて、それを比叡山へもたらしたことは、あまねく知られている。

太子が『勝鬘経』をわずか三日間で講じたとか、その他伝説的なものが多く、「三経義疏」の撰述そのものが今日、疑問視されている。しかし、太子が仏法興隆に異常な熱意をもって努力した事実は認めないわけにはゆかない。

釈迦三尊を造立

推古帝三十年（六二二）正月、太子は病いをえたので、群臣らは平癒を祈って太子等身の釈迦三尊を造立した。山背大兄王《やましろのおおえのきみ》らに、

「もろもろの悪をなすことなかれ。もろもろの善を奉行《ぶぎょう》せよ」

という、いわゆる「七仏通戒偈《つうかいげ》」を残して、二月二十二日に亡くなった。その前日には太子の妃、膳部刀自子郎女《かしわべのとじこのいらつめ》が亡くなった。万人ひとしく喪に服し、また太子の死去は遠く高句麗の慧

慈の耳にも達してかれを悲しませたといわれている。太子は磯長《しなが》陵に葬られた。ここには太子とともに王妃の膳部、太子の母の間人《はしひと》皇后も葬られたのであった。

太子の王妃のひとり橘大郎女《たちばなのおおいらつめ》は太子追慕の情もだしがたく、仏国土を描いて刺繍《ししゅう》した繍帳《ぬいとばり》を作らせた。これを通称、「天寿国繍帳《てんじゅこくしゅうちょう》」または「天寿国曼陀羅《まんだら》」といい、中宮寺《ちゅうぐうじ》に残欠が若干残っている。その全文は『法王帝説』に載っている。銘文中に、

「世間虚仮《せけんこけ》、唯仏是真《ゆいぶつぜしん》」（世間は虚仮なり、ただ仏のみ是れ真）

とあるのは、太子の言葉として、きわめて確かなものである。これは太子が生前に橘大郎女に語ったものだといわれるが、仏教が思想として、信仰として定着したことを物語っている重要な文言だといわなければならない。

蘇我氏の強力な政治権力にたちはだかれて、太子のめざす統一国家の建設はほど遠いものを感じたに相違ないと思われる。めざす理想国家の実現より次第に仏国土への憧憬に移っていた太子の心情――現実の政治に対するひそかなる決別――が、そこにはこめられているようである。また、「世間虚仮」といい放った裏には直接的には慧慈の説いた「一切は空《くう》である」とする三論《さんろん》の空の哲学があったのかも知れない。

ここで太子の仏法興隆の意味をもういちど考えてみなければならない。

太子は蘇我馬子が建立した飛鳥寺を目《ま》のあたりみているはずである。この寺に結晶した目を見張るような外来文化に対するあこがれが聡明な太子の心を大きく湧き起たせたことはいうまでもなかろう。また、小野妹子《おののいもこ》らの遣隋使《けんずいし》が隋の文帝に「海西の菩薩《ぼさつ》天子」という賛辞をおく

っているのでも知られるように、隋を統一した文帝の仏教が一つのモデルとなって太子の仏教興隆をなさしめたのである。さらに古い氏族制を崩壊させて統一国家を建設するためには文化人である渡来民族の協力をえなければならなかったはずである。仏教の流布は渡来民族の側からすれば異民族の同化作用をなすものだという点で、太子の民族主義の高揚はインターナショナルな意味をもつものであったと思われる。

太子ゆかりの諸寺

法隆寺

太子建立または太子と関係のある寺に、法隆寺、四天王寺、中宮寺、橘寺《たちばなでら》、蜂岳寺《はちおか》、池後寺《いけじり》、葛城寺《かつらぎ》その他がある。

法隆寺は今日、世界最古の木造建築物として知られているが、記録によれば推古帝十五年（六〇七）に建立されたとある。もとは、さきにものべたように太子の宮殿の近くに建てた斑鳩寺であって、現在の法隆寺夢殿《ゆめどの》は太子の斑鳩の宮祉であるといわれる。そして、太子の没後、推古帝三十一年（六二三）に王妃や子らが太子追善のために鞍作鳥《くらつくりのとり》に命じて釈迦像を作らせた。今の法隆寺金堂の東の間に安置する薬師如来像の光背銘には用明帝のために推古帝と太子とが推古帝十五年に造立した旨の銘がある。この銘文については今日、学界で疑問が提出さ

法隆寺　夢殿

れている。ところで、『書紀』の天智帝九年（六七〇）の条に四月夜半、法隆寺は全焼したとあり、それより約四十年後の和銅年間（七〇八―七一四）までに再建されたという記事が『七大寺年表』その他にみえている。昭和になってから法隆寺再建、非再建説は学界を賑わせたけれども、その後、石田茂作博士らによる若草伽藍址の発掘調査によって、それがかつての斑鳩寺跡であることが判明して、再建説が承認されたのである。当初は現法隆寺と匹敵するほどのものであったが、蘇我氏の法興寺に較べると、規模は一段と縮少されている。

若草伽藍址の発掘の結果、創建当初は今の法隆寺南大門東方にあり、中門、五重塔、金堂、講堂が一直線に並んだ、いわゆる四天王寺様式をとっていたことが知られた。再建された法隆寺（現在の建物）は中門を入ると左右に五重塔、金堂がそれぞれ並列する、いわゆる法隆寺式の伽藍配置であって、白鳳時代の造営だと推定されている。太子の子の山背大兄王とその一族は皇極《こうぎょく》帝二年（六四三）に蘇我入鹿《いるか》によって滅ぼされた。したがって、再建法隆寺がいつ、誰の手によって建立されたかは、すべて謎である。

白鳳期は新羅仏教の影響がつよい。そこで、当時の大陸における仏教の動向の反映として、悉多《しった》太子すなわち釈尊と聖徳太子とを結びつける信仰が現われたことが指摘されている。いま、法隆寺の金堂中の間に安置する釈迦三尊像は書紀にいう鞍作鳥（止利）の作った太子等身像であって、推古三十一年（六二三）の銘がある。これは現存する飛鳥寺本尊の釈迦像と酷似する。これらと東の間の薬師如来とは、様式の上からいえば北魏後期の仏像の影響を受けているといわれる。法隆寺東院夢殿の本尊は「夢殿観音」とよばれるが、実は観音とはっきり断定できにくいものである。明治十一年（一八七八）に来日したアメリカの哲学者・美術研究家のフェノロサが発見したことは有名で、当時は十数メートルの絹布でまかれていたということである。金堂の釈迦三尊よりも古い。

太子が夢殿で仏典の研究をすすめていたとき、ある夜、金色の人物が現われて難問を解いてくれたという伝説がある。金色燦然《さんぜん》たる夢殿観音にちなんだ伝えであろうが、ともかく、この夢殿の本尊も北魏系である。

法隆寺の諸仏像が北魏系の様式をもっている点から、北朝につながる高句麗文化と法隆寺との関係が考えられている。

高松塚古墳の壁画は法隆寺壁画と比較されたり、高句麗文化とのむすびつきが指摘され、とくに半島の修山里壁画古墳や長川壁画古墳との比較で問題になっている。だいたいわが国の学者は飛鳥を下る壁画とみているが、いずれにしても、高松塚古墳の発見は大陸文化の意義を改めて認識させたのである。

ともあれ、七世紀前半のわが国における主要な仏像の制作が中国系の止利一族の手によるものであることに注目したいと思うのである。

鞍作鳥（止利）の祖父は継体帝のとき、中国より渡来した司馬達等であった。その子、多須《たす》奈《な》は出家して徳斉法師と称した。そして、大和高市《たけち》郡に坂田寺を建立し、丈六の仏像と脇侍二躰の菩薩像を安置した。これによって多須奈は大仁《だいにん》の冠位をおくられ、近江国坂田郡の水田二十町を与えられた、と『書紀』にある。多須奈の子、鞍作鳥は推古帝十四年（六〇六）四月、法興寺金堂の丈六の金銅仏を造立し、また法隆寺釈迦三尊像を造立した。ただし、現存の釈迦三尊像が果たして銘文にあるように鞍作鳥の真作であるかどうかは明らかでない。創建当初の法隆寺本尊は何であったかは不明であるが、筆者の想像ではやはり法興寺と同じく釈迦像ではなかったかと思われる。

四天王寺

四天王寺はさきにもみたように守屋征討のときの四天王の守護にちなんで建立したもので、最初、用明帝二年（五八七）に難波玉造の岸上に創建し、推古帝元年（五九三）に改めて荒陵《あらはか》に移したので、一名、荒陵寺ともいうのである。

中宮寺

中宮寺は太子の母、穴穂部間人《あなほべのはしひと》皇后の宮殿址といわれ、皇后の没後、喜捨したと伝える。法隆寺東院に隣接する。本尊の半跏思惟《はんかしゆい》像は太子のイメージとも重なり合うもののようである。また、ここに蔵する天寿国繡帳はもとは二帳あったことが記録によって知られる。

橘寺

橘寺は用明帝の宮殿址といわれ、一名、菩提寺とも称する。

蜂岳寺（広隆寺）

蜂岳寺（蜂岡寺）は山城の太秦《うずまさ》広隆寺のことで、秦河勝《はたのかわかつ》の発願で太子の追善菩提のために建立した秦氏の氏寺である。本尊は半跏思惟《はんかしゆい》像で、百済系または新羅系とみられている。

池後寺（法起寺）

池後《いけじり》寺は生駒《いこま》の岡本にあったので、岡本寺ともいわれ、太子の遺志をついで山背大兄王が建立した。現在の法起寺がこれである。

葛城寺

葛城《かつらぎ》寺は蘇我一族の中の葛城臣の氏寺で、大和高市郡にあったが、廃寺である。

このほか熊凝精舎《くまごりしょうじゃ》（大安寺）や生駒の法輪寺なども太子と関係のある寺だといわれている。また、斑鳩の法起寺本堂の本尊が弥勒であったり、四天王寺金堂の本尊も半跏の弥勒像であることは、メシアとしての未来仏の信仰が半島の三国を通してわが国に伝えられたことを物語っているように思われる。

要するに飛鳥時代には釈迦と弥勒への信仰がさかんであったことが知られる。ひろくアジア仏教史に眼を転ずるとき、インドではグプタ朝から後期グプタ朝にかけて、主として釈迦と弥勒の造像が行なわれたことは現存する遺品によって明らかである。

やはりオーソドックスな仏教信仰の立場からみれば、太子の追善菩提のために建立された寺院の本尊が釈迦または弥勒であったのは、そうしたアジア仏教史の全体の流れのなかにおいてみることも必要であろう。

メシアとしての弥勒像はまた半跏の太子像というイメージと重なることがあったかも知れないけれども、それは未来の釈迦としての弥勒信仰と過去の聖徳太子を未来の国家に投射する信仰とが結合した結果であって、当初からそうした意図があったかどうかは問題であろう。太子の追善菩提のためという理由だけであれば、再建法隆寺の本尊は半跏思惟像であってもよいはずである。

飛鳥の仏教は全般的には百済系だとされるが、高句麗より慧慈《えじ》をはじめ僧隆《そうりゅう》、雲聰《うんそう》、曇徴《どうちょう》、法定らの仏者が来朝しているし、秦氏は新羅系仏教を奉じていたことが知られている。三国の仏教がどの程度に異なったものであるかは、今後の解明にまたなければならない。

法隆寺は法興寺と異なってあくまでも学問寺の性格をもって出発したとみる見方がある。しかし、法隆学問寺というのは、中世において出来上がったものである。その名の示すとおり、仏法紹隆の寺として再建されたとみたい。しかし、再建法隆寺にはあまりにも謎が多すぎる。これについて梅原猛は、太子一族の怨霊《おんりょう》鎮魂のために藤原氏が建立した寺であるという説を提唱した。筆者のいう追善菩提には古来の日本人の鎮魂がその実質的な意味内容をなしていたという点で、古代寺院の建立には比重の差こそあれ、怨霊鎮魂の意図があったことは明らかであり、たとえばのちの空海の願文などには怨霊を鎮めるためのものが数多い。

推古帝三十四年（六二六）に馬子が死に、その子の蝦夷《えみし》が大臣の位についたが、この頃から天変地異がつづいて天下の人心は動揺し、やがて大化改新を迎える。

ともあれ、入鹿による太子一族の滅亡は、北インドのコーサラ国の侵入を受けて滅んだ釈迦族のそれに酷似している。

▼大陸文化と仏教

仏教の公伝は五三八年を通説とするが、なお五四九年（欽明帝十年）説その他があって確定をみない。しかし、公伝以前の仏教伝播《でんぱ》はいくつかの証拠によって知られているから、すでに六世紀前半にはわが国に仏教が伝わっていたことは疑いえない。当時は近畿地方を中心に各地の豪族が併存し、古墳時代の末期に相当していた。

祖霊信仰にもとづく祖先崇拝は、すでに述べたように追善菩提の法会《ほうえ》として死者の鎮魂儀礼が行なわれたのであった。河内長野市の観心寺蔵、阿弥陀仏の光背銘は推古帝六年（五九八）の造像を伝え、七世父母の願生浄土（浄土に往生すること）を願意とする。また推古帝三十六

橘大女郎

病気平癒のため釈迦像を造る

年（六二八）の法隆寺の綱封蔵《こうふうぞう》銅造釈迦三尊像の光背銘にも「七世四恩六道四生《ししょう》、倶《とも》に正覚《しょうがく》を成《じょう》ぜんことを」とある。この三尊像の銘文は疑問視されるむきもあるけれども、観心寺の銘に明らかなように、六世紀末にはすでに過去七世の父母の追福のために造像されたことが知られるのであって、日本仏教は一般的に祖霊信仰、祖先崇拝を基盤として出発したわけである。

すでにみたように天寿国繡帳《てんじゅこくしゅうちょう》の「世間虚仮、唯仏是真」（世間は虚仮《こけ》なり、ただ仏のみ是れ真）は聖徳太子の言葉だとされる。ところで『法王帝説』はこのあとをつづけて、

「其《そ》の法を玩味《がんみ》するに、謂《おも》ふに大王《おおきみ》まさに天寿国の中に生まるべし。しかるに彼の国の形は眼に看《み》がたき所なり。希《ねが》くは図像に因《よ》りて大王往生の状を観んと欲すと云々」

とあって、この繡帳を造《つく》った因縁が述べられている。願主は前に述べたように橘《たちばなの》大女郎《おおいらつめ》で、画風は高句麗系のものであるという。画家は東漢《やまとのあやの》末賢《まけん》、高麗加西溢《こまのかしいつ》、漢奴加己利《あやのぬかこり》である。天寿国は他に文献、資料の徴すべきものがないので、これまで多くの論考がなされている。しかし、いずれにしても天寿国に往生することを願ったのは大女郎《おおいらつめ》であって、太子じしんが果たして天寿国の信仰をもっていたかどうかは分からない。

法隆寺の金堂釈迦三尊像の光背銘には、太子の王妃、王子、諸臣らが太子とその王妃膳《かしわでの》夫人《ぶにん》の病気平癒のために等身の釈迦像を造るむねがみえており、「此の願力を蒙《こうむ》りて病ひを転じ、寿を延べ、世間に安住せん。もし是れ定業《じょうごう》にして以て世に背《そむ》かば、往《ゆ》いて浄土に登り早く妙果に昇《のぼ》らんことを」と、願意を述べている。この往生浄土の思想は後世の浄土教で説くような弥陀の極楽浄土ではなく、天寿国的な浄土であったとみるべきであろう。

もとより浄土は仏教語であるが、古代の日本人が抱いていた常世《とこよ》の国、黄泉《よみじ》の想念が浄土観と重なり合っていたものと思われる。

聖徳太子がかつて片岡（奈良県北葛城《きたかつらぎ》郡王寺村付近）に遊行《ゆぎょう》したとき、一人の飢えた者が道ばたに臥せていた。太子はその姓名を問うたが答えがなかった。そこで飲食物を与え、みずからの着物をぬいで掛けてやった。そのとき歌った太子の長歌が『日本書紀』巻二十二に載っている。

「しな照る　片岡山に　飯《いい》に飢《え》て　臥《こや》せる　其の旅人《たびと》　あはれ　親無しに　汝《な》なりけめや
さす竹の　君はや無き　飯に飢て　臥せる　其の旅人　あはれ」

『万葉集』巻三（四一五）には太子が竹原井に行ったとき竜田山《たつたやま》で死者をみて歌ったという短歌がある。

「家にあらば妹《いも》が手まかむ草枕　旅に臥《こや》せるこの旅人《たびと》あはれ」

これらは実際に太子が作ったものかどうか不明である。もしかすると、例の釈尊の「四門《しもん》出遊《しゅつゆう》」の説話にちなんだ歌かも知れない。だが、仏門に帰依した太子の人柄なり人間像がうかがわれるような歌だといわなければならない。

五三八年の仏教公伝からほぼ一世紀後に大化改新があるが、この間を飛鳥時代、その文化を飛鳥文化という。和銅四年（七一一）ころ再建した法隆寺をはじめ天皇、豪族層による造寺造像が盛んに行なわれた。国内的には古墳文化の末期に当り統一国家の建設にむかっていたときであるが、対外的には大陸文化が次つぎに流入してきて新しい文化の刺激を受け、古代民族の

小野妹子を隋に派遣

遣唐使

エネルギーが爆発的に発揮されたのであった。

今日、飛鳥白鳳の異常にすぐれた質の高い仏教美術を唯物史観の立場から階級的に解釈することもあるけれども、それだけでは不十分であって、伝統的なインド文化が異質のヘレニズム文化と交流して大乗仏教が興起した場合と同じように、文化人類学的な方法論をも用いるのが問題の核心をより的確につかむことになるのではないかと思われる。

わが国の史書には記録はないが、中国の『隋書』によれば、推古帝八年（六〇〇）に当たるとき、日本は使者を隋に派遣したことが知られる。推古帝十五年（六〇七）に太子は小野妹子《おののいもこ》を隋に派遣した。これも『隋書』に記録がある。いままで朝鮮の三国より文化を学んでいたわが国がさらに進んで大陸の隋と国交をはじめたことは、日本史上画期的な出来事であったといわなければならない。隋は妹子につけて裴世清《はいせいせい》を使者としてわが国に送った。太子が再度、小野妹子を隋に派遣したのは裴世清の帰国のときである。高向漢人玄理《たかむこのあやひとくろまろ》らの四人の学生、南淵漢人《みなみぶちのあやひと》請安《しょうあん》らの四人の学問僧、計八人の留学生がかの地に渡ったのも、ひとえに隋の文化を積極的にわが国が取り入れようとしたがためであって、インターナショナル的な太子の文化外交の姿勢が明らかにうかがわれるのである。

六二九年に田村皇子が即位し、舒明《じょめい》帝となり、翌年、犬上三田耜《いぬかみのみたすき》らが第一次遣唐使として唐に派遣された。大陸ではこれよりさき六一八年にすでに隋は滅び唐の時代になっていた。十一年（六三九）百済《くだら》川の近くに百済大宮と百済大寺（大安寺）の建立に国家の総力をかたむけ、翌年には、さきの遣隋使一行のうちの高向玄理、請安らが新羅、百済をへて三十二年ぶりに帰朝するというあわただしさであった。

皇極帝二年（六四三）蘇我入鹿《そがのいるか》は山背大兄皇子《やましろのおおえ》らの太子一族を斑鳩宮《いかるが》に襲撃してことごとく殺した。ひろくアジア史に目を転じると、唐の貞観元年（六二七）玄奘《げんじょう》三蔵がインドへ出発している。

大化元年（六四五）六月十二日、中大兄皇子《なかのおおえ》らは大極殿に入鹿を暗殺し、翌日蝦夷《えみし》はみずからの邸宅に火を放って自殺したので、蘇我氏一族は滅亡した。この年の冬、難波《なにわ》の長柄豊碕《ながらとよさき》宮に遷都し、翌年、孝徳帝の改新の詔《みことのり》が下った。これを大化改新《たいかのかいしん》といっている。大化改新は政治組織の中央集権化すなわち公地公民制を徹底させるにいたったところにその意義が認められるのであって、統一国家の確立へと一歩大きく踏み出したのであった。したがって、それを政治改革とみるか社会改革とみるかはともあれ、当時における政治改革の進行過程における一種の象徴的な事件であったとみる程度にとどめておきたい。

文化的にはほぼ一世紀つづいた飛鳥文化が改新によってエポックされて次の時代に移行する。改新より和銅三年（七一〇）の奈良遷都までのほぼ六十五年間の白鳳文化の時代がそれである。飛鳥も白鳳も本来、美術史の方面で用いる時代区分である。飛鳥は現在の奈良盆地南部の飛鳥川沿岸地方で、推古帝から元明帝まで一世紀半にわたって、ここに都があったので、ひろい意味で飛鳥時代といえば、飛鳥期と白鳳期をふくめる。白鳳は孝徳帝の初めにしばしば私年号として用いられたものである。

飛鳥期はすでに隋との国交が行なわれていた。だが、実際に文化的な影響を受けたのは高句麗、百済、新羅などの半島諸国の朝鮮文化であった。中国文化の伝播といっても、それは高句麗をなかだちとし、百済経由の北魏後期の北朝系文化か、百済をなかだちにした斉・梁の南朝系文化である。したがって中国文化の直接的な影響といったものではないから、ひろい意味では朝鮮文化といってよいものではないかと思われる。

飛鳥仏教は実質的には古墳文化の延長といってよいものであり、その実体はやはり氏族仏教であったといわなければならない。

改新によって官人制が確立し、以後ほぼ半世紀を越える白鳳期は律令国家建設の時代であった。したがって、この時期の仏教は国家的性格をもち、国家の保護奨励のもとに発展したのであった。そして、若わかしい初唐の文化を移入して仏教芸術の絢爛《けんらん》たる花が開いた。それとともに仏教の普及はようやく一般民衆の仏教への関与となって現われ、いわゆる仏教民衆化のきざしもみえはじめてくる。これは古代氏族制の崩壊とつながりがあると思われるが、いっぽう、古典主義者の柿本人麻呂《ひとまろ》に代表される初期の万葉歌人を生んだ時代でもあった。

壬申の乱

天武帝元年（六七二）壬申《じんしん》の乱が一ヵ月余りにわたって起こった。天智帝没後、大友皇子（弘文帝）と大海人《おおあま》皇子（天武帝）との間における皇位継承の争いで大規模な内乱となり、大友皇子は破れて近江《おおみ》国の山前《やまさき》でなくなった。

この乱は律令国家体制にはほとんど影響するところなく、かえって改新のとき実施した官人制はいっそう強固なものとなり、進展した。

平城京に遷都

持統帝七年（六九三）に藤原京に遷ったが、ほどなくして和銅三年（七一〇）平城京に移転

（遷都）した。現在の法隆寺が出来上がったのもほぼこの頃であるとみられている。
まず飛鳥期の大陸文化と仏教との関係からみてゆくことにしよう。古代における日朝関係はまだあまり開拓されていないので、もちろんデッサンにすぎない。しかし、古代朝鮮諸国は日本に対して『書紀』に記録されているほどの大きな政治的関心はもっていなかったとみる最近の見方に対しては、文化伝播の視点から再検討する必要があるように思われる。
百済は帯方郡時代以後、中国の南朝との海上交通によって南朝系の文化をわが国に伝えた。王仁《わに》伝説に託されているように儒教もまたこの国を経由して伝来した。平安京を建設した桓武《かんむ》帝は渡来した百済王の末裔である。また、北朝系の文化を取入れた高句麗文化をわが国に伝えたのも百済である。

百済僧の観勒渡来

推古帝十年（六〇二）十月に百済僧の観勒《かんろく》が渡来して暦本、天文地理、遁甲《とんこう》（占星術）、方術（占候医卜《せんこういぼく》）の書をもたらしたので、三、四人の書生にこれを修得させたという。また、同

味摩之

二十年（六一二）百済から味摩之《みまし》が帰化して、中国の江南地方へ行って学んできた伎楽の舞を伝えた。そこで二人の少年にこれを習わせたという。伎楽はインドの仮面劇で西域をへて中国の江南地方に行なわれた俗楽の一種である。酔胡王《すいこおう》や迦楼羅《かるら》などのエキゾチックな仮面（散楽面）をつけて踊るもので、もとはトーテミズムの信仰に由来するものであると筆者は推考する。現在、正倉院、東大寺、法隆寺などに散楽面が残っている。

百済楽

百済伝来の音楽はわが国では百済楽といい、上代の三韓楽《さんかん》の一つに数える。欽明帝十五年（五五四）二月に百済の楽人、施徳三斤《せとくさんこん》・季徳己麻次《きとくこまし》・季徳進奴《しんぬ》・対徳進陀《しんだ》の四人が、学者・

百済河成

僧侶・医師・薬剤師らとともに来日して前任者と交替した、と『書紀』にある。百済楽の使用楽器は箜篌《くご》、莫目《まくも》、六孔の横笛の三種であって、書紀に記す四人のうち三人はいずれもそれぞれの楽器の専門家であったかも知れない。古代弦楽器を代表する箜篌は漢代には散弦楽器の総称でもあった。これはいわゆる竪《たて》箜篌で、西アジア（現在のイラク）のアッシリア系の二十三弦の竪形ハープである。中国でも仏教絵画の題材となったが、ペルシアより中国、半島を経由してわが国に伝えられたので、普通、百済琴《くだらこと》という。奈良正倉院に残欠を伝えるのみであるが、寺院の仏事法会のときに他の楽器とともに演奏したのである。

朱鳥元年（六八六）四月十三日、新羅から金智祥《きんちしょう》一行が来たので、それを歓迎するために川原寺《かわらでら》の伎楽を筑紫《つくし》に運んだ。この伎楽は百済から伝わった中国の舞楽である。大きな寺院には舞楽団が附属していたことが、これによって知られる。

今日では大阪四天王寺、奈良法隆寺、宮中などに伎楽が伝えられている。もっとも百済楽は平安時代に高麗楽《こま》（右方）に取って代わられるようになり、高麗楽も変化してしまったので、百済楽の原形は分からなくなってしまっている。

奈良県北葛城郡広陵町百済にあった百済大寺については、のちほどみることにしよう。平安初期の画家で著名な百済河成《くだらのかわなり》（七八二―八五三）も百済より帰化した人で、本姓は余《よ》。肖像や山水草木を得意としたというが、作品は残っていない。平安時代まで百済から多数の文化人が渡来した一例である。

新羅は五二七年に仏教を公認して、六世紀の真興王《しんこう》の時代にすでに僧官制を実施した。新羅の諸大寺は今日遺跡になっているが、唐との直接の交流によって仏教はきわめて盛んであった。

新羅・任那朝貢

推古帝三十一年（六二三）七月、新羅と任那《みまな》との使者が来朝して仏像をもたらした。それを葛野の秦寺《はたでら》に安置した。

僧制

推古帝三十二年（六二四）四月、百済僧の観勒の進言ではじめて僧尼の統制（僧制）を行ない、観勒を僧正、鞍部徳積《くらつくりのとくしゃく》を僧都、阿曇連《あずみのむらじ》を法頭《ほうず》に任じている。これはわが国ではもちろん令制の僧綱制以前の制度で、百済の僧制によったものであるが、それは新羅仏教の僧官制と関連があると思われる。「法頭」は百済の僧制が不明であるので、その実際の機能は分からない。なお、このとき、寺の縁起、出家の動機、度牒の年月日を申請して僧尼の登録をしている。全国で寺四六、僧八一六名、尼五六九名、計一三八五名が『書紀』に記録されている。これも百済、新羅の僧制にもとづくものであろう。

新羅僧の慧超《えちょう》のように天山山脈を越えてインドに学び、帰国後、律・唯識《ゆいしき》の学問を伝えた人もいるので、新羅仏教の解明は今後にまたなければならない。

高麗尺

高句麗をわが国では高麗《こま》とよんでいる。他の二国と同じように、いくたびか集団的に渡来して、わが国古代文化の指導的な役割りを果たしたのである。高句麗は言語系統からすれば北方ツングース系を主とする貊《ぼく》族である。前秦から北魏にかけて仏教が栄えた。公伝当初のわが国の仏教は高句麗系の仏教である。寺院建築も高句麗と深い関係にある。たとえば大化改新以前には高麗《こま》尺《かね》（曲尺の一尺一寸七分六厘）が用いられ、以後は主として唐の大尺《おおじゃく》（曲尺の九寸七分六厘）が用いられている。法隆寺の金堂、五重塔、中門などの柱間が高麗尺によっていることを発見したのは、関野貞《ただし》博士である。

推古帝十八年（六一〇）、高麗王が僧曇徴《どんちょう》と法定《ほうじょう》を送ってきた。曇徴は儒典の五経に通じ、絵具、製紙、製墨の技術を伝え、ミズウス（碾磑）を作ったといわれる。碾磑は水力を利用してまわす臼であって、このときにはじまるのではないかとされる。

青いカワラ（瓦）、朱塗りの柱の壮大な寺院建築、仏像、仏具、法具、仏画、法会、伎楽、異国の風俗その他の生活技術にみられる大陸文化は、古代日本人にとってすべて驚異であり、憧憬のまとであったにちがいない。

今日、飛鳥地方というのは奈良市の南方約二十キロ、畝傍《うねび》、香久《かぐ》、耳成《みみなし》の大和三山にかこまれている小盆地であって、わが国仏教発祥の地として知られている。

蘇我馬子が建立した日本最初の寺院は飛鳥寺（法興寺、後の元興寺）である。現在、奈良県高市郡明日香村の安居院《あんご》が飛鳥寺旧址である。

塔を中心に左右と後方にそれぞれ金堂があり、それらの堂塔をかこんで正面の中門から四方にのびた回廊の後方に講堂があったことが、昭和三十一年から翌年にかけて行なわれた発掘調査で明らかになった。塔の東西に配した金堂は二重基壇で、これはピョンヤン附近の清岩里廃寺や韓国の百済古都である扶余《ふよ》の扶蘇山廃寺に同じものが残っており、また一塔三金堂の伽藍配置は清岩里廃寺に類例がみられるといわれる。書紀によれば飛鳥寺の建立はすべて百済の技術者の手になるものであるといっているが、それが実証されたわけである。

法隆寺の前身であった若草伽藍も四天王寺もともに推古朝のときに建立されたことは発掘調

査の結果明らかにされている。いずれも百済または新羅の技術を導入していると思われるが、飛鳥寺に較べると、いわゆる四天王寺様式の伽藍配置になっている。

藤沢一夫の古瓦分類による研究によれば七世紀前半には飛鳥寺・比蘇寺・野寺・豊浦寺・奥山久米寺・四天王寺・新堂廃寺・法隆寺・和田廃寺・平群寺・巨勢寺・渋河廃寺の十二ヵ寺が存在したことが判明し、いずれも畿内に限られているのが注目される。これらのうちには書紀に記録されていないものも少なくなく、いずれも地方豪族層が渡来の技術者の指導のもとに建立したものと思われる。

舒明《じょめい》帝十一年（六三九）に百済大寺が帝によって建立され、十二月に九重塔を建立したといわれる。孝徳帝は大化元年（六四五）八月に詔《みことのり》を下し、全国の未完成の寺塔を国家の援助によって完成せしめることを宣言した。この仏法興隆のブレーンとなったのは、当時、唐から帰朝した恵雲《えうん》、旻《みん》らであり、また唐の新しい阿弥陀信仰を伝えた恵隠《えおん》であった。百済大寺はその意味で白鳳期における国家仏教のセンターである。蘇我氏が滅亡した大化改新は仏教史的視点からみるならば、氏族仏教と国家仏教との分水嶺となっているといえよう。

この国家仏教の方向は、壬申の乱をへて天武帝二年（六七三）の高市大寺《たけちおおでら》の建立となってさらに強力におしすすめられた。この大寺は六年（六七七）に大官大寺と名づけられた。百済大寺がおそらく、この寺に移転合併されたのであり、飛鳥浄御原宮の造営とともに、大官大寺を建立するために国力の総力を挙げたのである。要するに、律令国家体制の組織にくみこまれた仏教を象徴したのが、この大官大寺であった。

白鳳期に建立された寺院で注目すべきは、川原寺《かわらでら》であろう。文献の上では不明であるが、昭和三十三年（一九五八）の発掘調査によって、天智帝のときに斉明帝の川原宮址に建立されたもので、天智帝が建立したといわれる天武帝の大津京にあった崇福寺《すうふくじ》の伽藍配置、すなわち飛鳥寺と法隆寺との折衷的様式であったことが知られている。崇福寺は昭和十五年（一九四〇）に塔址の心柱《しんばしら》の礎石より舎利器が発見され、その荘麗な伽藍建築のありさまをうかがうことができたのである。

薬師寺は天武帝が鸕野《うの》皇后の病気平癒のために九年（六八〇）に発願した。帝がなくなった後、その遺志を継承して持統帝が造営し、十一年（六九七）に薬師三尊を開眼《かいげん》供養した。そして翌年に着工以来十七年の歳月をかけた伽藍の建立もほぼ終わったもののようである。最初、この薬師寺が建立されたのは、現在の橿原市木殿であった。東西に二基の塔を建て、その後方に金堂を配する様式である。平城京遷都とともに養老二年（七一八）に、現在の奈良市西の京に移った。解体移建したものでなく、新しく造営されたとみられている。規模はほぼ同じである。薬師三尊像は昭和三十年の調査で創建当初のものであることが明らかになった。

飛鳥期の仏教芸術は神秘荘厳、白鳳期のそれは明朗柔和《にゅう》である。きわめて大まかにいえば北朝系と隋・唐系とのちがいということになるであろう。北朝とつながりのあった高句麗は東北アジアのシャーマン的宗教基盤をもち、北朝とくに北魏は北方民族の剛健の気風を文化的な特質としていた。造寺・造像もきわめて現実的な要求にもとづくものであって、大らかな精神力がいかんなく発揮されている。

現世利益と
願生往生

鞍作鳥
飛鳥寺
釈迦像完成

当時の東アジアの信仰分布図をみると、南北朝時代は胡族支配の社会であった。インドから西域へ伝播し、さらに北朝竜門の仏教が高句麗、百済を経由してわが国に伝えられるまでは、少なくとも四世紀の年月がたっている。飛鳥寺の釈迦像をはじめ飛鳥初期のそれが例外なく施《せ》無畏《むい》・与願印《よがんいん》の像容を示している点も、北インドのグプタ朝の仏像の様式を忠実にまもっていることが知られる。

飛鳥期の仏教信仰は仏像を中心としたものであって、いわゆる現世利益と願生往生に限られる。現世的な信仰は国家的なものは四天王、個人的なものは釈迦、観音であり、来世的なものは、もちろん個人に限られるが、弥勒と観音である。

白鳳期には現世的な信仰に薬師が、また来世的なものには阿弥陀が新しく加わるのが、特色である。飛鳥初期に釈迦と弥勒との尊像が半島からもたらされたのは、インドにおける古い信仰すなわち過去七仏に弥勒を加えた信仰に起源するものである。これは三世紀初めのグプタ朝よりひろがり、少なくとも一世紀後半に建国したクシャーナ朝を遡ることはない。

推古帝十四年（六〇六）四月に一年がかりで鞍作鳥《くらつくりのとり》が飛鳥寺金堂の丈六銅の釈迦坐像を完成した。このとき繍《ぬいもの》の丈六の仏（釈迦？）も作ったが、おそらく十二年（六〇四）に定めた黄書《きのふみ》画師・山背《やましろ》画師も参画したものと思われる。かつて百済の聖王が釈迦像を欽明帝におくってから半世紀ぶりで、わが国における最初の造像であった。高麗国の大興王は日本国の天皇が仏像を律立したということを聞いて黄金三百両をおくった、と書紀にある。飛鳥寺は蘇我氏の氏寺であるが、造像もなかばで国家的な事業として行なわれたものと思われる。

造寺司

聖徳太子在世中のものでは法隆寺金堂釈迦三尊像は推古帝三十一年（六二三）の造立で、また同じく大宝蔵殿の釈迦三尊像（戊子銘）、旧御物の止利《とり》式金銅菩薩立像三躰（観音像）も飛鳥初期のものである。

七世紀前半の法隆寺諸仏は北魏後期の様式を伝え、竜門石窟にその先例がみられるように金堂釈迦像や法隆寺薬師像は着衣に特色があって、下着の上にシーツのような四角の大きな布をおおって、その裾《すそ》は膝下まで垂れている、いわゆる裳懸座《もかけざ》である。これも中国北朝系のもので高句麗の仏像の様式であったと思われる。高麗僧の慧慈が聖徳太子の師であったことから、高句麗仏教が伝えられたものであろう。

法隆寺の夢殿観音像と百済観音像、広隆寺の弥勒像、中宮寺の半跏思惟像、法隆寺金堂四天王像はいずれも木彫である。夢殿観音は北魏系の力強い素朴な像容を伝えるが、他はだいたいにおいて南朝の斉・梁系の様式にしたがっており、百済仏教の影響が考えられる。百済観音以下の制作年代を白鳳期までさげる見解もあるが、飛鳥期の推古朝以後とみるのが一般的な見方である。

白鳳初期には個人の守り本尊的なものとして三十センチほどの小金銅像が多数作られた。大化改新後、造仏師も官人制の組織（造寺司《ぞうじし》）にくみこまれ、ある程度量産がはじまる。

従来のように個人名が残っていないのは造寺司という律令下の技術者であったがためであろう。この頃、百済、高句麗があいついで滅亡したので、多数の人びとがわが国へ亡命した。そのなかには造像の技術者も多かったものと思われる。かれらのうちの幾人かは造寺司に任ぜら

山田寺
薬師三尊像

れたでもあろう。たとえば国骨富《こくこつぶ》も百済亡命者で、かれは後に東大寺大仏を鋳造した国中連《むらじ》公麻呂《きみまろ》の祖父として知られている。

法隆寺に伝えられた四十八体仏と称する一群の小金銅仏は現在、東京国立博物館に保管されている。このうち光背に辛亥《かのとい》年と甲寅《きのえとら》年との銘をもつものがある。年号の解読に諸説があるが、辛亥は白雉二年（六五一）、甲寅は同五年（六五四）とみる久野健《くのたけし》の説をとりたい。戊午《つちのえうま》年（六五八年）銘の河内観心寺の観音像は光背銘が阿弥陀像とあって相違するが、ともかく、観音像はこの頃のものとされる。また河内野中寺の天智帝五年（六六六）銘の弥勒像がある。

木彫では法隆寺六観音像、法輪寺の菩薩立像、同じく薬師如来像などがある。

白鳳期の仏像は総じて体軀、衣紋の流れが柔かで、どことなく円熟味が感じられる。

天武帝六年（六七八）に蘇我石川麻呂の追善のために建立した山田寺の本尊は薬師三尊像である。この仏頭が昭和十二年（一九三七）興福寺金堂修理のときに発見されたが、白鳳期を代表するものである。仏像の像容の変化はもとより内面的な信仰の心情と不可分の関係にあるけれども、南朝系の斉・梁の仏教芸術の影響をみのがすことができない。

そしてまた、白鳳期は隋・唐、とくに唐の文化がわが国に波及したときである。すでに推古帝三十一年（六二三）七月、唐から学問僧恵斉《えさい》・恵光《えこう》、医僧恵日《えにち》・福因《ふくいん》らが帰国した。そして恵日らは、大唐は法式備わり定まった珍《たから》の国であるから常に交流すべきである、と奏上した。

白雉四年（六五三）五月十二日、遣唐大使吉士長丹《きしのながに》ら一二一人、同じく高田首根麻呂《たかたのおびとねまろ》ら

法隆寺
竜首水瓶

乾漆像

一二〇人がそれぞれの船に乗って入唐した。第一船には後に仏教の布教につとめた学問僧で船《ふね》の恵尺《えさが》の道昭（六二九―七〇〇）や藤原鎌足の長男で学問僧の定慧《じょうえ》（六四三―六六六？）などが乗りこんでいたのである。こうした唐文化の移入は白鳳期の仏教をどのように形成せしめたのであろうか。

当時の大陸文化というのは、そのままが仏教文化である。この仏教文化は、本来、インドの後期グプタ朝文化に発し、これにペルシャのササン朝文化が合流して唐文化において形成されたものである。

唐は西域、インドなどと文化交流していたので、仏教文化はインターナショナル的な色彩をもった豊かなものに育っていった。

法隆寺の金堂や回廊のエンタシス（胴張り）式の柱はギリシャ文化の痕跡を伝えるものとして、世界的に知られている。法隆寺の狩猟文錦《しゅりょうもんにしき》やもと同寺に伝えられた竜首水瓶《すいへい》などは明らかにペルシャ伝来の物であって、唐代における変容をほとんど受けていない。また法隆寺金堂の天蓋《てんがい》は白鳳期のものであって、その美しい天人像はよく知られている。そして、そこにみられるような一つの円を中心とした模様の描き方はいわゆる連珠文《れんじゅもん》とよばれるものである。これもペルシャ彫刻の影響を受けている制作法である。

他に河内野中寺《やちゅうじ》の弥勒像、焼けた法隆寺金堂壁画などにも連珠文が認められる。

さきにのべた大官大寺にはその仏殿に天智帝発願の乾漆《かんしつ》の四天王像が安置してあったといわれている。乾漆《かんしつ》像の作り方は木心《もくしん》と脱活《だっかつ》との二種の方法がある。前者は心木に木屎《もくそ》と漆液とをまぜたものを塗って盛りあげ、表面に麻布を張りつけたものであり、後者は塑土《そど》であらかじめつくった原型の上に漆液で麻布を張りかためたものである。こうした乾漆仏像の製法も唐から伝わったもので、次の天平期には多くの乾漆像がつくられるようになる。

また、この大官大寺には高さ六・八〇メートル、幅六メートルの大繍帳《しゅうちょう》もあったということである。現存のものでは中宮寺の天寿国繍帳《しゅうちょう》が知られるが、おそらくそのようなものであったと思われる。繍帳とは刺繍《ししゅう》したとばり（帳・帷）のことで、その技術は唐から直接に、あるいは半島を経由して、わが国へもたらされたのであろう。

唐の彫刻の影響がみられる代表的なものに、薬師寺金堂の薬師三尊像がある。中尊の薬師如来も両脇侍の日光《にっこう》菩薩・月光《がっこう》菩薩のいずれも唐代の写実主義的な作法を受けており、重量感にあふれた堂々たる体軀であって、拝する者をして圧倒させずにはおかない。台座や後背も唐朝の系統で、わが国における唐朝模様のはじまりであるといわれる。ことに台座のブドウ（葡萄）の彫刻は唐の美術を伝承するものとして著名である。また、同寺東院堂に安置する聖《しょう》観音像も唐朝の系統に属するもので、白鳳期を代表する仏像のひとつである。

法隆寺金堂壁画は惜しくも昭和二十四年（一九四九）一月二十六日に焼失したが、大壁画の四方に釈迦、阿弥陀、薬師、弥勒の浄土を描いてあった。また小壁面には観音、文殊などを描き、上方の小壁には飛天を描いてある。これらの壁画は直接的には隋《ずい》、唐の時代における長安、洛陽などの寺院の壁画の影響を受けたものと思われ、部分的には敦煌《とんこう》壁画に作例が認められるように、一種の陰影描法を用いているので、浮き上って立体的に見えるのが特徴である。この陰影描法は西南インドのアジャンター、エローラ、ナーシクなどの石窟寺院で行なわれていたものであって、現在でもそれらの寺院に残っているように、本来、インド起源のものである。上方に飛天《ひてん》を配するのも、グプタ朝の時代の彫刻に見ることができる。

法隆寺壁画の諸浄土図はインドにおいて密教が組織化される以前のものである。すなわち諸尊相互の間にはまだ体系的な関連がないが、阿弥陀浄土図—弥陀三尊図は唐代における浄土教信仰の伝播を物語っている。同じく法隆寺には光明皇后の母、県犬養三千代《あがたいぬかいのみちよ》の念持仏として知られる弥陀三尊像がある。これも唐朝の系統をつぐものである。

白雉元年（六五〇）に山口直大口《やまぐちのあたいおおぐち》は孝徳帝の勅を受けて一千仏の像を彫刻し、またこの年の十月には大安寺に丈六の繍帳、侠侍・八部などの三十六像を安置したと記録されている。これらはいずれも現存しないが、唐文化の影響のもとにつくられたものに相違ない。

また、白雉四年（六五三）六月、旻《みん》法師の追善のために、勅命によって画工狛竪部子麻呂《こまのたてべのこまろ》、鯽魚戸直《ふなとのあたい》らが多くの仏菩薩像をつくって川原寺《かわらでら》に安置したといわれる。

伝来された経典

次に、伝来した経典などについてみたい。

法華経

欽明帝のとき、百済《くだら》の聖明王が釈迦仏金銅像一軀《いっく》、経巻などを帝におくったことはすでに述べた。このときの経巻若干はどのような内容のものであったかは、不明である。さらに敏達帝六年（五七七）十一月、百済王が大別王《おおわけのおおきみ》らに経論若干をおくったことが『書紀』に記録されている。この経論若干というのは、皇円の『扶桑略記』には二百巻とし、そのうちに『法華経』をふくむ、とある。当時の信仰対象の主体は釈迦牟尼仏《しゃかむにぶつ》であるから、久遠実成《くおんじつじょう》の仏の存在を説く『法華経』が伝えられたのも当然のこととして首肯される。なお、このとき、あわせて律師・禅師・比丘尼・呪禁師《じゅごんじ》・造仏工・造寺工の六人が渡来したとあるので、律典——おそらく四分律系のもの——禅関係の典籍、雑密系の経典なども多数、伝えられたにちがいない。

舒明帝十二年（六四〇）五月五日、大設斎が行なわれ、恵隠《えおん》（生没年不詳）が『無量寿経』を説いた。恵隠は志賀漢人《しがのあやひと》で、推古帝十六年（六〇八）九月に隋に渡り、舒明帝十一年（六三九）九月に新羅の使者にしたがって、恵雲とともに京に帰ったひとである。『無量寿経』は浄土三部経の一つで、康僧鎧《こうそうがい》の訳出したものである。これによって、この頃、唐で盛んに行なわれていた浄土経典が阿弥陀仏像や浄土経典などとともにわが国に入ってきたことが知られる。

『日本書紀』の白雉三年（六五二）四月十五日の条に「沙門恵隠を内裏《おおうち》に請《ま》せて、無量寿経を講《と》かしむ。沙門《ほふし》恵資を以《も》て、論議者《ろんげしゃ》とす。沙門一千を以て、作聴衆とす」とあり、二十日に講を終わっている。これは舒明帝十二年の条と酷似しているので、記事の重複とみるむきもあるけれども、ともかく、このとき、後世における「論議」すなわち経論の趣旨についてディスカッションするようなことが行なわれたのが知られるのである。

持統帝六年（六九二）五月十五日、筑紫大寄率河内王《つくしのおおみこともちのかわちのおおきみ》らに詔《みことのり》して、天智帝のために、唐の大使敦務悰《かくむそう》がつくった阿弥陀仏を献上せよ、といったことが、同じく『日本書紀』にみえている。七世紀後半、曇鸞《どんらん》・道綽《どうしゃく》の浄土教の流れを大成した善導《ぜんどう》は、唐代における浄土信仰のリーダーとして活動した。そうした善導らの浄土教が断続的にわが国に入ってきているわけである。中世の時代に浄土教はわが国の庶民信仰のほとんど主流をなしたのであるが、思えば浄土教の源流は飛鳥・白鳳期にすでに存する。

講経

講経の起源もきわめて古い。推古帝十四年（六〇六）に聖徳太子が『勝鬘経《しょうまんぎょう》』『法華経《ほけきょう》』を講じたという伝えは真偽のほどはともかく、事実とすれば七世紀の初めにはすでに講経が行なわれていたことになる。

仏教が日常生活のなかに浸透してゆくのは多くの場合、さまざまな行事を通してであることはいうまでもない。

盂蘭盆会

まず、推古帝十四年（六〇六）より寺毎に四月八日、七月十五日の設斎《せっさい》を行なっている。前者は仏陀釈尊の生誕をことほぐ、いわゆる灌仏会《かんぶつえ》（花まつり）であり、後者は盂蘭盆会《うらぼんえ》（盆）である。もちろん、当時の盂蘭盆会は安居《あんご》と関係する衆僧供養の儀式であって、今日行なわれているような、いわゆる精霊の祭りではない。たとえば、天武帝十二年（六八四）七月十五日には僧尼を講じて、宮中に安居《あんご》せしめ、浄行者を出家させているが、斉明帝三年（六五七）七月十五日、飛鳥《あすか》寺に盂蘭盆会を設け、この夕、都貨邏《とから》人に供養したとある。都貨邏は現在のタイのメナム河下流地方にあったドヴァーラヴァティー王国であると推定されている（西域地方説もある）。その王国の者がわが国に漂着したのであった。また同五年（六五九）七月十五日に群臣に勅して、飛鳥地方の諸寺に盂蘭盆経を講ぜしめて七世の父母にこたえた。これは現在行なわれている盂蘭盆会の原形であって、七世の父母すなわち過去世の祖先に報いるというのであるから、祖先崇拝の民族感情とむすびつきやすい行事であったわけである。

仁王般若会

また翌六年（六六〇）に勅命があって、有司は一百の高座、一百の納袈裟《のうげさ》をつくり、仁王般《にんのうはん》

放生会

無遮大会

若会《にゃえ》を設けた。羅什訳『仁王般若経』を講讃する儀式である。この経は護国経典として『金光明経』などとともに尊重せられ、後には春秋二季に宮中の大極殿《だいごくでん》、紫宸《ししん》殿、清涼《せいりょう》殿で行なわれ、天変地異、疫病流行のときに祈願するようになる。当時の律令《りつりょう》国家体制を維持、強化させるためには、この経典の性格からみて、仁王《にんのう》般若会が国家的な仏事として行なわれたゆえんも首肯されるであろう。

天武帝五年（六七七）八月十七日、国々に命じて生きものを放たしめ、同じく十一月十九日、京に近い国々に詔《みことのり》して放生会《ほうじょうえ》を行なった。放生会というのは、『金光明経』の流水長者の故事にならって飼っている動物を放ってやる儀式で、もとより仏教の慈悲行《じひぎょう》として行なわれるものである。のちには陰暦八月十五日の行事となり、神社でも行なうようになった。

推古帝四年（五九六）、法興寺の落慶にあたって、わが国ではじめて無遮大会《むしゃのだいえ》を行なっている。無遮大会は無遮会ともいい、貴賤上下のわけへだてなく飲食などをふるまって供養する儀式であって、古代インドの国王が即位のときなどに行なった国家的行事である。梵語でパンチャ・ヴァールシカとよばれるように、五年に一度開催するのを通例としたので、五年大会《だいえ》、五歳会ともいう。無遮大会はおそらく古代インドの種族制社会の時代における共同体の生活に由来するものである、と筆者は推考している。

ともあれ、階級を撥無《はつむ》した仏教精神にもとづく行事として注目されるものである。しかしながら当時の律令国家体制のもとで開催されたこの行事は、諸氏族を撥無して天皇に帰一する意味における無階級制を意味しているとみるべきであると思われる。

持統五年（六九一）二月、公卿らに勅して仏殿、経蔵をつくらせ、月毎に六斎日《ろくさい》をさだめてこれを行なうことにした。書紀の記事にはないが、天武帝のときにも六斎日を設けたことがあるので、持統帝もみずからそれをなされようと意思を表明されたとある。これは毎月の八日、十四日、十五日（白月）、二十三日、二十九日、三十日（黒月）の六日には斎《とき》をまもって昼食後には食物を摂《と》らず、在家信者の守るべき八戒を持するのである。

▼経典の読誦と講賛

次に読経、講経についてみよう。

孝徳帝の白雉二年（六五一）十二月晦日、味経宮《あじうのみや》に二千一百余人の僧尼を請じて一切経を読誦させた。そして、この夕、二千七百余の灯明を朝廷の庭にともし、安宅・土側などの経を読ませた。これは難波宮《なにわのみや》の地鎮祭であったのではないかとみられている。天武帝四年（六七六）十月三日、使者を四方につかわして一切経をもとめさせた。

「一切経」という名称は隋の開皇元年（五八一）の公文書にみえている。しかし、ここでいう一切経は経律論の完備したものというよりも、多くの経典という意味に用いているものとみてよい。

天武帝九年（六八一）五月一日に、はじめて『金光明経』を宮中ならびに京すなわち飛鳥いちえんの諸寺において説かせた。『金光明経』は護国経典として古くより知られていたものであるが、中国では唐朝の時代にとくにこの経典の読誦、講賛が盛んに行なわれたので、わが国

金剛般若経講賛
薬師経
観音経
二百巻読誦

もそれにならったのである。後には奈良、平安初期を通じて長く護国経典として尊重されるようになる。

同十四年（六八六）十月、『金剛般若経』を宮中で講賛させている。この経典は羅什《らじゅう》訳のものであって、一切皆空《いっさいかいくう》を説くが、護国経典として取り扱われたのである。朱鳥元年（六八六）五月二十四日、天武帝の病気平癒を祈って川原寺で『薬師経』を説かせた。また、この年七月二日、悔過《けか》を行なった。いわゆる薬師悔過《けか》であって薬師如来に対して罪障を懺悔する儀式である。奈良時代には薬師如来の信仰が非常に盛んになってくるが、行事としては懺悔がなされたわけである。またこの月の八日に百人の僧を請じて宮中で『金光明経』を読ませている。さらにこの七月中に持統帝の延命《えんめい》のために王臣らは観音像をつくり、「観世音経」を大官大寺で説かせ、また八月二日には百の菩薩像を宮中に安置して観音経二百巻を読ませた。観世音経または観音経というのは独立の経典ではなく、『法華経』第二十五品の別称である。また書紀に「説」または「読」とあるのは、経典の読誦を意味する。

持統帝六年（六九二）五月三日、大洪水があった。そこで勅して、京をはじめ四畿内すなわち大和、山城、摂津、河内において『金光明経』を講説させた。このときはおそらく観成《かんじょう》が指導したものと思われる。翌七年（六九三）十月二十二日より四日間、諸国に『仁王経』を講説させた。これは天平十九年（七四七）の法隆寺、大安寺の資財帳にも記されているところである。

八年（六九四）五月十一日、『金光明経』一百部を諸国におくり、安置した。そして、毎年正月八日より十四日まで読誦するように、また布施はその国の官物をあてよ、と勅命があった。

後七日御修法

一切経の書写

仏舎

智通・智達

道昭

これは奈良時代になって御斎会《ごさいえ》となって行事化されるようになる。その時代には供養料のイネを正税より出すべきことが正倉院文書、各国正税帳に見える。承和二年（八三五）正月、真言の修法にもとづいて行なって、以後、宮中後七日御修法《ごしちにちみしゅほう》とよばれ、今日では東寺にその伝統的な行事が受け継がれて行なわれている。

写経の功徳もまた『金剛般若経』『法華経』などに説かれているところから、天武帝二年（六七四）川原寺で一切経の書写が行なわれた。さらに養老六年（七二二）には大安寺で、天平十一年（七三九）東寺、十三年（七四一）興福寺、十四年（七四二）皇后宮で、いずれも一切経を書写している。天武帝十四年（六八六）三月二十七日、諸国の家毎に仏舎《ほとけのおおとの》をつくり、仏像と経典を安置して礼拝供養せよ、という勅があった。これは現在一般家庭にみられる仏壇のはじまりであると思われる。

白鳳期には奈良時代の仏教教学の先駆的なめばえがいくつかすでに認められる。斉明帝四年（六五八）七月、智通《ちつう》・智達《ちだつ》は勅によって新羅《しらぎ》の船に乗って大唐へゆき、西明寺に住していた玄奘《げんじょう》に師事して「無性衆生義《むしょうしゅじょうぎ》」を受けたといわれている。このとき、玄奘は五十七歳であった。無性衆生は無性種姓ともいい、さとりをえる点に関して衆生が本来そなえている性質を五つに区別した五性各別《ごしょうかくべつ》のうちの第五に数えられるもので、法相宗《ほっそうしゅう》の教義である。同七年（六六一）、同じく唐で玄奘に法相の教学を学んだ道昭《どうしょう》が帰国し、飛鳥寺に摂論衆《しょうろんじゅ》が成立した。これは無着《むじゃく》著『摂大乗論《しょうだいじょうろん》』という大乗仏教概論を研究するグループである。中国には古くから摂論宗という一派が成立していたが、玄奘の時代に法相宗に併合されるような

道光

道蔵

請雨経・止雨経

併合信仰

かたちをとったのである。さらに、天武帝七年（六七八）唐より道光（生没年不詳）が帰国した。在唐中、律を学んだひとであって、その著『四分律撰録行事《しぶんりつせんろくぎょうじ》』はその後のわが国における律典研究の基本となったものである。奈良時代に、のちほどみるように鑑真《がんじん》がわが国に伝えたのも、この四分律である。

百済僧でわが国に渡ってきた道蔵《どうぞう》（生没年不詳）は雑密《ぞうみつ》系の密教家としても注目すべき人物であるが、ハリヴァルマンの『成実論《じょうじつろん》』に対する注釈書『成実論疏《しょ》』十巻を著し、奈良時代の成実宗のさきがけをなしたばかりでなく、聖徳太子の『三経義疏』を留保すれば、これはわが国撰述の最初の仏書として知られているものである。

グプタ朝の全期を通じてインドにおける初期密教経典の主要なものの一つに『請雨《しょうう》経』・『止《し》雨《う》経』がある。これらの経典を用いた密教の修法は中央アジアの諸国を通じて比較的早い時代に中国に伝えられたのであった。いま、『書紀』をみると、奈良時代以前、七世紀後半の白鳳期にすでに密教経典を用いた請雨の修法が盛んに行なわれていたことが窺《うかが》い知られる。古代農耕社会にあってはいうまでもなくその経済的な死活を支配するものは、雨であった。仏教渡来以前からも雨を祈ることはなされていたのであって、密教の修法と併行して古来の神々に雨を祈るといったように、きわめて素朴なかたちで併合信仰が認められるのは注目すべきことであろう。神―仏の信仰を一定の理論的基礎をもって組織した、平安初期以後のいわゆる神仏習合信仰と区別する意味において、それ以前の形態を併合信仰とよぶようにしたい。

さて、皇極帝元年（六四二）七月二十七日、百済大寺で仏菩薩像と四天王像を安置して大乗

家ごとに仏壇を設ける

肉食・殺生の禁

経典を転読、悔過し、雨を祈るために衆僧に『大雲《だいうん》経』を読誦させている。この経典は詳しくは『大雲輪請雨経《だいうんりん》』で、密典に属する。

さらに天武帝十二年（六八四）七月初めより八月まで旱魃《かんばつ》に見舞われたので、百済の道蔵は雨請《あまご》いをした。また持統帝二年（六八八）七月二十日に同じく道蔵に命じて雨を祈らせた。道蔵は雨請いをしているので、明らかに『大雲輪請雨経』による修法をなしたものと思われる。

持統帝五年（六九一）には四月より六月まで雨が降りつづいた。そこで六月に入ってから京をはじめ畿内の寺に『止雨経』を読誦するように勅命があった。

『大雲輪請雨経』による祈雨は天平神護二年（七六六）に行なわれたことが『正倉院文書』の東大寺三綱牒にみえているので、一般には奈良時代の末期からはじまるとみられている。だが、それより半世紀以上も前から実施されていたのである。

天武、持統の白鳳芸術はわが国における芸術の最高峯に位置していることはいうまでもない。それは飛鳥寺（元興寺）、大官大寺（大安寺）、川原寺（弘福《ぐふく》寺）、薬師寺の四つの官寺を中心とするものであるけれども、残存する遺品はそのきわめて一部のものにしかすぎない。当時、飛鳥地方だけで二十四ヵ寺あった。しかし、七世紀後半の約半世紀間には仏教が関東方面まで普及し、地方に定着しはじめたことも見のがすことができない。

天武帝十三年（六八五）に諸国に命じて、家ごとに仏壇を設け、経典を備えさせた。また仏教の日常倫理を徹底させて、肉食・殺生の禁を出している。当時の家といっても、それは一般庶民のそれではなく、地方の豪族層をさしていったものである。全国的にみて、古墳は氏族の

氏寺

当時の信仰対象

有力者の自邸に近く、地形的にいって丘陵と平地とが接する地点につくられているということである。この頃、地方寺院がその土地の豪族の邸宅に比較的近い地点に建てられているということで、古墳に代わるべきものとして当時の寺院の性格づけをしている橋川正の見解は、傾聴すべきである。いわば寺院は古墳の延長的なものとして機能しているといえよう。すなわち、従来の氏神《うじのがみ》に代わって氏寺《うじでら》が次つぎに建てられていった。たとえば、蘇我氏の飛鳥寺がその嚆《こう》矢《し》であり、秦《はた》氏の太秦《うずまさ》寺（広隆寺）、葛木《かつらぎ》氏の葛木寺、当麻《たいま》氏の当麻寺などがそれである。

信仰の対象としては、まず釈迦牟尼《しゃかむに》仏がある。仏教の開祖という歴史的な裏づけをもった仏であるばかりでなく、現当二世《げんとう》の功徳を授けてくれるのであり、古代日本人の民族信仰である死後の世界「常世《とこよ》」「黄泉《よみ》」の思想は、当来世の仏である弥勒仏および阿弥陀仏の信仰と併合したものと思われる。さらには現世利益の仏として、薬師や観音も信仰される。

寺院は近畿以外では備中、伊予、豊前《ぶぜん》などの地方にも仏教が伝播したことは、それらの各地で飛鳥様式の古瓦が出土していることによって知られる。古墳文化の末期には仏教の影響もいくらか認められる。よく知られているものに群馬県観音塚古墳の横穴式石室で「サハリ（銅響）」と称する銅製仏具が副葬品として発見されているし、また茨城県下館市の女方《おさかた》地方の古墳からは白毫相《びゃくごうそう》をもった埴輪《はにわ》が出ている。白毫というのは仏の三十二相という三十二の身体的な特徴を示すものの一つで、額の正面にあるウズマキ（渦巻）状のしるしである。さらに奈良県水沼《みどろ》古墳から出た石棺には蓮華文《れんげもん》を描いてある。

これらは従来、考古学的成果として報告されている主なものであるが、このほかにも仏教の地方伝播、土着化を物語る遺品は数少なくない。

道昭の社会事業

文武帝四年（七〇〇）に没した道昭は遣唐使にしたがって唐に渡り、親しく玄奘について唯《ゆい》識《しき》の学問を学んだひとである。かれは帰国後、十余年にわたって全国をめぐり歩き、川の渡し場に舟をもうけ、井戸を掘り、道を開いた。ことに宇治川に橋をかけたことは書紀にも賞賛されている。仏教の民間への伝播はこのような地方行脚《あんぎゃ》の仏者たちの努力によってなされていったのであり、道昭もそのひとりであった。後には奈良時代の行基《ぎょうき》、平安初期の空海らによってその志が継承されていったのである。

知識

仏教の民間普及にともなって、一般民衆の信仰集団が結成されるにいたった。「知識《ちしき》」とよばれるのがそれである。これは一種の信仰共同体である。知識は梵語のカルヤーナ・ミトラの訳語「善知識《ぜんちしき》」の略で、「よき友」を意味する。河内野中寺の弥勒像は天智帝五年（六六六）の建立で、橘寺《たちばなでら》の知識百十八人によってつくられたものである。また、河内国志貴郡《しきのこおり》の知識は朱鳥二年（六八八）に現存最古の写経をしている。知識はまた、「知識結《ちしきゆ》」などともよばれる。こうした信仰共同体の存在があったればこそ、行基の民間布教も可能であったとしなければならない。

火葬のはじまり

埋葬と詣墓

わが国で最初に火葬に付されたのは道昭である。慶雲四年（七〇七）十一月には文武帝も火葬にした。火葬が行なわれるようになってから、やがて民俗学でいう両墓制も出来上がったと見られている。両墓制とは、実際に埋葬した墓（埋墓《うめばか》）と参詣する墓（詣墓《まいりばか》）とを区別して、それぞれ別の場所に墓を設けるものである。

『書紀』によれば持統帝のときに、蝦夷《えぞ》や隼人《はやと》——古代の九州南部に住していた人びと——に対して仏教による教化をほどこしている。すなわち持統帝三年（六八九）一月三日、陸奥国《むつのくに》優嗜曇《うきたまの》郡《こおり》城養《きこう》（現在の山形県南部）の蝦夷脂利古《しりこ》の息、麻呂《まろ》と鉄折《かなおり》とが剃髪《ていはつ》して沙門となりたいと申し出てきたので、これを勅許した。また同月九日、越《こし》（北陸地方）の蝦夷沙門道信《どうしん》に仏像一軀、灌頂幡《かんじょうのはた》・鐘《かね》・鉢各一口《いっく》、五色綵《しみのきぬ》各五尺、綿五屯、布十端、鍬《すき》十枚、鞍《くら》一具を賜《たまわ》った。これらには開墾のための道具までもふくまれている。

同三年七月一日には陸奥国の蝦夷沙門自得《じとく》が申し出たので、金鋼薬師仏像・観世音菩薩各一軀、鐘《かね》、娑羅《さら》（仏具の一種）、宝帳、香炉《こうろ》、幡《はた》などの物をさずけ賜った。

これらの二、三の記述によって知られるのは、当時、蝦夷または隼人出身の仏者がいたことであり、またかれらはその地域の蝦夷文化の指導的な立場にも立っていたものと思われる。

同六年（六九二）五月十五日に九州筑紫《つくし》の河内王《かわちのおおきみ》に「沙門を大隅《おおすみ》と阿多《あた》とに遣《まだ》して、仏教《ほとけのみのり》を伝ふべし云々」と勅を下している。大隅、阿多はそれぞれに現在の鹿児島県の東部と西部で、かつての大隅国と薩摩《さつま》国である。この未開の地方にはまだ仏教が伝わっていなかったので、教化を目的とした仏者の活動がつづけられたのであろう。

第二章
奈良仏教

▼概観

奈良時代の仏教を「奈良仏教」と通称する。奈良時代とは、藤原京（奈良県橿原《かしはら》市高殿）より奈良の平城京に遷都した和銅三年（七一〇）より平城京を去って山城《やましろ》の長岡京に遷った延《えん》暦《りゃく》三年（七八四）までの、ほぼ七十数年間をさしていっている。すなわち、西紀八世紀に相当する。

インドではすでに『大日経《だいにちきょう》』、『金剛頂経《こんごうちょうきょう》』が成立したあとで、密教の全盛時代を迎えようとしているときであった。中国は唐の時代であって、当時における大陸の色彩ゆたかな国際的な唐文化の影響をつよく受けつつあるわが国は、律令《りつりょう》国家の確立期にあった。そして、この統一国家体制はいくたびか繰り返される蝦夷《えみし》の反乱、地方農耕民の疲弊などで必ずしも安定したものではないけれども、平城京に律令国家の権威を象徴する東大寺大仏殿の毘盧舎那仏《びるしゃなぶつ》、いわゆる奈良の大仏が建立されたのは、歴史的な大事業であったといわなければならない。こうした巨大な仏像の建立《こんりゅう》は、かつて玄奘《げんじょう》も参拝したアフガニスタン中部のバーミヤンの大石仏、あるいは雲崗《うんこう》の大毘盧舎那仏などに先例が存するように、大陸の仏教美術の影響によるものである。

奈良の大仏は『華厳《けごん》経』の蓮華蔵《れんげぞう》世界を形象化したものである。そして、その華厳の世界はまさしく天皇を中心とした律令制の国家組織を宗教的に表現したものと解されるであろう。

従来、奈良仏教はそれほど評価されることがなかったと思われる。中国仏教の直輸入にすぎないという見方によるものである。そして、一般にはおよそ次のような日本仏教史観がその背景となっていたといえよう。

奈良仏教に較《くら》べて平安仏教はやや日本化された。だが、それはだいたいにおいて貴族仏教であり祈祷仏教である。鎌倉仏教に至ってわが国独自の仏教がはじまり、やがて、それが一般民衆に浸透していった。それゆえ、鎌倉仏教すなわち日本仏教である。室町時代以降は仏教が次第に衰微して、江戸時代の仏教はもっとも堕落したものである、と。

このような図式的仏教史観は、第二次大戦前には「国体の精華を発揚するために」軍国主義国家を建設するたてまえから、ことさらに「日本仏教」を特色づけようとする企図をふくんだものでもあったのである。敗戦直後、唯物史観の風潮のなかで仏教の民衆化を強調するためにも、鎌倉仏教は依然として評価が与えられたのであって、奈良仏教は国家仏教なるがゆえをもって貶《へん》せられた。したがって、同じ鎌倉時代であっても南都（奈良）系の仏教を鎌倉旧仏教という呼び方が今でも残存している。

今日、各時代にわたる新資料の発見・整理・報告の激増、一般史研究の飛躍的な発達、仏教の専門各分野の研究の著しい進展、とくに地方仏教史の研究成果の集積などによって、在来の日本仏教史は多くの検討が迫られている。現在におけるこのような新しい気運のなかにあって、奈良仏教は中国仏教の直輸入で、呪術《じゅじゅつ》的体質をもった国家仏教——われわれ現代人が安易にいう「呪術」というものの本来の意味と機能も再検討しなければならないが——であるという、なかば公式化された評価をもう一度吟味しなければならないように思われる。

たとえば、いわゆる官寺仏教の代表者として挙げられる玄昉《げんぼう》(?—七四六)あるいは道鏡(?—七七二)にしても、かれらは極悪者で奈良仏教を堕落におとし入れた張本人になっていた。しかし、「国体擁護」のために、『続日本紀《しょくにほんぎ》』の編者はいささかプライバシーに立ち入りすぎているようである。事実、かれら、一、二の仏者の政治的策謀とても、当時の巨大な律令国家体制を崩壊にみちびくほどのものではなかったのである。

日本仏教の歩みのなかでとらえる奈良仏教の問題点は、仮りに次の四項目に設定してみることができるのではなかろうか。

① **奈良仏教と天平《てんぴょう》芸術。** 天平芸術は前の飛鳥・白鳳期の芸術のうえにたって円熟した、わが国仏教芸術の粋であることはいうまでもない。このような高度に発達した造形美術の教理的、思想的な背景と、その関連性を明らかにしなければならない。

② **奈良仏教の教学。** 三論《さんろん》、唯識《ゆいしき》および律の思想は、その後に発展した日本仏教の諸宗派の基礎をなしている。最澄が三論と唯識を「論宗」として退けて、「経宗」を樹立し、また南都

の律を小乗律として大乗円頓《えんどん》戒を主張したのは、異例に属するといってよいであろう。

思うに、三論の空《くう》の哲学は中世における無常観や禅思想の基底をなしているのである。また、唯識の哲学は日本人の肌《きめ》細かな心のひだめの形成にあずかるところ少なくなかったと思われる。さらに律は日本の歴史のなかで日本人に道徳観念を植えつけてきたといえよう。

仏教の立場からみても、その根本道法である戒《かい》・定《じょう》・慧《え》の三学《さんがく》のうちに戒学があるように、戒律は各宗に共通し、いかなる宗派といえどもこの戒学を廃棄すれば直正の仏教とはいいがたい。

③ **日本仏教の母胎としての奈良仏教。** 奈良仏教には天台も密教も浄土も禅も法華《ほっけ》も、その後に興起したほとんどすべてといってよいほどの仏教諸思想が非体系的にふくまれていて、いわゆる奈良の六宗に限らない。ことに平安初期の真言密教は奈良諸宗を綜合した立場をとっているのであって、平安仏教は奈良仏教なくしては成立しえない。この意味で、奈良仏教こそ日本仏教の母胎であるといってよいであろう。

④ **仏教の地方伝播。** 仏教が東北地方の仙台以北と九州南端を除いて、ほとんど全国的に伝《でん》播《ぱ》したのも、この時代である。平安初期における最澄《さいちょう》、空海《くうかい》の東国伝道の下地も、この頃、出来上がったとしなければならない。

そうした意味で、平安初期の景戒《けいかい》『日本霊異記《りょういき》』(詳名は『日本国現報善悪霊異記』)の世界は、奈良仏教の重要な半面を伝えている。

民間仏教を代表する者に道昭《どうしょう》(道照)や行基《ぎょうき》がいる。

また山岳仏教の先駆者として役行者《えんのぎょうじゃ》（小角《おずぬ》）、播磨《はりま》の法仙《ほうせん》、越前の泰澄《たいちょう》、下野《しもつけ》の勝道《しょうどう》などがいる。日光を開山した勝道は空海がその碑文を書いたので詳しく知られるけれども、前三者はなかば伝説化されている存在である。

▼白鳳末期

奈良時代に入る少し前（白鳳末期）からみてみよう。

山階寺（興福寺）

『扶桑略記《ふそうりゃっき》』によると、中大兄皇子《なかのおおえのおうじ》に協力して蘇我入鹿《そがのいるか》を滅ぼした藤原鎌足《ふじわらのかまたり》が山階寺《やましなでら》（奈良興福寺）を藤原一族の氏寺として建立したのは斉明帝三年（六五七）のことであり、またかれは維摩会《ゆいまえ》を行なったともいわれる。そして弥勒菩薩《みろくぼさつ》を信仰していたようである。「家伝」によれば、亡くなったとき天智帝は黄金の香炉を下賜《かし》し、次のようにいったという。

「汝、誓願の如く観音菩薩の後に従って兜率陀天《とそつだてん》の上に到り、日々夜々弥勒《みろく》の妙説を聴き、朝々暮々、真如《しんにょ》の法輪を転ぜん」

当時の豪族たちの信仰の一端をうかがうことができる。弥勒信仰は奈良時代以前、おそらく仏教公伝の頃よりわが国に伝わったことが知られるのである。時代的にみた仏像流伝の経緯からして、今日、インドに残るグプタ朝の仏像でも弥勒が比較的多いのも決して偶然とはいえないであろう。

流布した経典

奈良時代以前に流布した経典で、重要なものとして挙げられるのは、『金光明経《こんこうみょうきょう》』『仁王般《にんのうはん》若経《にゃきょう》』『大般若経』『金剛般若経』『薬師本願経《やくしほんがんきょう》』などである。これらのうち、護国経典としてとくに尊重されたのは、西涼曇無讖《どんむせん》訳『金光明経』（四巻本）である。当時の律令国家を鎮護するにふさわしい経典として、このなかの「四天王観察人天品《かんざつにんでんぼん》」や「四天王護国品《ごこくぼん》」が用いられたのである。

四天王は仏教で説く須弥山《しゅみせん》の中腹にある神々で、帝釈《たいしゃく》天を外護《げご》し、それぞれ一天下を守護するので、護世《ごせ》四天王ともよばれる。東方は持国天《じこくてん》、南方は増長天《ぞうちょうてん》、西方は広目天《こうもくてん》、北方は多聞天《たもんてん》である。これらは護法神としてすでに釈尊の初期仏教以来、信仰されていたものであった。『金光明経』のなかには、この経典を読誦講賛《どくじゅこうさん》する功徳が種々に説かれており、国土の守護、怨敵《おんてき》の退散などの現世利益が強調されている。北魏《ほくぎ》時代から高句麗《こうくり》、百済《くだら》をへて四天王信仰がわが国にも伝えられ、やがて四天王寺の建立となったのであった。

曇無讖以後に唐の義浄《ぎじょう》が訳出した十巻本の『金光明経』がひろく行なわれるようになり、のちにみる国分寺の建立はこの義浄訳本にもとづくものである。なお国分尼寺は滅罪経典としての『法華経』によっている。

『続日本紀』の文武《もんむ》帝ならびに元明《げんめい》帝初期（奈良遷都以前）における主要な仏教関係の事項をひろってみると、(一)諸大寺（官寺）に関する記事、(二)役行者《えんのぎょうじゃ》の配流、(三)道昭の略伝などが認められる。

奈良仏教の前提をなす基本的な仏教の性格をうかがううえに重要な出来事であるので、以下、これらについて紹介し、考察を加えてみたいと思うのである。

僧綱制

私渡僧

薬師寺

▼諸大寺（官寺）の動向

奈良時代の僧綱所は薬師寺に置かれた。これは諸大寺の僧尼を取り締まるための官職である。本来は僧尼の綱維《こうい》をつかさどるところの機能であって推古帝三十二年（六二四）に僧制がおかれたことはすでにみたとおりであるが、文武帝二年（六九八）三月二十二日、勅命によって恵施を僧正《そうじょう》、智淵を少僧都《しょうそうず》、善住を律師《りっし》に任じている。当時の官寺に住する仏者はすべて朝廷から任命された官僧で、はっきりとした国家の公職として勤めていたのである。玄昉、道鏡が政治に関与して専横をきわめたのも、その淵源するところは国家が自ら規制したこの僧綱制の弊害によるものであるといわなければならない。

いわゆる官僧に対して、官許をえずして出家する私度僧《しどそう》とよばれる仏者が現われるようになったのも、奈良時代であって、かれら私度僧の多くが民間仏教の荷担者となるのである。

同二年冬十月四日に薬師寺の構作がほぼ完了したので、衆僧を住せしめることにした。これも文武帝の勅命によるものである。「薬師寺東塔擦銘」によれば天武帝八年（六八〇）、書紀では同九年（六八一）に帝の発願で工事に着手し、持統帝十一年（六九七）七月二十九日に金堂本尊薬師如来の開眼供養が行なわれた。したがって、薬師寺の完成にはほぼ二十年の歳月を要したことが知られる。

文武帝三年（六九九）六月十五日に山田寺に封三百戸《こ》を施した。ただし、これは三十年を限るものである。この寺は、入鹿《いるか》の発願《ほつがん》で、皇極《こうぎょく》帝二年（六四三）に金堂が建立された。蘇我

観世音寺

日本三戒壇

造寺司

氏滅亡後も、この寺が栄えたのは、官寺としての性格をもっていたからである。同様のことは聖徳太子の法隆寺の場合についてもいえよう。大宝元年（七〇一）六月二十五日、四畿内に雨を祈らせた。

同七月二十七日に大安寺、薬師寺を造る官を寮に准じ、また塔と丈六の仏像を造る二官を司に准ずることにした。翌月四日、近江国志賀山寺の封は天武帝四年（六七六）より三十年たち、また観世音寺、筑紫尼寺の封はすでに五年たったので、これらを停止して封の代りに物を施入することにした。志賀山寺は崇福寺《すうふくじ》ともいい、天智帝の発願で、七年（六六八）に創立し、弥勒菩薩を金堂に安置した寺院である。延喜式十五大寺の一つに数えられたが、のちに廃寺になっている。観世音寺（福岡県筑紫郡太宰府町）は天智帝の発願で建立し、天平十八年（七四六）に諸伽藍が完成、天平宝字五年（七六一）に戒壇院ができあがってからは、奈良東大寺、下野薬師寺とともに日本三戒壇の一つに数えられた大寺である。観世音寺に筑紫尼寺があったことは、聖武帝のときに諸国に国分寺と国分尼寺を建立した雛型とみることができよう。

大宝二年八月四日、高橋笠間《たかはしのかさま》を造大安寺司に任じている。大安寺は四大寺の一つとして重要な国家の官寺であることはいうまでもない。このような造寺司《ぞうじし》は平安初期まで存在した官職であって国家の寺院の建立、修理のために任じたのである。同年十二月十三日、太上天皇（持統）不予《ふよ》のため、天下に大赦《たいしゃ》し、また百人の者を出家させ、四畿内の大寺で『金光明経』を講賛せしめた。

いずれも先帝の病気平癒のためになされたものであった。翌三年（七〇三）一月五日、太上天皇のために斎《とき》を大安寺、薬師寺、元興寺、弘福《ぐふく》寺に設けた。また二月十七日は先帝七七日忌に当たったので、さきの四大寺および四天王寺、山田寺など三十三ヵ寺に勅使をつかわして斎を設けた。

忌日法要

忌日法要は現在でも日本仏教の主要な機能の一つであるが、これもすでに奈良時代以前よりこのようにして行なわれていたのであって、もとより唐仏教の風習を模したものであろう。三月十日に四大寺に勅して『大般若経』を読誦《どくじゅ》させ、百人の者を出家させている。先帝の追善菩提のためである。さらに七月十三日、四大寺において『金光明経』を読誦させた。

金光明経の読誦

慶雲二年（七〇五）四月三日、日照りのために五大寺に命じて『金光明経』を読誦させた。民苦を救わんとして六月二十七日にかさねて京畿内の浄行の僧たちに雨を祈らせた。

同四年（七〇七）四月二十五日、天下に疫病がはやり人民は飢餓に頻《ひん》した。ことに丹波《たんば》・出雲《いずも》・石見《いわみ》の三国はもっとも悲惨をきわめた。そこで朝廷は幣帛《へいはく》を諸社にたてまつり、また京畿および諸国の寺院に読経させた。

新羅より学問僧来日

翌月二十八日、美努連浄麻呂《みとのむらじきよまろ》および学問僧の義法・義基・惣集・慈定・浄達らが新羅より来た。当時は唐との交渉をもちながら、このように新羅の仏教も摂取していたのである。六月十五日、文武帝が崩御したので、初七日より七七日までの四十九日間、四大寺に斎を設けた。

和銅元年（七〇八）六月二十八日、天下太平、百姓安寧のために都下の諸寺をして転読せしめた。こうした転読の場合には、ほとんど『金光明経』を用いているのが特色である。したがって聖武帝による国分寺の造営も、その思想的背景はすでに以前より形成されつつあったわけである。

同二年（七〇九）二月一日、勅を下して筑紫観世音寺の造営を急がせることにした。同寺はさきにふれたように、斉明帝の追善菩提のために天智帝の発願するところであったが、年代をかさねるままに、いまだ完成にいたらなかったものである。観世音寺は太宰府の盛衰と命運をともにして、太宰府の滅亡とともに事実上、衰微した。

以上、要するにいわゆる四大寺（または五大寺）とよばれる官寺を中心とし、主として追善供養、祈雨、治病を目的とした読経講賛がなされていたのが、『続日本紀』に現われた前奈良仏教の特徴といえよう。

▼役行者

役行者《えんのぎょうじゃ》（六三四―七〇一）とよばれる人物はわが国修験道《しゅげんどう》の開祖として、今日あまねく知られている。七世紀後半に活動したひとで、役優婆塞《えんのうばそく》、役小角《えんのおづぬ》、役小角《えんのしょうかく》などともよばれる。行者とか優婆塞というから、奈良の官寺で正規の度牒《どちょう》を受けた者ではない。またその名前からみても、あるいは伝えられる行状からしても、純然たる仏者ではないようである。栄海《えいかい》の『真言伝』に真言密教の列祖のうちに数えているように、密教的な山岳修行者ともみられている。

坪内逍遥《つぼうちしょうよう》の三幕物の戯曲『役行者』はシェークスピアの影響があるといわれ、自然主義にローマン主義を織りまぜたものだが、そこでは呪師として取りあつかわれている。

役行者について『続日本紀』文武帝三年（六九九）五月二十四日の条に次のようにみえる。

続日本紀の記事

「役《えん》の君《きみ》小角《おづぬ》、伊豆の嶋に流さる。初め小角、葛木山《かつらぎさん》に住して、咒術を以《もつ》て称せられる。外従五位下韓国連広足《からくにのむらじひろたり》を師とす。後にその能を害して讒《ざん》するに妖惑《ようわく》を以てす。故に遠処に配せらる。云《いわ》く小角、能《よ》く鬼神を役使して、水を汲み薪を採らしむ。若し命を用ひざれば、即ち咒《じゅ》を以て之《これ》を縛《ばく》す、と」

この一次資料によれば、咒術を用いて妖惑《ようわく》するところがあったので、伊豆《いず》の嶋に遠流《おんる》されたというのである。

葛城山

今日、葛城山脈の最高峰、金剛山《こんごうさん》（一一一二メートル）の山頂には役行者をまつった葛木神社があり、その祭神は一言主神《ひとことぬしのかみ》である。その別当は転法輪寺である。

役行者（吉祥草寺蔵）

葛城山は古くから山岳修行者の住んでいるところとして知られていた。『古事記』の雄略帝の条には、天皇が葛城山に登ったこと、その祭神は葛城之一言《かつらぎのひとこと》主之神《ぬしのかみ》であることなどを記してある。これは『日本紀』にもみえ、雄略帝四年（四六〇）二月に天皇は葛城山に登り蓬仙《ほうせん》のような長人《ちょうじん》をみたとある。

また、斉明帝元年（六五五）五月、葛城山には空中に竜に乗る者がいて、唐人に似ており、葛城の頂から膽駒山《いこまさん》に隠れたという。いずれにしても、一言主神という山神信仰が役行者以前に先行していたのであって、おそらく葛城山中には古くから道教系の修行者がひそんでいたのではないかと思われるのである。

韓国連広足《からくにのむらじひろたり》は、のち天平四年（七三二）に典薬頭《てんやくのかみ》となった人物である。『藤氏家伝』の武《む》智麻呂伝《ちまろでん》では呪禁師《じゅごんじ》として名を馳せたとあり、また『僧尼令』の古記では辛国連《からくにのむらじ》は道士《どうし》の法を行なったとあるので、広足も道教系の呪術師であったことは明らかである。したがって役行者も道士的な存在であったものと思われる。

日本霊異記の記事

『日本霊異記』によると、役行者は大和国南葛城郡茅原に生まれ、三十二歳で葛城山に登って修行した。孔雀《くじゃく》明王像を安置し、木食《もくじき》の生活をして持呪観法《じじゅかんぼう》を行ない、霊験をえた。そして、大和の金峯山《きんぷせん》、大峯山《おおみねさん》などを開いたけれども、世人を妖惑《ようわく》する呪術を用いたというかどで伊豆に流された。大宝元年（七〇一）、六十八歳のとき、許されて京に帰ったが、ついに天に飛行して去った、ということである。

これによれば、役行者はいわゆる雑密《ぞうみつ》の修行者として伝えられている。

役行者が『孔雀王呪経』を用いたという伝えは道鏡の場合と同じである。このようなわけで山岳仏教の開祖ということから鎌倉以後には修験道の祖と仰がれるようになる。寛政十一年（一七九九）に神変大菩薩《じんべんだいぼさつ》の称号を諡《おく》られた。

神変大菩薩

右の伝承のうちで、『孔雀王呪経』が役行者の当時、わが国に伝来していたかどうかは、疑わしい。

役行者とよく引き合いに出されるのは、東大寺毘盧舎那仏建立の勧進の立役者でもあった行

神叡
護命
道璿

基である。行基も三十七歳までは山林に入って修行し、養老元年（七一七）四月に農民を妖惑するという理由で弾圧を加える勅が下った。これは僧尼令に触れたというものであるが、役行者の場合も、さきにみたように同様の理由で流罪に処せられたわけである。

天平二年（七三〇）九月二十九日、次のような聖武帝の勅が下った。

「また京に近き左側の山の原に、多人を聚集して妖言、衆を惑《まどわ》す。多きときは則ち万人、少なきときは乃《すなわ》ち数千、此《かく》の如き徒、深く憲法に違《たが》へり」（『続日本紀』）

ここにいう憲法はやはり僧尼令をさすものと思われる。行基かおそらく行基に近い人物が指弾されたのであろう。

私度僧あるいは道教系の咒術師に限らず、奈良の官寺に住する仏者もまた、山林斗擻《とそう》の生活をする者が数多く存したことは注目される。たとえば、元興寺の神叡《じんえい》は二十年間も吉野山で修行したひとであり、同じく護命《ごみょう》も一ヵ月の半ばは吉野山に入って求聞持法《ぐもんじほう》の苦行を行なったのである。大安寺の道璿《どうせん》も吉野比蘇山寺《よしののひそさんじ》に寵《こも》って修行し、興福寺の道鏡も葛城山で山林修行をしている。これらはいずれも奈良の都の周辺の山々に入っている点で注目される。仏典のうちでも、とくに密教経典では人里離れた静寂の場所で修行すべしと規定しているものが少なくない。そうした山林修行を当時の朝廷が好ましからざることとして禁圧したのは、官寺の住侶に対する国家の統制を乱すものと考えたからにほかならなかったのである。

平安初期に最澄が比叡山を、空海が高野山を開創したことはあまねく知られている。いずれも山野修行者である点は、右のような奈良時代の官僧にして山林修行をした者たちと一類の仏者といえるであろうが、一定の山地に居住して、そこを本拠地として仏教の流布につとめるということは、まだ奈良の仏者には認められなかったところである。

このゆえに、最澄、空海の仏教を山岳仏教とよんで、奈良の都仏教と区別することは、その特質把握の点から必要なことであろう。

▼諸大寺の移建

平城京に遷都

元明《げんめい》帝の和銅元年（七〇八）二月に遷都の勅が下ってから、造営がはじまり、同三年（七一〇）三月に遷都があった。この平城京は現在の奈良市から西ノ京、大和郡山市の一部までひろがった大都市であって、大路、小路によって碁盤の目のように区画された、純然たる計画都市である。飛鳥《あすか》にあった諸大寺は都市造営の企画にもとづいて、次々に移転した。

興福寺

興福寺はまえにも述べたように藤原一族の氏寺で飛鳥の厩坂《うまやさか》にあったが、左京三条七坊の四町四方の土地に最初に移った。中央に中門、金堂《こんどう》、講堂を一直線に配置し、それから三面僧房を置き、その東西にそれぞれ金堂、塔などが配置された。

薬師寺

また薬師寺は右京六条二坊に移った。現在、西の京に残っている美しい東塔は、このとき建立されたものである。

元興寺

現在、奈良市中院通りにある元興寺《がんごうじ》・極楽坊は天平《てんぴょう》時代のすぐれた遺構を伝えている。この元興寺は、すでにみたように飛鳥では最古の寺院である。霊亀二年（七一六）、左京四条・五条の七坊の四町四方に移転した。

このほか、かつて大官大寺とよばれた大安寺または紀寺《きのてら》、光明皇后《こうみょうこうごう》の法華寺、海竜王寺、喜光寺などがいずれもイラカを並べ、七堂伽藍《しちどうがらん》の偉観をほこっていた。木の香も新しく建立された寺々も多く、そのはなやかなたたずまいは新京のすばらしい景観をなしていたものと思われる。

右京五条二坊の地に建てた唐招提寺《とうしょうだいじ》は盲目の聖僧、鑑真《がんじん》を開基とする。いまある金堂は当時、建立された唯一の遺構である。

西大寺は右京一条三・四坊に建てられた。それは天平神護三年（七六七）のことで、移転した諸大寺では、もっともおそいのではなかろうか。現在は真言律宗の大本山になっている。

平城京の最大の寺院は、いうまでもなく東大寺である。これについては、次にみることとしたい。

唐招提寺

西大寺

▼国分寺と国分尼寺

聖武《しょうむ》帝（七〇一—七五六）の天平十三年（七四一）三月に、諸国に「国分寺《こくぶんじ》」と「国分尼寺《こくぶんにじ》」を建立すべし、との勅が下った。国分寺は詳しくは「金光明四天王護国之寺《こんこうみょうしてんのうごこくのてら》」、国分尼寺は「法華滅罪之寺《ほっけめつざいのてら》」とよばれる。いずれも奈良時代の代表的な護国経典である『金光明経』と『法華経』をもってそれぞれに寺院建立の趣旨とされたものである。

金光明四天王護国之寺

法華滅罪之寺

天平九年（七三七）、全国に疱瘡《とうそう》が流行して多数の死者が出た。これをしずめるために、天平十二年（七四〇）三月に諸国に命じて釈迦丈六像一鋪をまつり、『大般若経』一部六百巻を書写させた。また諸国ごとに七重塔を建立し、『金光明経』（金光明最勝王《さいしょうおう》経）と『法華経』（妙法蓮華経《みょうほうれんげきょう》）を書写させ、聖武帝はみずから金字最勝王経一部を書写、塔ごとに安置したのであった。そして、毎月八日僧尼に『金光明経』を転読させることにした。

国分寺には二十僧を置き、封戸五十戸、水田十町を施入した。また国分尼寺には十尼をおき、水田十町を施入したが、天平神護二年（七六六）以後は二十尼を住せしめたのである。

さらに、これよりさき神亀五年（七二八）十二月に、『金光明経』六百四十巻、六十四帙を諸国に安置しているのは、国分寺建立のまえぶれである。

国分寺および国分尼寺の造営は光仁《こうにん》帝の頃までに完成したもののようにみられている。中国では則天武后《そくてんぶこう》が持統帝四年（六九〇）に当たる年に東西両京と諸国にそれぞれ大雲寺を建立した。これは『大方等《だいほうどう》大雲経』によったものである。この経典は請雨《しょうう》経典の一種で、密教経典に属すが、仏教が中国農耕民族の間に定着していったありさまを伝えるものとして注目すべきである。また、下って玄宗《げんそう》の開元二十一年（七三三）に諸国にそれぞれ大寺を建立することになり、このころ竜興寺や開元寺が建てられている。

聖武帝を思想的に指導した有力者と思われるものの一人に、道慈《どうじ》（？―七四四）がいる。かれは大宝元年（七〇一）に入唐《にっとう》し、吉蔵の法孫にあたる元康より三論を学び、帰国後、奈良大安寺に住した。道慈やその他の入唐僧がつぶさにかの地の寺院制度を見聞してきて、それがやがて、聖武帝の国分寺・国分尼寺創建の発願にみちびいたであろうことは想像にかたくない。

また、当時、文化の指導的な役割を果たした者に道昭、玄昉《げんぼう》、道璿《どうせん》らがいる。

和銅元年（七〇八）に武蔵国に銅が発見されて献上したので、和銅と改元、和同開珎《かいちん》を鋳造した。同五年（七一二）には太安万侶《おおのやすまろ》（？―七二三）が『古事記』を編成、献上しており、引きつづいて諸国に『風土記』編集の命が下っている。養老年間（七一七―七二四）には律令の整備があり、養老四年（七二〇）に藤原不比等《ふひと》によって『日本書紀』の完成をみた。

もとより、これらの史書編集は統一国家建設を準備するための文化事業であり、国分寺などの建立もまた、かような国家建設のための意思表明を意味するものである。そのためか、諸国の国分寺は地方政庁の国衙《こくが》の近くに建立され、国衙と同様に二町四方の土地が確保された。国分寺の管理も国司によってなされ、その祈願するところはもとより国家の安穏にあった。

国分寺の伽藍配置はほとんど一定していて金堂・講堂・五重塔（または七重塔）・僧房・経蔵・鐘楼《しょうろう》・回廊・中門・南大門よりなり、いわゆる東大寺式とよばれる。金堂には釈迦仏などを安置し、七重塔には『金光明経』を納めるのを通例とする。また講師と読師が派遣された。講師は誦経《ずきょう》、講経を行なうものであるが、その実際の機能は僧尼を統制することにある。読師は安居会《あんごえ》などの法会に誦経するものである。

これらは唐制をすべて模したものである。

▼東大寺の建立

奈良の大仏で親しまれている東大寺は奈良文化の粋が結晶して出来上がったものであり、通常、大仏とよばれる盧舎那仏《るしゃなぶつ》は、天平時代のシンボルともいえよう。

天平十四年（七四二）八月、近江国甲賀郡の紫香楽《しがらき》宮の造営が開始されてから、聖武帝は近江にしばしば行幸したが、十六年（七四四）二月、難波《なにわ》を都とする勅が下ったかと思えば、また翌年一月には紫香楽宮を新京とし、この年五月には、ようやく平城京へもどるといった政情のあわただしさであった。

これは藤原広嗣《ひろつぐ》（？―七四〇）が反政府の兵を挙げたことに端を発しており、橘諸兄《たちばなもろえ》（六八四―七五五）がこの反乱後に山背《やましろ》の恭仁京《くにのみやこ》へ遷都してから、聖武帝は、さらに山背より紫香楽へと居を移したのである。難波はもと離宮のあったところである。

このような政治的な動きのなかにあって、一方、諸国の国分寺・国分尼寺の建立がすすめられるとともに、聖武帝は天平十五年（七四三）十月十五日、盧舎那仏を建立する勅を下した。そして、この年に「墾田永世私財法《こんでんえいせいしざいほう》」がしかれた。

帝《みかど》の詔勅《しょうちょく》は『続日本紀』巻十五に次のようにある。

「（前略）ここに天平十五年歳、癸未に次《つぐ》る十月十五日をもって菩薩の大願を発《おこ》して盧舎《るしゃ》那仏《なぶつ》の金銅像一軀を造りたてまつる。国銅を尽して、像を鎔《とか》し大山を削《けず》りて、もって堂を構《かま》え、広く法界に及ぼして朕《ちん》が知識となす。遂に同じく利益を蒙らしめ共に菩提《ぼだい》を致さしめん。それ、天下の富をもつ者は朕《ちん》なり。天下の勢をもつ者も朕なり。此の富勢をもって此の尊像を造る。ただ、恐らくは、徒《いたず》らに人を労することあってよく聖を感ずることなく、或は誹謗《ひぼう》を生じて反《かえ》って罪辜《ざいこ》に堕せんことを。この故に知識に預《あずか》る者は、懇《ねんごろ》に至誠を発して各々介福《かいふく》を招く。よろしく毎日、盧舎那仏を三拝すべし。自らまさに念を存し、各々、盧舎那仏を造るべし。もし、更に人にして一枝草、一把土を持って像を助け造らんと情（請）願するものあらば、ほしいままに、これを聴《ゆる》せ。国郡等の司、此の事に因《よ》って百姓を侵擾《しんじょう》して強《しい》て収斂《しゅうれん》せしむることなかれ。遐邇《かじ》に布き告げて朕が意を知らしめよ」

従来、国司を頼みに諸国の国分寺造営をすすめていたが、その工事はいっこうに進捗《しんちょく》しない。そこで、今度、都にさらに大規模な寺院を建立するが、すべての人民を頼みにして、一枝の草、一にぎりの土をもって造像の事業を助けようとする者があれば、これを許可せよ、という趣旨である。

なお、『続日本紀』は、右の詔勅にひきつづいて、同月十九日の条に、

「皇帝、紫香楽宮に御す。盧舎那仏の像を造りたてまつらんがために、始めて寺地を開く。是《ここ》において行基法師、弟子等を率《ひき》いて衆庶《しゅうしょ》を勧誘《かんゆう》す」

という注目すべき記事を載せている。ここにはじめて東大寺大仏建立の勧進元として行基が登場する。

また、詔勅のなかに「知識」という言葉が出ているのもわれわれの注意をひく。知識というのは、本来、仏との縁をえるために財物や土地、労力を提供することで、同時にまた、そうした実際のはたらきをする民間の信仰共同体または信仰集団をさしていった語である。たとえば河内の知識寺はその名の通り、知識によって建立されたものである。聖武帝が天平十二年（七四〇）に河内国に行幸して、知識寺の盧舎那仏に参詣してから、庶民の協力をえなければ

到底、この大仏を完成することは出来ないとさとって、右のような大仏建立の詔勅を発したのであった。

墾田永世私財法と大仏

次に「墾田永世私財法」について一言しておきたい。これは墾田を永久に私有化させる法律である。地方豪族の抬頭《たいとう》によって、次第に墾田によってえた資力が増大してきた。そこで朝廷はその資力をたくわえさせるとともに、その富を大仏建立に投入させた。寄進者には位階を与え、同時にそれに応じた墾田の拡張を許すという方法である。

しかし、天平十六年（七四四）四月に甲賀で建立に着手した大仏もその工事は難行して、ついに中止のやむなきにいたった。この大仏は直接には中国の竜門（泰光寺）の盧舎那仏がモデルになっているのではないか、といわれている。

盧舎那仏の建立

すでに述べたように、現実的には律令国家における中央集権の権力の象徴として、『華厳経』の教主である盧舎那仏の建立が企画されたのである。

天平十七年（七四五）、平城京の東にある金鐘寺《こんしゅじ》の土地で再び盧舎那仏の鋳造の準備がはじまった。同じく十九年（七四七）九月、いよいよ鋳造が開始された。しかし、巨大な仏像であるため、その都度、湯が洩《も》れて失敗に終わり、八度目にようやく完成をみた。

国中公麻呂

さきにもふれたように、百済の帰化氏族の子孫である国中《くになかの》 連《むらじ》公麻呂《きみまろ》（？—七七四）が、この大工事を成功に導いた、すぐれた技術者であったとみられている。もちろん、地方豪族の協力もあり、一般庶民の数限りない犠牲があったことも事実であったにちがいない。

第二次大戦後、奈良の大仏は人民の搾取《さくしゅ》によって出来上がったもの以外の何ものでもないと

造東大寺司

黄金の発見

橘諸兄

酷評する一時期もあった。聖武帝が人民の協力なくしては到底、この大事業を完遂することはできないと、はっきり勅のなかで述べているように、民力を頼みとしたことは疑いえない。いずれにしても、東大寺の大仏こそ古代日本における民族のエネルギーが爆発したときの永遠の金字塔ともいうべきものでなくてはならない。

天平宝字三年（七五九）四月には造東大寺司《ぞうとうだいじし》の官人だけで八千人の延人員に達したと記録される。いずれも分業的な作業がつづけられた。造仏所・鋳所・木工所・造瓦所などがそれで、工人・仕丁・雇民・雑戸・奴婢が仕事にしたがった。

天平宝字六年（七六二）四月の記録によると、仕丁千三百十二人、雇民千二百六十二人とある。仕丁というのは大仏建立のために全国から集めた人びとであり、雇民は労賃を支給されるが、逃亡者は処罰するというきびしいものであった。

東大寺の大仏（盧舎那仏）

天平二十一年（七四九）二月、陸奥国《むつのくに》小田郡で黄金が発見された。陸奥の国府からもたらされたこの知らせは聖武帝をいたく喜ばせ、四月にはみずから皇族、百官をひきつれて東大寺にゆき、仏前に報告して天平感宝と年号を改めた。

橘諸兄《たちばなのもろえ》（六八四—七五七）は天皇の聖旨を

仏前に奏進して、黄金の発見はひとえに盧舎那仏の慈福によるものであると感謝のまことを献げている。

当時、国内では大仏建立に使用するだけの多量の金はないものとされていたのであるから、そのよろこびは異常なものであったにちがいない。大仏が完成したのは、天平勝宝元年（七四九）十月のことであった。聖武上皇、光明皇太后、孝謙《こうけん》天皇は東大寺に行幸し、大法会を行なった。このとき、五千の僧が出仕し、唐、渤海《ぼっかい》や呉の音楽を奏し、史上に空前絶後の盛儀であった。

銅座は同四年（七五二）二月に鋳造をはじめ、また塗金も終わらない四月九日、大仏開眼会が行なわれた。導師は菩提仙《ぼだいせん》（僊）那《な》すなわちボーディセーナ（Bodhi-sena）、華厳講師は隆《りゅう》尊《そん》、咒願師は渡来僧の道璿《どうせん》、都講は行基の弟子の景静《けいじょう》であった。『続日本紀』に「仏教東帰より斎会《さいえ》の儀、いまだかつて此《かく》の如く盛んなるはあらず」と記されている。

大仏殿の工事が落成したのは、天平勝宝六年（七五四）である。天平宝字元年（七五七）五月二日に聖武帝の一周忌を迎えたが、それまでにはあらかたの工事は完了したもののようである。

大仏完成までにはほぼ十年の歳月を要した。そして、鋳造に用いた熟銅は七十三万九千五百六十斤、熔鉱に用いた炭は一万八千六百五十六石、またその他に金、水銀、練金など、厖大な量の鉱物が使用されたのである。

東大寺の大仏殿は一応完成したけれども、その他の附属の伽藍が一通り整備されるまでには、この後、四十年もかかっている。

東大寺の盧舎那仏は『華厳経』の教主であるから、この寺は華厳宗の総本山として、今もその伝統がつづいている。『華厳経』の思想が理解されなければ、大仏建立の内面的な企図は明らかにされない。『華厳経』については、のちに奈良の六宗で華厳宗について述べる際に取りあげることにしたい。

▼行基

大野寺

すでにみたように奈良時代に「知識」とよばれる民間の信仰団体があったことが知られている。たとえば和泉の大野寺《おおのでら》の土塔をとりあげてみたい。この土塔は天平宝字三年（七五九）頃に作られたもので、土をもりかためて壇の上に築いてあり、土製の塔の軒《のき》ガワラに九十名ほどの名がみえている。姓《かばね》のないもの、すなわち東人《あずまびと》や平女《ひらめ》とよばれた人びとが多く、ヘラ書きしてある。行基（六六八―七四九）が活動したときには大野寺は重要な地点となっているが、姓もないようなはばひろい一般民衆の信仰団体が行基の大仏建立の勧進に協力したのである。

行基作の仏像

昔から行基は行基菩薩と尊称されてきた。空海と同じように、むしろ信仰の対象として庶民に尊崇されている。今日でも、全国的に行基作と伝承される仏像は少なからず残っている。もちろん、当の行基が仏像まで製作したかどうかは分からない。

景戒の『日本霊異記《りょういき》』は平安初期に編集した、仏教の説話集成ともいうべき書物である。このなかにいくつかの行基に関する伝記がみえている。さまざまの奇瑞《きずい》を示し、霊力をもって

民衆教化と社会事業

義淵

禁圧をうける

いて、文殊《もんじゅ》菩薩の化身とされている。

三十四の寺、十五の尼寺、九つの布施屋、橋、渡舟場、池、堀川その他を行基が指導して作らせた、と伝説されている。また人口統計をとったり、地図まで作ったとか、いろいろな伝承が今日まで残っている。

このように多くの民間信仰や伝説のかたちで語り伝えられてきた仏者に、空海がある。空海のほうが、行基に劣らずはばひろい社会活動を行なっているけれども、行基もそれに匹敵するほどの存在になっている。

なぜ、行基が一般民衆の間でそれほどまでに語り伝えられてきたか。それは空海の場合と同様に、実際に民衆教化を行ない、具体的に現実の生活を指導してきたからにほかならない。

行基は、法相宗の義淵《ぎいん》（?—七二八）の弟子で、もとは薬師寺に住していた。多くの弟子をつれて若いころから諸国をめぐり歩き、布教教化を行ないながら、道を開き橋をかけ、あるいは貯水池を築くなど、民衆の生活の利益をはかった。

さきに述べたように、こうした行基の、いわば反体制的な活動に対して、養老元年（七一七）に禁圧が加えられたわけである。僧尼律によって厳しく取り締まっていた当時の仏教界にあって、行基のような存在を好ましからざるものとしたのは当然であったであろう。

知識衆が行基やその弟子たちの民間における活動を支援したことはいうまでもない。なかには農民でありながら道服を着て、巫《ふ》術を用いるものも出てくる。それらがいっせいに取り締まりの対象となった。都を離れて山林で修行することは早くから禁止されていたけれども、それ

優婆塞の奉仕

は反面、反律令的な行動に出る仏者の少なくなかったことを物語っている。

養老二年（七一八）には、ついに仏者が諸国を遊行することを禁止するにいたった。同六年（七二二）にまた禁圧が加えられ、みだりに罪福を説く者は厳しく取り締まられた。ついで、天平二年（七三〇）、同三年（七三一）とつづいて行基を中心とした信仰集団に対して警告が発せられ、弾圧があった。天平六年（七三四）には僧尼の出家得度をいっそう厳しく規制し、律令体制的な仏教の確立につとめた。

しかし、時代の激しい移り変わりには抗しがたく、反律令的な仏者たちに対する対象の変更を余儀なくさせた。

行基（霊山寺境内）

天平十三年（七四一）、七百五十人の半僧半俗の者たちが、恭仁京《くにのみやこ》の沢田川に橋を架けるのに奉仕したので、正式の得度を許されている。半僧半俗の者は優婆塞《うばそく》とよばれる人びとである。かれらのすべてが行基の弟子であったとするのは速断であるけれども、行基がそうした者たちのグループのなかで際立った存在であったことは事実であったにちがいない。

紫香楽宮《しがらき》の造営や盧舎那仏の建立にあたっ

て民間に勢力をはっていた行基やその弟子たち、さらには行基に同調するいわゆる優婆塞たち、各地の知識、そうした民衆の力の結集なくしては、いかに律令国家の象徴としての大仏とはいえ、国家的な権力だけをもってしたのでは完成もおぼつかなかったのである。

奈良の大仏は人民の搾取の上に出来上がったものとみるよりも、やはり人民の力と相俟《あいま》って出来上がった、古代日本民族の偉大な遺産としなければならないであろう。

はじめ禁圧を加えていた行基とその弟子に対して、大仏建立の勧進のために、聖武帝がかれらを迎え入れたことは、右のような時代の趨勢《すうせい》の然らしめるところであったにちがいない。

天平十五年（七四三）、盧舎那仏を建立するとき、紫香楽宮に寺地を開いた。そこで行基は弟子たちをひきつれて、諸国勧進《かんじん》の旅にのぼった。十六年（七四四）には甲賀寺で大仏造立の法会が行なわれた。これは、まさしく行基の尽力によるものであった。そこで十七年（七四五）一月、行基は恩賞の意味で、前例のない大僧正の僧官に任じられている。

しかし、その頃、地震がつづいたり、しきりに天変地異が起こったので、聖武帝は紫香楽宮をすてて奈良に帰り、さきにみたように金鐘寺で大仏建立に再度、着手したわけである。晩年の行基の消息は明らかではない。筑紫に左遷された玄昉はすでになく、また聖武帝の有力なブレーンであった道慈もすでになくなっている。行基も奈良の大仏の完成をみずに、亡くなっている。

行基は薬師寺の出身であるが、その生涯の行実はあくまで民間仏教者のそれであった。のちにみるように、平安初期の空海も入唐するまでは半僧半俗の優婆塞であり、山野を跋捗《ばっしょう》する一《いっ》介《かい》の山岳修行者にすぎなかった。済世利民《さいせいりみん》の活動を行ない、さまざまな民間伝説を今日に至るまで残している点でも、行基にきわめてよく似ている。また鎌倉初期には社会活動を行なった叡尊《えいぞん》や忍性《にんしょう》がよく知られている。

具体的な民衆教化の活動を行なった仏者の系譜は従来の日本仏教史ではあまり重視されていない。だが、それは中世の隠者などの系譜とは異なって、なお今日的な意義を有するものであり、高く評価されなければならないであろう。

▼奈良時代の神と仏

大仏開眼は仏教国日本の印象を深くさせる。しかし、在来の民族固有の神の信仰はどうなっていたのであろうか。

今日でも、民俗学の立場から、仏教は日本の宗教史の上で表層的な部分を占めているにすぎないとみる見方もある。ことに仏教の教理や思想は実際には民衆のなかに一つも浸透せず、それはイデオロギーとしてもてあそばれただけだ、という見解もあるようである。

しかし、仏教も一たびわが国に入ってきたからには、むしろ同化作用が行なわれて、いわゆる日本文化形成の原動力となってきたのである。

ことに、わが国の中世においては神仏の習合が文化のうえにおいて、きわめて重要な意味をもっているのであって、神または仏という単一の観念で中世文化を把握する視点を据えることはできないように思われる。

神信仰

最古代からの精霊信仰はとくにわが国に固有なものとはいいがたい。だが、氏族制の時代の宗教としての神信仰は統一国家の出現の時代にはすでに、その本質的な意味を失なってしまっていた。在来の神信仰はきわめて限られた氏族間に通用していたにすぎない。

統一国家体制、とくに中央集権的な律令国家の完成には、すべてを綜合的に統一できるだけの壮大な思想と信仰とを必要とする。

釈迦仏から盧舎那仏へ

仏教渡来当初から飛鳥、白鳳期を通じて釈迦仏が信仰されていたが、唐制を模した、さらに強力な国家組織を確立するためには、宗教的にもあらゆる釈迦仏を統一するような絶対の仏が必要であった。この要求に応えたのが『華厳経』の教主盧舎那仏《るしゃなぶつ》であったわけである。

『続《しょく》日本紀』には天平十三年（七四一）大仏建立の詔勅が下る前年の十一月、伊勢神宮に帝の使者が遣され奉幣した。これは大仏建立のような事業にも、古来の神がこれに力をかしてくれるにちがいないと信じられたからである。『藤原武智麻呂伝』によれば越前の気比《けひ》神宮に別堂の神宮寺が建立されたという。神宮寺は平安時代になって密教の隆盛とともに各地の有力な神社の側に建てられるようになるが、奈良時代にすでに神前読経も行なわれている。

神前読経

神と仏とは異質な、違った価値体系をもったものではなく、同質的な、あるいは並列的な存在とみられていたのである。これがのちに神仏習合《しんぶつしゅうごう》の思想を生むのである。

豊後《ぶんご》（現在の大分県）の宇佐《うさ》地方は、半島や大陸からの渡来者が定住したところであるが、また古くから神信仰の盛んなところであった。宇佐の八幡《はちまん》神は天平勝宝元年（七四九）十二月に平城京の南にある梨原宮の神殿に勧請《かんじょう》された。これも、宇佐の神が大仏建立の大事業に助力するとの託宣《たくせん》があったが、その通りに完成をみたので、この神への奉謝をささげるために、勧請が行なわれたものである。

神が仏に協力するというのは、インド仏教の護法神の思想からきているものと筆者は考えている。

▼仏典の請来・書写

唐文化をわが国に移入するために唐に派遣したのが、いうまでもなく遣唐船である。古来、島国である日本は文化的には外国文化を摂取するという受容の立場にたつのが常であった。ことに大陸の中国から受けた文化的な影響は、はかり知れないものがある。この意味でも遣唐船の派遣はきわめて重要な意義をもっている。

奈良仏教もまた彼此《ひし》の文化交流の所産である。

唐僧の来朝

まず、養老二年（七一八）十月、帰国の遣唐船で、道慈《どうじ》が帰朝した。道慈の活動については、のちにのべることにしたい。ついで天平七年（七三五）三月、帰朝の吉備真備《きびのまきび》とともに玄昉《げんぼう》、唐僧道璿《どうせん》、バラモン僧菩提仙《ぼだいせん》（僊）那《な》（ボーディセーナ Bodhi-sena）、扶南《ふなん》（現在のカンボジア）の仏哲《ぶってつ》らがやってきた。菩提仙那、仏哲は東大寺毘盧舎那仏の開眼供養に参加し、菩提仙那はその導師をつとめている。

吉備真備

吉備真備（六九三―七七五）は約二十年間、唐に留学した。孝謙帝の信任をえて、遣唐副使として再び留学している。真備は奈良時代の学者としても知られ、儒教と道教を教える二教院という学校を開設している。平安初期に空海が綜藝種智院《しゅげいしゅちいん》を開いたのは、儒教と道教と仏教の三教を教育するためであった。いわば、真備の志《こころざ》すところを継承し、よりはばひろい綜合教育を目ざしたものといえよう。

『続日本紀』巻十二によれば、真備は『唐礼（永徽礼）』一三〇巻、『太衍暦経《だいえんれききょう》』一巻、『太衍暦立成』十二巻、『楽書要録』十巻などを請来した。『太衍暦』五十二巻の作者、一行《いちぎょう》は真言宗伝持《でんじ》の第六祖であって、インドから来唐したシュバカラシンハ（Śubhakarasiṃha　善無畏《ぜんむい》）とヴァジラボーディ（Vajrabodhi　金剛智《こんごうち》）に密教を学び、ことにシュバカラシンハに協力して『大日経疏《しょ》』二十巻を撰したことで知られる。しかし、算法、暦法にも詳しく、唐の時代の科学者としても著名である。空海によって密教が本格的にわが国に伝えられる以前に、真言伝持の一行の暦法がすでに伝来したことは興味深いものがある。昭和三十四年（一九五九）中国革命後に毛沢東が、偉大な天文学者として一行の切手を発行したことはほとんど知られていない。

玄昉（？—七四六）は養老元年（七一七）に入唐し、法相宗を学んだ。唐の玄宗はかれを尊崇して三品《さんぼん》に準じ、紫の袈裟《けさ》を着することを許した。大使の多治比真人広成《ひろなり》にしたがって帰国した。このとき、玄昉は経論五千余巻およびもろもろの仏像をもたらした。普通、玄昉といえば、藤原広嗣《ふじわらのひろつぐ》（？—七四〇）との権力争いがあって、九州大宰府に遷され、晩年は筑紫観世音寺で入寂したということで、必ずしも世評はよくない。しかし、五千余巻の経論を請来したことは奈良仏教およびその後のわが国における仏教の発達に基礎を与えたものであり、またそのなかに主要な密教経典が多数ふくまれていることは評価にあたいする。

天平勝宝六年（七五四）正月には、唐僧の鑑真《がんじん》（六八八―七六三）、法進《ほうしん》（七〇九―七七八）、胡僧の如宝《にょほう》（？―八一四）らが来朝した。かれらもまた多数の典籍をもたらしたものと思われる。鑑真はいうまでもなく、わが国律宗の開祖である。東大寺に戒壇院を設け、聖武帝らに授戒し、のち唐招提寺に住した。鑑真の来日の由来については、淡海三船《おうみのみふね》（七二二―七八五）が著した『唐大和上東征伝』に詳しい。鑑真については、また改めてのべることにしたい。鑑真の弟子の如宝は胡の出身といわれるから、おそらくペルシャ系の人物で、空海の漢詩文集『遍《へん》照《じょう》発揮《ほっき》性霊集《しょうりょうしゅう》』にも登場するように、来朝後、空海と親交があった。法進も鑑真の弟子であり、とくに儒書に通暁していたといわれる。かれは律と天台を講じ、晩年には大和に仏国寺を建立した。宝亀九年（七七八）九月、七十歳で入寂している。わが国、律宗の第二祖と仰がれる。『梵網経《ぼんもうきょう》疏』『沙弥戒鈔《しゃみかいしょう》』など、戒学に関する撰述がある。

中国側の資料では、宋・志磐《しばん》の『仏祖統記《ぶっそとうき》』に、孝謙帝のとき、日本の大使藤原清河（生没年不詳　唐名は河清）が渡来して内外の典籍をもとめたとある。清河が入唐するために出発したのは天平勝宝四年（七五二）三月であった。この遣唐船は同六年（七五四）正月に帰国したが、清河はゆえあって、そのまま唐に留まった。内外の典籍とあるので、多数の仏典も蒐集したにちがいない。佐伯今毛人《さえきのいまえみし》（七一九―七九〇）を大使とする遣唐船が、宝亀九、十年（七七八―七九）ころ帰国しているが、このときの船で清河の娘が日本にやって来ている。今毛人は病気で入唐していないが、副使の藤原鷹取《たかとり》（？―七八四）らの手で内外の典籍が請来されたことが考えられる。

このように、いくたびか遣唐船が派遣され、大陸の文物をこれらの船に満載してわが国にもたらしたのであって、そのなかに厖大《ぼうだい》な仏典がふくまれていたことはいうまでもない。

印刷技術の発達していない当時のことであるから、仏典の流布に当たっては、一いち書写しなければならない。奈良時代の諸大寺には、官費が支給される写経生《しゃきょうしょう》なるものがあった。また諸大寺では仏典の蒐集《しゅうしゅう》につとめた。わが国の図書館のさきがけをなしているのは、奈良時代の諸大寺であることを知らなければならない。今日、一般に知られているのは正倉院の聖語蔵《しょうごぞう》である。

しかし、当時の最大のコレクションは、道昭が天智帝元年（六六二）に建立した禅院寺のそれであったようである。道昭みずから玄奘《げんじょう》に学び、玄奘の高弟の窺基《きき》と交際があったから、かれは主に唯識をはじめ律関係の典籍を請来している。禅院寺ははじめ飛鳥京にあり、のちに平城京右京四条一坊に移転した。天平十四年（七四二）七月二十四日より翌年六月にかけて、一年間に、ここの仏典二二四部が書写されている。また天平十九年（七四七）、写一切経司《しゃいっさいきょうし》で九六八巻の仏典を書写することになり、このとき検定した四一三巻は、禅院寺の仏典であったといわれる。

石田茂作博士が正倉院文書を調査してえたわが国書写の仏典の数量は、インド撰述一一九三部四八八四巻、中国撰述六三六部四二一八巻、計一八二九部九一〇二巻という想像もつかないほどの厖大なものである。むろん、これらのなかには今日伝わらない経典も数少なくない。

▼奈良仏教の特質

仏教の歴史的な展開の過程をふりかえってみると、ひろくアジア地域において一国なり一民族によって仏教が移入され定着してゆく場合に、現象的にみて、複合文化の様相をもった仏教はまず最初に上層階級によって摂取され、次第に一般民衆のなかに浸透していっている。これはひとり仏教だけに限らず、世界の文化史における文化の伝播に関する歴史的な事実である。

今日、奈良時代の仏教を一口に官寺仏教というけれども、わが国は唐文化の影響をそのまま受けて律令国家体制のなかの仏教として出発したのであった。したがって、いわゆる官寺仏教は必ずしもわが国の奈良仏教だけの特色とはいいがたく、アジア文化圏、とくに朝鮮仏教および中国仏教との関連において把握しなおす必要があるであろう。

また奈良仏教を学問仏教というけれども、そのよって来たるところは、たとえば『続日本紀』巻八の養老二年（七一八）十月十日条の、太政官が僧綱《そうごう》に下した布告の一節によってうかがわれる。すなわち、

「五宗の学、三蔵の教、論討異あり、弁談同じからず、自《おのずか》らよく宗義に該達せば最も宗師と称す。宗毎《ごと》に挙する人は並びに録せ」

あるいは

「徳根、性分あり、業また麁細《そさい》あり。宜しく性分に随つて皆、学をなさしむべし。凡そ諸の僧徒は浮遊せしむることなかれ。或は衆理を講論して諸義を学習し、或は経文を唱誦《しょうじゅ》し

て禅行を修道し、各業を分けて皆、その道を得、その智徳を崇表し、行能を顕《あらわ》し記《しる》さしめて」とある。

また、僧徒の山林修行を厳重に禁止している。

「その居、精舎《しょうじゃ》にあらず、行、練行に乖《そむ》き、意《こころ》に任せて山に入り、輙《しばら》く菴窟を造るは山河の清を混濁して煙霧の彩を雑《まじ》へ燻《くす》ぶるなりと。又、経に曰く、日に乞告（食）して市里に穢雑す。情、和光を逐《お》ふと雖ども、形、窺乞に別なることなし。斯《かく》の如き輩《やから》は慎《つつし》みて禁喩（諭）を加へよ」

という、前文につづく布告がそれである。

僧徒が学問研究をもっぱらとすべきは、国家の規制するところであった。したがって、学問を離れて山林抖擻《とそう》の生活をおくったり、あるいは市中を行乞《ぎょうこつ》して歩くことは禁止されていた。僧尼がひとえに学問に打ちこまざるをえなかったのも、これがためであった。『続日本紀』巻十一の天平六年（七三四）十一月二十一日の条には、次のようにみえている。

「太政官、奏すらく、仏教の流伝《るでん》は必ず僧尼にあり。度人の才行は実に所司に簡《えら》ぶ。比《この》来《ごろ》、出家、学業を審《つまびら》かにせず、多く嘱請《しょくじょう》（役人に依頼すること）に由《よ》るは甚だ法意に乖《そむ》けり今より以後、道俗を論ぜず、挙するところの度人は、唯だ法華経一部、或は最勝王経一部を闇誦し、兼ねて礼仏を解し、浄行三年以上ならむ者を取りて得度せしめば、学問、弥々《いよいよ》長じて嘱請自ら休《や》まんと」

学問研究にはそれぞれの傾向があり、いつしか「衆」とよばれる集団的なグループができあがった。「衆」は仏教の教理を研究するので、その教えを主体としたグループというので、「宗」ともよばれる。奈良時代の初めには五つの宗がある。それは倶舎《くしゃ》宗、成実《じょうじつ》宗、律宗、摂論《しょうろん》宗、三論宗である。のちには法性《ほっしょう》宗が摂論宗にとって代わり、また華厳宗が興起したので、六宗とよばれるようになる。法性宗は延暦十七年（七九八）九月の勅に法相《ほっそう》宗とみえ、以後、一般には法相宗とよばれるようになる。

六宗は中国では隋・唐時代に成立し、わが国には唐や新羅《しらぎ》から入ってきたのである（後述）。宗は衆とよばれるように、いわゆる宗派とは内容を異にする。宗派は最澄の天台宗にはじまり、鎌倉仏教になって一般化したが、現在みられるような本末と寺檀の関係が確立したのは江戸時代からであるから、そうした意味での宗派形態をもって奈良仏教を推測することはできない。

同じ一つの寺院内にも多くの衆（宗）が存在していた。たとえば、天平十九年（七四七）の「法隆寺伽藍縁起 幷《ならびに》 流記資財帳」によれば、法隆寺には修多羅《しゅたら》衆、唯識《ゆいしき》衆、三論衆、別三論衆、摂論衆、律衆の各衆があった。

天平十九年（七四七）の『元興寺伽藍縁起幷流記資財帳』には三論衆、摂論衆、成実衆の三衆をあげ、それぞれの衆分銭が記録されている。衆分銭は今日さまざまに解釈されているが、衆の学問研究の活動に資する費用というように解しておきたい。同じく天平十九年の『大安寺伽藍縁起幷流記資財帳』には大安寺の摂論衆、三論衆、別三論衆、律衆、修多羅衆をあげている。

天平勝宝三年（七五一）ころの「僧智憬《ちぎょう》章疏本奉請啓」（『大日本古文書』十二所収）には法性宗、

宗厨子

年分度者

三論宗、律宗、倶舎宗、成実宗、華厳宗がみえる。ここにいわゆる奈良の六宗がすべて揃《そろ》って記されている。智憬は有名な良弁《ろうべん》の弟子で、当時、東大寺にはこれらの六宗があったことが知られる。そして、それぞれの宗には大学頭、小学頭、維那《ゆいな》師（事務長職）があり、宗の行政機関を宗所といっている。また寺院内の行政は三綱《さんごう》によって管理された。三綱とは寺衆を監督する上座、寺務を統《す》べる寺主、寺規をただす維那である。これは平安初期の時代にも踏襲されてゆく。

さらに奈良時代には宗厨子《しゅうずし》とよばれる宗の文庫があった。天平勝宝四年（七五二）三月十八日の東大寺「厨子帳」によれば、第一厨子は華厳、第二厨子は法性、第三厨子は三論、第四厨子は律、第五厨子は薩婆多《さつばた》（倶舎）、第六厨子は成実となっており、六宗の厨子が用意されたのである。

これによると、東大寺の教学はいわゆる六宗兼学ではなくて、華厳教学をピークとした綜合仏教学が形成されていたことが知られる。『類聚国史《るいじゅうこくし》』一七九によれば、平安初期の延暦二十二年（八〇三）一月に三論宗に五人、法相宗に五人の年分度者《ねんぶんどしゃ》（毎年、一定の人数に学課試験を行なってパスした者を得度出家させる）を許可している。これはのちに天台宗を開いた最澄が入唐する年であったので、奈良の論宗を代表するものとして三論宗と法相宗をあげているのである。

しかるに、延暦二十五年（八〇六）一月の勅では、華厳業《ごう》二人、天台業二人、律業二人、三論業三人、法相業三人の年分度者を許可している（『類聚三代格』巻二）。このうち、三論業の内訳は三論二人、成実一人、法相宗のそれは唯識二人、倶舎一人となっている。有《う》宗としての倶舎宗は同じ法相宗に、空《くう》宗としての成実宗は同じ三論宗にふくめられている。

ともあれ、平安初期に空海が密教の立場で十住心体系を確立したとき、それは奈良仏教の六宗の体系を基礎として、華厳を顕教《けんぎょう》の最高位とし、それらをすべて密教に包摂した。したがって六宗を綜合した華厳教学の東大寺の別当職に空海がついたのも、決して偶然ではなく、むしろ奈良仏教の必然的な帰結とした、歴史的背景があることが理解されなければならない。

▼修多羅衆・別三論衆・摂論衆

奈良時代に東大寺、弘福寺《ぐふくじ》、大安寺に修多羅《しゅたら》衆とよばれる衆があった。ことに大安寺と弘福寺とには大修多羅衆と常修多羅衆とがあったことが知られている。

修多羅衆は経量部《きょうりょうぶ》をさすから、『成実論』の研究グループだとする説がある。しかし、さきにもみたように天平十九年（七四七）の元興寺の資財帳には成実衆が記されているので、不当だとしなければならない。また法性宗とする説もあるが、同じく天平十九年の法隆寺の資財帳に唯識衆が挙げられているので、これも採りがたい。また、涅槃宗、華厳宗にも擬せられる。しかし、近年、修多羅を『大般若経』六百巻として、この経典を研究するグループを修多羅衆とよんだという説が提示されている（家永三郎・赤松俊秀・圭室諦成監修『日本仏教史』I 法蔵館刊、一四一―二頁）。

それによると、「もともと経典を意味する『修多羅』の語についての用例をみると、三論宗の確立者である吉蔵《きちぞう》においてこれが般若経典として理解されていること」また大安寺で道慈が大般若会を始めたのは『初例抄《しょれいしょう》』によれば天平二年（七三〇）であるから、大安寺の「修多羅衆も道慈によって開かれた」とする。「そして東大寺における大修多羅衆とは所依《しょえ》の経典たる『大般若経』の大の文字により、大安・弘福の両寺に大修多羅・常修多羅の二者があったのは、おそらく六百巻にのぼる『大般若経』の転読を二衆が分担した事情にもとづき、大と常とは大乗の文字を二分した便宜の用字とされるが、如上の説がみとめられるとすれば」として、修多羅衆を華厳宗に擬する従来の通説を修正することを要請している。

修多羅はいうまでもなくサンスクリット語のスートラ（sūtra）の音写語であって、修多羅衆はいわゆる経衆である。ひろく論をもって宗をたてる論衆に対する語として用いられる。

ところで、三論宗の吉蔵が修多羅を般若経典の意に用いているから、修多羅を『大般若経』とするのは速断にすぎる。そして、六百巻にのぼる大部な『大般若経』を転読するのに二衆が分担したので、大修多羅・常修多羅の二者があったというのは全くの牽強《けんきょう》附会《ふかい》の説というほかはない。いったい『大般若経』の転読は二衆に分けなければできないと考えるのは、この経典の転読の実際について知らない者の空論である。

なるほど大安寺の修多羅衆は道慈以来の伝統ある大般若会を主催する人びとのグループとみてよいであろう。しかし、東大寺、弘福寺の場合はすぐに大安寺のそれがあてはまるものであろうか。

大修多羅、大経というよび方は六十巻本の『大方広仏華厳経』の略称として、すでに唐代において行なわれていた。また涅槃常住《ねはんじょうじゅう》を説く『大般涅槃経』（大乗）を奉ずる者たちを常修多羅衆とよんでいることも知らなければならない。

したがって、常修多羅は乗修多羅なのではなく、常住修多羅の意である。このようにみるならば大修多羅衆は必ずしも『大般若経』に限定する必要はなく、たとえば東大寺の場合はやはり『華厳経』の研究グループとすべきではないかと思うのである。

別三論宗

論衆（論宗）といったとき、三論衆と法性衆がふくまれるのと同様に広義に解しておきたい。

別三論宗についても諸説が行なわれている。その一つは元興寺縁起にもみえる成実衆だというのである。なぜならば、成実宗は三論宗の寓宗であるからである。これに対して三論は吉蔵系、別三論はインドのディヴァーカラ（Divākara 日照《にっしょう》）が来唐して華厳宗の法蔵に伝え、さらに法蔵の弟子である新羅の元暁《がんぎょう》がこれを受けついだものであるとみられている。

摂論宗

摂論衆はアサンガ（Asaṅga 無着《むじゃく》）の『摂《しょう》大乗論』を研究するグループである。この書名が示すとおり、唯識哲学にもとづく一種の大乗仏教概論である。後魏のブッダシャーンタ（Buddhaśānta 仏陀扇多《ぶつだせんた》）訳の二巻本と陳のパラマールタ（Paramārtha 真諦《しんだい》）訳の三巻本がある。これに対するヴァスバンドゥ（Vasubandhu 世親《せしん》）の注解書は真諦訳『摂大乗論釈』十五巻、隋の笈多《ぎゅうた》・行矩《ぎょうく》等訳『摂大乗論釈論』十巻がある。これらにもとづいて『摂大乗論』を研究する摂論宗が中国で発達した。

摂大乗論

玄奘は改めてアサンガの『摂大乗論』を訳して三巻とし、なおヴァスバンドゥおよびアバーヴァ（Abhāva 無性《むしょう》）の『摂大乗論釈』十巻を翻訳した。これらはいずれも、サンスクリット原典が伝わらないが、すべてチベット語訳が現存する。

摂論宗は、中国では唐代に窺基《きき》がダルマパーラ（Dharmapāla　護法《ごほう》）の教学にもとづく法相宗を開くまでは、唯識哲学の主潮をなしていた。

さきにものべたように道昭は在唐中に親しく玄奘に学び、斉明帝七年（六六一）に帰国して以後は法相宗が盛んになった。やがて摂論衆は法性衆に吸収されていったようである。たとえば天平九年（七三七）三月十日の官符では、元興寺の摂大乗論門徒を恒例によって興福寺に入住せしめるとある。興福寺はのちに法相宗の大本山として知られるようになる。

六世紀初めにボーディルチ（Bodhiruci　菩提流支《ぼだいるし》）、ラトナマティ（Ratnamati　勒那摩提《ろくなまだい》）とブッダシャーンタとがヴァスバンドゥの『十地経論《じゅうじきょうろん》』を翻訳した。これは華厳経典の『十地経』の注釈書であって、のちにこれを研究する地論宗が発達した。

地論宗は光統にはじまり、梁・陳・隋の時代に隆盛であったが、華厳宗が興ると、これに代わるようになった。わが国へ伝来して「衆」が形成されたことはないようである。『十地経論』はチベット訳が存する。

なお、中国の十三宗（毘曇《びどん》宗、成実宗、律宗、三論宗、涅槃宗、地論宗、浄土宗、禅宗、摂論宗、天台宗、華厳宗、法相宗、真言宗）のうちの涅槃宗は大乗の『大般《だいはつ》涅槃経』を所依の経典として、羅什《らじゅう》門下の道生《どうしょう》らによってひろまり、隋の時代まで行なわれて、六朝の仏教にも影響するところ大であった。

わが国へも伝えられた、修多羅衆の一部にそれがふくまれていたものと思われる。

▼奈良の六宗

中国には西紀一世紀ころすでに中央アジアを経由してインドの仏教が伝えられた。それより数世紀の間は律、禅、雑密《ぞうみつ》、浄土などの仏教の種々なる流れが行なわれていたが、まだ組織的な宗派を形成するに至らなかった。

わが国の飛鳥、白鳳期の、いわゆる初期日本仏教の場合も同じような事情にあったといえよう。六世紀の後半に智顗《ちぎ》が『法華経』を中心として天台宗を開いた。これが中国における宗派のはじまりである。鑑真は天平期に天台宗関係の若干の典籍を伝えたけれども、本格的に天台宗がわが国に伝えられるには、いうまでもなく最澄をまたなければならなかった。

中国では隋唐の時代に教団組織をもったいわゆる宗派が成立した。唐代の主要な宗派は、法相、三論、華厳、真言の各派である。そこで、従前から行なわれていた成実宗、毘曇宗、涅槃宗、地論宗、摂論宗なども研究グループというよりも、宗派として取扱われるようになるけれども、これらは次第に衰微していった。

次に奈良の六宗のそれぞれを概観することにしたい。

倶舎宗

倶舎宗《くしゃ》は『倶舎論』を所依の論書とする。インド中世の時代、中インド地方にグプタ朝が栄えたころ、仏教の教理に関する数多くの論書がつくられた。そのなかでもヴァスバンドゥ（世親）の『阿毘達磨倶舎論《あびだつまくしゃろん》』(Abhidharmakośa-bhāṣya) は有名である。

ヴァスバンドゥは西北インドのカシュミールで『大毘婆沙論《だいびばしゃろん》』を学んで、説一切有部《せついっさいうぶ》の学説を経量部の立場から批判したかたちで著したのが、本書である。このような批判的態度を古来、「理長《りちょう》為宗《いしゅう》」といっている。説一切有部は有部《うぶ》と略称し、一切法の有《う》（実在）を説く学派という意味である。『倶舎論』は諸法を五位七十五法《ごいしちじゅうごほう》に分類しているのが、特色である。

正統有部を称する側からヴァスバンドゥに対する批判があり、すなわちサンガバドゥラ（Saṃghabhadra 衆賢）の『阿毘達磨順正理論《じゅんしょうりろん》』八十巻、同じく『阿毘達磨顕宗論《けんしゅうろん》』四十巻が著された。これらは『倶舎論』とともにいずれも玄奘の手によって翻訳された。『倶舎論』と『顕宗論』はチベット語訳も残っている。チベット語訳のものではディグナーガ（Dignāga）やプールヴァヴァルダナ（Pūrvavardhana）などの注解書があり、これに相当する漢訳はない。サンスクリットの注解書ではヤショーミトラ（Yaśomitra）の『アビダルマ・コーシャ・ヴィヤーキヤー』（Abhidharmakośa-vyākhyā）がある。チベット語訳の相当本もあるが、漢訳はされなかった。玄奘訳の『倶舎論』とほぼ一致するサンスクリット原典が、インドのパトナで出版されている。ヴァスバンドゥが『倶舎論』を著したのは著述活動における初期の頃で、ヴァスバンドゥは本来は唯識の学匠として知られている。

ヴァスバンドゥ（世親）

中国ではすでに六世紀半ばにパラマールタ（真諦）が『倶舎論』を訳したが、唐の時代に玄奘の新訳がでて、ついに唯識哲学の基礎学として重視されるようになり、法相宗にふくまれるようになる。

倶舎論を智通・智達が伝える

わが国へは智通《ちつう》、智達《ちだつ》が斉明帝のときに『倶舎論』を伝えた。また玄昉もこれを請来しており、その頃、『順正理論』や『顕宗論』もまた、もたらされたのであった。

わが国で倶舎宗が成立したのは奈良時代の後半と思われる。天平勝宝二年（七五〇）の「正倉院文書」に見え、東大寺が中心地であったが、各寺院でも盛んに研鑽《けんさん》されていた。

成実宗

成実論

成実宗《じょうじつ》は『成実論』を所依の論書とする。『成実論《じょうじつろん》』は経量《きょうりょう》部系統あるいは大衆部系だとされるハリヴァルマン（Harivarman 訶梨跋摩《かりばつま》 A. D. 250 ～ 350）の著作である。

この論書は苦《く》・集《じゅう》・滅《めつ》・道《どう》の四聖諦《ししょうたい》によって構成され、人法二空《にんぼうにくう》を説く。ただし、その空観は一切諸法を無自性空《むじしょうくう》なりとする体空観《たいくうかん》に対して、析空観《しゃっくうかん》の立場をとっている。析空観とは一切諸法を分析して空なりとするものである。また諸法を分類して五位八十五法とするが、これは世俗諦《せぞくたい》すなわち世間の真理であって第一義諦《だいいちぎたい》（真諦）からすれば空であるとする。

経量部

経量部は中世インドの時代には仏教以外の哲学諸派からは大乗の一派として取り扱われていた。毘婆沙師《びばしゃ》、経量部、中観派《ちゅうがん》、唯識（瑜伽行者《ゆがぎょうじゃ》）派の分類におけるそれである。

『成実論』は羅什《らじゅう》によって弘始十三年より十四年（四一一―四一二）にかけて十六巻もしくは二十巻にまとめて翻訳された。

これに近似のものできわめて零細なサンスクリット貝葉《ばいよう》の簡片が中央アジアのトルキスタン

で発見されている（拙稿「経量部の断片」印仏研一〇―二）が、現在、完本としては羅什の漢訳のみが伝存する。

『成実論』を所依の論書とした成実宗は中国の江南地方に興り、梁の時代に盛んに行なわれた。法雲・智蔵・僧旻《そうみん》らのいわゆる梁の三大法師はこれを大乗論書とみなしているが、嘉祥大師吉蔵《きちぞう》が小乗論書と断じて以来、研究は衰微した。しかし、南北朝の時代を通じて、『成実論』は仏教の基礎学とみなされていたほどである。

聖徳太子に帰せられる『法華義疏《ほっけぎしょ》』に本義として引用するところの「義記」の作者、法雲は成実学者として知られた梁の三大法師の一人である。

法雲

成実宗は三論宗とともにわが国に伝来したものとみられる。「正倉院文書」に成実宗の名がみえるが、実際には三論宗の寓宗であった。すなわち延暦十三年（七九四）の官符では三論宗に所属するものとして取りあつかっている。

正倉院文書に記載

凝然《ぎょうねん》の『三国仏法伝通縁起』によれば、天武帝のとき、百済僧の道蔵が来朝し、『成実論疏《しょ》』十六巻をつくったといわれる。が、現存しない。また道蔵は『成実論』を講じたとも伝えられる。ともあれ、百済仏教における『成実論』研究はもとより中国の南北朝のそれの影響を受けていることはいうまでもない。

律宗

インドの初期仏教の時代には持律者《じりつ》（Vinaya-dhara）とよばれるところの律を伝持する者たちがいた。

インド仏教の場合、律は経・律・論の三蔵の一つとして各部派によって伝えられた。部派によって若干の特色ある律が認められるのは、伝承の相違のみならず、地域性、社会性、時代性の差異によるところが少なくない。

姚秦《ようしん》の渡来僧ブッダヤシャス（Buddhayaśas　仏陀耶舎《やしゃ》）によって四一〇—四一二年に訳出された『四分律《しぶんりつ》』は、有部から派生した法蔵部が伝持したところのものである。梵本は未発見でチベット語訳もない。

この『四分律』にもとづいて唐の道宣《どうせん》（五九六—六六七）が開いたのが南山《なんざん》律宗で、普通、律宗といっているのは、これをさす。中国では南山律宗の他に法礪《ほうれい》が開いた相部宗《そうぶしゅう》と懐素《かいそ》が開いた東塔宗《とうとう》があったが、ほとんど流布することなく、衰微したのであった。

『三国仏法伝通縁起』によると、唐僧の道光《どうこう》が天武帝七年（六七九）に来朝した。そして、この年、かれが『四分律抄撰録文』一巻を著したことが、その一節を凝然《ぎょうねん》が引用していることによって知られる。これは現存しないが、凝然がみたことは確かであると思われる。道宣の来朝は南山律宗が成立してまもなくのことであり、道光は道宣の弟子であったにちがいない。

このようにして古くから、わが国には四分律が伝えられ、奈良時代の僧尼令もそれと関連づけられることは、つとに史家によって指摘されているところである。

もっとも奈良時代には四分律、五分律、十誦律《じゅうじゅりつ》、摩訶僧祇律《まかそうぎりつ》、迦葉遺部律《かしょういぶりつ》の、いわゆる漢訳五部律がすべて揃っていたことが知られている。そのなかでも四分律の注解書が圧倒的に多数であるのは、中国における南北朝以来の律研究の実情をそのまま反映しているからである。が、四分律とほぼ同じ傾向を示す化地部《けじ》の五分律が中国でほとんど行なわれなかったのは、内容が簡略にすぎて理解しがたい点が少なくない、という単純な理由によるものである。

天平八年（七三六）、唐僧の道璿《どうせん》が来朝して、律の注解書を伝えた。またかれは『梵網経《ぼんもうきょう》』の注を著したり、吉野の比蘇山寺《ひそさんじ》で『菩薩戒経《ぼさつかいきょう》』を注解したというから、当時、大乗戒も知られていたものと思われる。

しかし、受戒作法は鑑真《がんじん》（六八七―七六三）の来朝に俟《ま》たなければならなかった。

鑑真は南山律の道岸、弘景に学び、道価は唐代にひろく知られていた。その盛名を伝え聞いて、わが国から栄叡《ようえい》、普照《ふしょう》が入唐し、日本へ律を伝えるように懇願した。かれら二人は井上靖の小説『天平の甍《いらか》』に登場し、帰国の途中遭難した悲劇の人物である。

鑑真は日本へ渡ろうとこころみたが五回も失敗した。その間、栄叡は亡くなり、普照もまた行《ゆ》く方《え》が分からなくなってしまい、鑑真はついに失明してしまったといわれる。ようやく六回目に、天平勝宝五年（七五三）、遣唐副使大伴古麻呂の遣唐船に乗って薩摩国（今の鹿児島県）秋妻屋浦に到着することができた。その偉業をたたえて諡号《しごう》ではないが、鑑真を世に過海《かかい》大師といっている。


「若葉して御眼《おんめ》の雫《しずく》拭《ぬぐ》はばや」


というのはこの失明の聖者を偲んだ芭蕉の句で、人口に膾炙《かいしゃ》している。

鑑真は古麻呂にしたがって平城京に入り、天平勝宝五年四月に勅によって東大寺大仏殿の前に戒壇をつくった。そして聖武先帝、光明皇太后、孝謙帝、皇太子をはじめとして四百四十余人に授戒した。さらに大仏殿の西側に戒壇院を建立し、天平宝字五年（七六一）、下野《しもつけ》薬師寺と筑紫《つくし》観世音寺にも戒壇がもうけられた。これらを日本の三戒壇といっている。

このようにして鑑真はわが国律宗の開祖となったのである。

天平宝字三年（七五九）、新田辺《にいたべ》親王のかつての邸宅跡に唐招提寺《とうしょうだいじ》を建立した。爾来、これをもって律宗の大本山として、今日に至っている。

鑑真が伝えた仏典は律の典籍の他に天台関係のものも多く、のちに最澄による日本天台の開宗の基礎をなしている。

弟子に唐僧で来日した法進《ほうしん》（七〇九―七七八）、胡（ペルシャ）から来日した如宝《にょほう》（?―八一七）、曇静《どんじょう》、来日した思託《したく》（生没年不詳）、義静《ぎじょう》、法成《ほうじょう》、法載《ほうさい》などがいる。法進はしばしば天台三大部を講じたといわれている。著作は『東大寺授戒方軌』『註梵網経』など。思託は『大唐伝戒師僧名記大和上鑑真伝（略称・鑑真伝）』『延暦僧録』の作者として知られる。淡海三船《おおみのみふね》は前著を要略して『唐大和上東征伝《とうだいわじょう》』を著した。また、後著はわが国最初の僧伝である。思託は空海に授戒したことが『本朝高僧伝』二にみえるが、確証はない。ただし、空海は如宝らと親交があったので、鑑真の他の門下たちとの交流も十分に考えられよう。

法相宗

法相宗はインドにおける唯識派（瑜伽《ゆが》行派ともいう）の流れを掬《く》むものである。インドの大乗仏教は中観派と唯識派とが二大思潮を形成している。中観派については三論宗の項でのべることにする。

唯識派はほぼ西紀三世紀ころ、マイトレーヤ（Maitreya　弥勒）にはじまりアサンガ、ヴァスバンドゥがこれを伝承し発展させた。グナマティ（Guṇamati　徳慧《とくえ》）よりスティラマテ

窺基

慧沼
智周
道昭

イ（Sthiramati　安慧《あんね》）に至って無相《むそう》唯識派が成立した。これは境識倶空《きょうしきぐくう》を説くものであって、認識対象の実在とともに認識のはたらきそれじたいの存在を否定する。

この学派はパラマールタ（真諦《しんだい》）によって中国に伝えられ、やがて摂論宗が成立する。いっぽうまた、ヴァスバンドゥの弟子のディグナーガ（Dignāga　陳那《じんな》）よりアバーヴァ、ダルマパーラ、シーラバドラ（Śīlabhadra　戒賢）と伝えられた系統を有相《うそう》唯識派という。これは境《きょう》空識有《くうしきう》を説くものであって、ただ識のみの実在を主張する。シーラバドラについてナーランダー大学で唯識を学んだ玄奘は帰国後に窺基《きき》にこれを伝え、窺基は法相宗を開いた。これ以後、南北朝時代から行なわれてきた摂論宗はおとろえた。

法相宗はヴァスバンドゥの『唯識三十頌《じゅ》』の注解書である『成《じょう》唯識論』を根本所依の論書とする。これはダルマパーラの学説をはじめとして唯識十大論師の所説を玄奘が合糅《ごうじゅう》したと伝えられるので、厳密な意味での訳書ではないとみられている。

法相宗は窺基の弟子の慧沼《えしょう》、慧沼門下の智周《ちしゅう》（撲揚《ぼくよう》大師）に伝えられた。

わが国の道昭が入唐したのは白雉《はくち》四年（六五三）である。かれは親しく玄奘に学び、斉明帝七年（六六一）に帰国して、最初に元興寺で法相宗をひろめた。『成唯識論』が成立したのは唐の顕慶四年（六五九）であるかち、道昭はかの地にあって、それを学んできたものと思われる。元興寺系の法相宗の学問を元興寺伝、あるいは南寺伝、飛鳥伝などとよんでいる。そののち、勅によって智通、智達が新羅の船で入唐し、かれら二人も直接、玄奘に学んで帰朝した。これを法相宗の第二伝とする。

以上、第一伝、第二伝からみて知られるように、奈良時代の初期の法相宗は玄奘教学をストレートに移入したのである。

玄奘は麟徳元年（六六四）に入寂している。そののち、大宝三年（七〇三）に文武帝の勅を受けて、当時、新羅よりわが国に来ていた智鳳、智鸞、智雄が入唐して法相宗第三祖の智周について学んで帰朝した。これが法相宗の第三伝である。

玄昉《げんぼう》もまた入唐して留学すること二十年、天平七年（七三五）に帰国して法相宗を伝えたので、これをもって第四伝とする。

これらの第三、第四伝を興福寺伝あるいは北寺伝、御笠《みかさ》伝などとよび、窺基教学をも伝えた点に特色がある。

護命

南寺伝系に行基、勝虞《しょうぐ》、護命《ごみょう》らが、北寺伝系に玄昉、義淵、善珠らがある。このうち元興寺の護命（七五〇―八三〇）は勝虞に唯識を学び、空海入滅の前年、承和元年（八三四）に没している。著作に『大乗法相研神章』『大乗法苑《ほうおん》義林章記』『法苑義林章解節記《げせつき》』などがある。『大乗法相研神章』は天長七年（八三〇）に淳和天皇に差出したいわゆる天長六本宗書の一つであって、わが国法相宗の教義を述べたすぐれた著作とされる。六本宗書のうちには空海の『秘密曼荼羅《ひみつまんだら》十住心論』『秘蔵宝鑰《ほうやく》』もある。護命と空海とは親交があり、相互に影響するところがあったと思われる。護命の八十の寿を祝った空海の詩文「暮秋に元興の僧正大僧の八十を賀する詩、序を并《あわ》せたり」「秋の日、僧正大師を賀し奉る詩、序を并せたり」が『性霊集《しょうりょうしゅう》』巻第十に収めてあり、護命の略伝と人となりが知られる。護命は北寺伝系の善珠と並び称せられる碩学として知られている。

義淵の門下より玄昉、行基、宣教、良敏、行達、良弁、隆尊らが輩出した。玄昉に唯識を学んだ善珠《ぜんしゅ》（七二三—七九七）はまた因明《いんみょう》（仏教の論理学）にも精通し、わが国最初の因明の著作『因明論疏明灯抄《みょうとうしょう》』を著した。また大和の秋篠寺《あきしのでら》を開いたり、最澄が比叡山に根本中堂を建立したときには落慶供養の導師をつとめている。著作は前著のほかに『法苑義鏡』『成唯識論疏肝心記』『成唯識論述記序釈』などがある。

要するにわが国の法相宗はダルマパーラの教学を中心とした『成唯識論』にもとづくヴァスバンドゥの『唯《う》識三十頌』の研究に終始しているといってよいであろう。ダルマパーラは俗諦を空、真諦を有とする立場から、ただ識のみの存在を説いて識の構造を明らかにしている。また第八阿頼耶識《あらやしき》をたてる八識説がダルマパーラの唯識哲学を特徴づけている。「唯識三年倶舎八年」という俗諺《ぞくげん》もあるように、唯識は倶舎とともに江戸時代には仏教の基礎学として、各宗を通じてひろく学ばれた。明治以後今日にいたるまでのいわゆる近代仏教学においても、唯識と倶舎が仏教学の基本である点には変わりがない。

三論宗

中観《ちゅうがん》派は西紀元二世紀ころ活動したナーガールジュナ（Nāgārjuna　竜樹《りゅうじゅ》）が開祖である。これは六世紀のブッダパーリタ（Buddhapālita　仏護《ぶつご》）、七世紀のチャンドラキールティ（Candrakīrti　月称《げっしょう》）の系統のプラーサンギカ派（Prāsaṅgika）と、六世紀のバーヴィヴェーカ（Bhāviveka　清弁《しょうべん》）にはじまるスヴァータントリカ派（Svātantrika）派に分かれて発展した。前者は空は積極的に表現することができないとする無立場の立場を主張し、ただ相手の主張を論破することによってのみ空は顕揚されるとするものである。後者は独自な論式を用いて空を論証する。プラーサンギカ派の系統の中観論書はなぜか、一つも中国において翻訳されず、チベット語訳がなされたため、チベットに伝えられて、研究がすすめられた。スヴァータントリカ派の系統のそれはかろうじて唐代にバーヴィヴェーカ（清弁）の『般若灯論』『大乗掌珍《しょうちん》論《ろん》』などが翻訳され、奈良時代にも行なわれた。

ナーガールジュナの『中論《ちゅうろん》』は梵志《ぼんし》青目《しょうもく》（ピンガラ Piṅgala）の注つきで羅什が翻訳している。また羅什は同じくナーガールジュナの『十二門論』およびナーガールジュナの弟子アーリヤデーヴァ（Āryadeva　聖提婆《しょうだいば》）の『百論』を訳出した。いずれも漢訳のみが存する。『中論』『十二門論』『百論』を三論と総称する。これにナーガールジュナに帰せられる『大《だい》智度論《ちどろん》』（現在の学界ではこれをナーガールジュナの真作にあらずとする所見もある）を加えて四論とよぶ。

吉蔵

中国の三論宗というのは、三論をもって所依の論書とする宗派であって隋の時代に吉蔵《きちぞう》（五四九―六二三）によって開かれた。しかし、唐代に天台宗や法相宗が興起してからは振るわなくなったようである。

推古帝十年（六〇二）に来朝した百済の観勒《かんろく》はさきにもふれたように、わが国へはじめて暦、天文地理の書などをもたらしたが、三論の学者であった。また聖徳太子の師である高句麗の慧《え》慈《じ》も三論のひとであったらしい。

高句麗の慧灌来朝

推古帝三十三年（六二五）、高句麗の慧灌《えかん》が来朝して元興寺に住し、三論宗を最初にわが国に伝えた。かれは入唐して吉蔵について直接、学んだ人である。これをもって三論宗の第一伝とする。いうまでもなく吉蔵は三論のそれぞれを注解し、『中観論疏』二十巻、『十二門論疏』六巻、『百論疏』九巻を著した。ほかに『十二門論宗致義記』二巻がある。また生涯にわたって三論を講ずること百余回と伝えられる。

福亮

慧灌（生没年不詳）は高句麗王の命でわが国に渡来したのであって、かれの弟子に福亮《ふくりょう》、慧輪《えりん》、慧師《えし》、智蔵《ちぞう》らがいる。福亮は呉（江南）の出身で、わが国に渡来して帰化したのち、入唐して吉蔵に三論を学び、帰国後、元興寺に住した。そして、大化改新のころに活動している。

智蔵

慧灌の弟子の智蔵（六二五―六七二？）は福亮の子である。かれは天智帝のとき、入唐して吉蔵に三論を学んで帰国後、法隆寺に住して三論を講じた。古来、智蔵の三論を第二伝とする。漢詩集の『懐風藻《かいふうそう》』にエピソードをまじえた智蔵の略伝および漢詩二首が載っている。

道慈

智蔵の弟子に道慈《どうじ》、智光《ちこう》、礼光《らいこう》がある。道慈（六七〇？―七四四）は大宝元年（七〇一）に入唐して、とくに三論を学び帰国後、大安寺で三論をひろめた。これは第三伝である。かれに『愚志』一巻がある。道慈系の三論宗を大安寺流といい、道慈の門下の善議の弟子に安澄、勤操《ごんぞう》がある。

智光と礼光

智光（七〇九―七八〇？）と礼光（生没年不詳）は元興寺に住したので、この系統を元興寺流と称している。元興寺は平城京に移転してから新元興寺とよばれ、智光、礼光がここで三論宗をひろめ、また道昭、智通、智達らが法相宗を伝えたので、いわゆる南寺伝の学風ができあがった。このような寺院に天平期に三論衆と摂論衆があったことは注目してよいであろう。いずれにしても、元興寺の三論衆は唐の吉蔵系の三論宗を伝えた人々であった。

なお、智光には三論関係の著述で『中論疏述義』『初学三論標宗義』などがあったようであるが伝わらない。そのほか『浄名玄論略述』『般若心経述義』などがある。

智光、礼光は浄土教思想の方面で知られる。すなわち、世にいう「智光曼荼羅」は礼光が往生したさまを夢にみた智光が画工にかかせたものだと伝えられる。原本は室町時代に焼失して伝わらない。

三論宗は奈良時代以前にさかえ、奈良時代は法相宗をもって代表するといわれるけれども必ずしもそうではない。平安初期でも最澄、空海らは法相宗と三論宗とを奈良仏教を代表する論宗とみなしていた。

華厳宗

華厳経

『華厳経』をもって所依の経典とする華厳宗は、奈良仏教を代表するところのただ一つの経宗である。

この経典の教主は毘盧舎那仏《びるしゃなぶつ》で、その世界を蓮華蔵荘厳世界海《れんげぞうしょうごんせかいかい》（略称、華蔵《けぞう》世界）といって、あらゆる世界を包んでいるところの宇宙的な世界観が示されている。そして、あらゆる存在が重重無尽《じゅうじゅうむじん》に関係する事々無礙《じじむげ》の法界縁起《ほっかいえんぎ》にもとづく菩薩行を説いている。

『華厳経』は他の多くの大乗経典と同じようにある一時期に成立したものではない。現存の八十巻本と六十巻本の第六会である「十地品《じゅうじぼん》」に相当する部分が最も早く成立し、西紀一～二世紀ころとみられている。これは独立の経典としても行なわれ、『十地経』とよばれるものが、それである。『十地経』はヴァスバンドゥが注解して『十地経論』を著し、後魏の時代にボーディルチ（Bodhiruci　菩提流支）らによって訳出された。これによって中国では江北地方に地論宗が成立し隋の時代までつづく。なお、この漢訳に対応するチベット語訳もある。

法蔵の漢訳

『華厳経』が八十巻本または六十巻本のような完本として編集されたのは一説によると三〜四世紀ころ中央アジアの地方ではないか、とみられている。

現在、サンスクリット原典が残っているのは『十地経』に相当する『ダシャブーミ・スートラ』(Daśabhūmi-sūtra)と、第八会入法界品《にゅうほっかいぼん》に相当する『ガンダヴィユーハ・スートラ』(Gaṇḍa-vyūha-sūtra)とである。前者は菩薩の修行段階を十種に分けて説いたものである。後者は善財《ぜんざい》童子《どうじ》とよばれる修行者が資産者、船師、医師、遊女、バラモン、外道、少年少女など五十三人のあらゆる階層の人びとを訪ねて旅をつづける求道物語であって、文学的なかおりの高い経典として著名である。

六十巻本とよばれる『大方広仏《だいほうこうぶつ》華厳経』六十巻は四一八年から四二〇年にかけて東晋のブッダバドラ(Buddhabhadra 仏駄跋陀羅《ぶっだばっだら》)が翻訳した。八十巻本とよばれるそれは六九五から六九九年にかけて唐のシクシャーナンダ(Śikṣānanda 実叉難陀《じっしゃなんだ》)が翻訳した。八十巻本に相当するチベット語訳がある。ただし、漢訳は三十九章であるのに対して、チベット語訳は四十五章ある。内容はほぼ一致する。

法蔵(六四三—七一二)は義浄らとともに八十巻本の翻訳に協力し、またこれを講じた。これは唐高宗《こうそう》の皇后の則天武后《そくてんぶこう》(六二四頃—七〇五)の命によるものである。法蔵は『華厳探玄《たんげん》記』『五教章』を著し、これより唐代の華厳宗が成立した。従来行なわれていた地論宗はおのずから華厳宗に収められるようになった。この宗派は天台宗、三論宗、法相宗が成立したあとであり、華厳宗の次に興起した真言宗が中国仏教の最後を飾ることになる。

唐代の華厳宗

唐代の華厳宗では澄観《ちょうかん》（七三八―八三九）や宗密《しゅうみつ》（七八〇―八四一）が知られる。宗密はまた禅も学んでいる。

わが国に伝わった華厳宗はのちにこの宗派の大本山になる東大寺の新羅系のそれと吉蔵系および地論宗系のそれとの、三つの系統があるとされる。

良弁

養老六年（七二二）に八十巻本を書写したという記録がある。また天平八年（七三六）七月、来日した唐の道璿《どうせん》が華厳関係の典籍をもたらした。「婆羅門僧正碑銘《ばらもんそうじょうひめい》」によれば、インド僧のボーディセーナは華厳を読み、つねに密咒を唱えていたというから、これはインドにおける華厳と密教とのむすびつきを伝えているものとみてよいかも知れない。天平十二年（七四〇）十月、金鐘寺《こんしゅじ》の良弁《ろうべん》（六八九―七七三）は、新羅から渡来して大安寺に住していた審祥《しんしょう》（？―七四二）に六十巻本を講読させている。審祥は入唐して法蔵に直接、華厳を学んだ人である。

良弁は聖武帝の尊崇をうけて東大寺別当第一世となった。かれの弟子とされる寿霊《じゅりょう》は『華厳五教章指事』を著した。

聖武帝は殊のほか『華厳経』を厚く信仰した。そして、天平勝宝元年（七四九）次のような御願を立てたのであった。

「華厳経を以《もっ》て本とし、一切の大乗小乗の経律論抄疏章等、必ず為《ため》に転読講説して、ことごとに尽《つく》し竟《おわ》らしめん」

これによると、『華厳経』があらゆる教説の根本であって、すべては『華厳経』を敷衍《ふえん》したものとしなければならない。つまり、聖武帝はこの経典に全仏教の統一原理を認めたのである。このことはとりもなおさず律令制による統一国家の建設を企画することを内含していたといえよう。

華厳宗はいうまでもなく天台宗とともに中国仏教の双璧をなすものであり、唐代における当時の最新の宗派である。華厳の教主は毘盧舎那仏《びるしゃなぶつ》である。ヴァイローチャナ（Vairocana）すなわち「光り輝くもの」といわれるように、光によって表徴されるこの仏は、一切にあまねき存在である。こうしたいわば宇宙的な存在者は法界縁起として展開している。個別的な存在も全体もあらゆるものが毘盧舎那仏の顕現であるから、生きとし生けるもの、ありとしあらゆるものは仏であるという道理である。一切衆生は本来仏であるというのは、もとより大乗仏教の根本理念ではあるが、それはまた天台宗の本覚《ほんがく》思想や真言宗の成仏思想の基盤をなし、あるいは相《あい》通ずるものがあるといえよう。

華厳宗は個と個、個と全体との関係について、もっとも秩序だった組織的体系をもっている。あらゆる存在は相互にさまたげることなく、しかも縦横無尽の関係性において成立している。これを事々無礙《じじむげ》の法界縁起とよんでいる。

東大寺の大仏はまさしく聖武帝の律令制国家体制の理想を宗教的に表現したものである。今日、台座の蓮弁の一部が創建当時のままで残っている。これは『梵網経《ぼんもうきょう》』の所説にもとづいて図様を毛彫《けぼ》りにしてある。

『梵網経』は望月信亨《しんこう》博士によって中国撰述の経典と判定されているが、『華厳経』の趣意をきわめて簡明に伝えている。

毘盧舎那仏は蓮台に座している。ところが、この台座のいちいちの蓮弁には一千葉の花弁がついていて、一葉ごとに釈迦仏が出現しているので、都合、一千仏となるわけである。千という数はサンスクリット語で「サハスラ」とよび、インド人の数観念によれば、無数を意味する。とくに仏教に限らずヒンドゥー教でも、しばしば千の数が用いられる。たとえばヴィシュヌ神の一千名などがそれである。

さて、蓮台の一葉に百億の国土があり、その一国土にそれぞれ一釈迦が出現して、いずれも菩提樹《ぼだいじゅ》下《げ》で成道している。したがって全体からすれば無慮千百億の釈迦が存在していることになる。そして、それらはすべて毘盧舎那仏を本体とし、この仏の顕現した姿にほかならない。いずれの釈迦仏も数限りない生きとし生けるものを化導している。

こうした毘盧舎那仏の全体的な統合性は、先賢の指摘するとおりに、統一国家の意志表示にほかならない。

以上、要するに、奈良の六宗は中国仏教の直伝である点に特色がある。

三論宗は推古帝三十三年（六二五）、法相宗は白雉七年（六六一）ころ、律宗は白鳳六年（六七八）、華厳宗は天平八年（七三六）にわが国に伝来している。成実宗は三論宗の、倶舎宗は法相宗の寓宗《ぐうしゅう》であるから、いずれもそれぞれ三論、法相とほぼ伝来年次を同じくするものとみられている。

三論宗の伝来は飛鳥期であり、華厳宗のそれは天平期であるから、奈良の六宗が出揃うまでに、ちょうど一世紀かかっているわけである。

▼さまざまな流れ

さきに述べた六宗のほかに、なお奈良仏教にはさまざまな仏教の流れが認められる。その主なものは天台、密教、禅、浄土、法華であるから、平安仏教を代表する天台、密教、鎌倉仏教を代表する禅、浄土、法華などはすべて奈良仏教にふくまれているわけである。それらが日本の風土のなかでどのように展開したかは歴史的な経過のなかに探らなければならないけれども、そうしたものの萌芽、素材がすでに奈良仏教のなかにすべて認められる点で、奈良仏教はまさしく日本仏教の母胎ということができる。

天台

日本における天台宗の開宗はもとより伝教《でんぎょう》大師最澄を俟《ま》たなければならなかったのであるが、奈良時代にすでに多くの仏者が天台をわが国に伝えている。

最澄の著作で逸文の『法華宗付法縁起』三巻によると、最澄はわが国における天台の道統として、聖徳太子、道璿《どうせん》、鑑真を考えていたようである。既述のように太子の三経義疏のうちに『法華義疏』がある。最澄門下の光定《こうじょう》（七七九―八五八）の『伝述一心戒文《でんじゅついっしんかいもん》（略称・一心戒文）』には道璿の『註梵網経』『註菩薩戒経序』などを引用しており、道璿を天台の系統に属する人としている。鑑真は『摩訶止観《まかしかん》』『法華玄義《げんぎ》』『法華文句《もんぐ》』のいわゆる天台三大部をはじめとして多数の天台関係の典籍をわが国に伝えたのであった。弟子のなかにも律とともに天台を兼ね学んだ者が多い。なかでも法進は帰朝後、天台三大部を四度におよんで講じたといわれる。渡来する以前に鑑真は弘景《ぐけい》について天台を学んでいる。弘景は中国天台宗の第四祖に数えられるから、鑑真は最澄以前にすでに天台宗をわが国に伝えたわけである。

なお、道璿は禅も伝えた。またかれは密教経典ももたらしているもののようである。道璿は普寂《ふじゃく》に学んだのであって、かれの教学は大安寺の行表《ぎょうひょう》（七二四―七九七）に伝えられた。行表は最澄の戒師として知られている人である。

天台三部経

奈良時代には天台三部経とよばれる『無量義経』『法華経』『観普賢経』が伝来、書写されていた。こうした基礎のうえにたって、やがて平安初期に最澄によって日本天台宗が開かれるのである。

密教

日本における密教は最澄にはじまる天台宗の密教すなわち台密と、空海にはじまる東寺の密教すなわち東密に分けられる。普通、密教といえば真言宗のそれ、つまり真言密教をさすことになっている。

雑密・古密

平安初期に活動した空海は真言密教の開祖であるが、奈良時代にすでに密教が日本に入ってきていた。今日、これを雑密《ぞうみつ》（雑部密教）または古密《こみつ》（古密教）とよんでいる。

唐代に善無畏、金剛智によって多くの密教経典が翻訳されて、体系的な唐密教が成立する。したがって、善無畏、金剛智以前の非体系的、非組織的な密教を古密、以後の密教を新密といっている。奈良時代にはすでに新密に属するかなりの分量の密教経典がわが国に請来されている。しかし、わが国ではまだそれらが組織化されることがなかったから、筆者は奈良の密教を

「奈良密教」というのがよいのではないかと思われる。

『日本書紀』によれば敏達《びだつ》帝六年（五七七）に百済の呪禁師《じゅごんじ》が来朝した。また東大寺大仏落成のとき来朝したインドの婆羅門僧正《ばらもんそうじょう》こと菩提仙那《ぼだいせんな》やインドシナ半島東南部の林邑《りんゆう》の仏徹《ぶってつ》も、南方系の雑密を受けたひとであったようである。

天平四年（七三二）から同十七年（七四五）までの優婆塞《うばそく》の修行では『仏頂陀羅尼』などの誦呪《じゅじゅ》、『薬師経』、『観音経』、『心経』などの誦経《ずきょう》あわせて六十六人が記録され、これらの密教系以外の者は四十四人であるといわれる（川崎庸之・笠原一男編『体系日本史叢書18宗教史』二五頁）。

『仏頂尊勝《ぶっちょうそんしょう》陀羅尼（仏頂陀羅尼）』は優婆塞たちの間でも、とくに好んで用いられた。高野山正智院のそれは、奥書によれば天平十一年（七三九）に玄昉の病気平癒のために聖武帝が祈願をこめて書写したものである。天平十三年（七四一）九月には玄昉が『千手千眼《せんじゅせんげん》陀羅尼《だらに》経』を写している。善珠も天平宝字年中（七五七―七六四）に『薬師本願経』を書写している。

天平期に『陀羅尼集経《じっきょう》』をはじめとする陀羅尼経典類の書写が多いのは攘災招福を目的としたからである。一般に奈良時代には『法華経』『金光明経』『仁王般若経』『金剛般若経』『観音経』『薬師経』が除災、延命、病気平癒のために、あるいは鎮護国家を祈願して読誦された。『大般若経』の転読もまたそうした類の現世利益の経典として用いられた。

現存する最古の密典に朱鳥《しゅちょう》元年（六八六）書写の『金剛場陀羅尼経』一巻がある。また白鳳期までに『大雲輪請《だいうんりんしょう》雨経』による祈雨が行なわれている。

現存する西大寺の『大毘盧遮那成仏神変加持《だいびるしゃなじょうぶつじんべんかじ》経』（大日経）七巻は天平神護二年（七六六）に吉備由利《きびのゆり》（？—七七四）が書写したものとして著名である。

正倉院文書には『略出念誦《りゃくしゅつねんじゅ》経』（金剛頂経）『蘇悉地経《そしつじきょう》』『蘇磨《そま》（婆《ば》）呼童子《こどうじ》経』『釈摩訶衍《しゃくまかえん》論《ろん》』など、その他の密教関係の注解書など合わせて百三十余部の密典が記載されている。円珍の『大日経義釈目録縁起』によると、玄昉や得清は『大日経義釈』も伝えたらしい。これは『大日経』の注解書で、のちに十四巻本を円仁が請来し、天台宗の所依の論書となったものである。

ともかく、これによって天平期には主要な密教経典がほとんどすべて請来されていたことが知られる。道昭、道慈、玄昉らはいずれも入唐して親しく玄奘について学んだ人びとである。かれらが請来した経典のなかには少なからぬ密典もふくまれていたものと推察される。なかんずく三論宗の道慈は入唐して善無畏に密教を学び、帰国してから求聞持法《ぐもんじほう》を伝えている。中インド出身の密教の巨匠、善無畏（インド名、シュバカラシンハ）が中央アジアをへて唐に至ったのは開元四年（七一六）のことで、その翌年翻訳したのが『求聞持法経』一巻である。求聞持法はこの経典にもとづく密教の一種の行法であって、道慈より善議へ、善議より勤操《ごんぞう》（七五四—八二七）へと伝えられた。青年の日の空海は一沙門より求聞持法を授かった。伝説によれば、それは勤操だというのである。事の真偽はともあれ、善無畏以来の密教的な修行法が勤操まで伝えられたことは事実であったにちがいない。

元興寺の護命は月の半分は奈良の近くの山地にこもって求聞持法を修行したといわれる。奈良時代の山岳寺院で知られているのは吉野の比蘇山寺《ひそさんじ》であって、ここはまた求聞持法修行の道場であった。空海は求聞持法を修行して仏教への開眼ができたのであるけれども、その下地はすでに奈良仏教にあったわけである。

奈良の諸大寺のうちでも密教史のうえからみてとくに重要な位置を占めている寺院としては、大安寺に指を屈しなければならないであろう。

大安寺を大官大寺といったことは前に述べたとおりであるが、奈良時代の初めに道慈がここに住して密教をひろめたことが知られている。また、この寺にはボーディセーナ（七〇四―七六〇）も住していた。かれの弟子の修栄《しゅえい》によれば、ボーディセーナは呪術にたくみであったというから、密教の呪禁師的な性格の人物でもあったものと思われる。いずれにしても、奈良密教の中心的な寺院は大安寺であったといえよう。

のちの最澄、空海が大安寺と関係のあるのも、そうした歴史的背景を顧慮することができよう。

飛鳥期に法隆寺金堂東壁左小壁に十一面観音が描かれたが、これはまさしく密教像である。また新薬師寺の七仏薬師如来坐像、東大寺法華堂および大安寺の不空羂索《けんじゃく》観音立像、唐招提寺の大日如来坐像、同じく千手観音立像、大安寺の馬頭観音像、大安寺、唐招提寺、法華寺、聖林寺《しょうりん》などの十一面観音像はいずれも密教像である。このようにして造像の方面からみても、奈良時代には多くの密教像が信仰礼拝の対象として制作されていたのである。また一部曼荼羅も奈良時代には請来された。

しかし、造像にせよ、曼荼羅にせよ、一定の組織をもった密教思想を背景にもったものではない。また、密教の陀羅尼経典類の書写も多いが、それは既説のように攘災招福のためのものであった。

民族的な他界観念に結びついた浄土思想はきわめて古くから認めることができる。日本人の死後の世界観である黄土国《よみのくに》と仏教の浄土、とくに弥陀浄土と弥勒浄土とが混淆《こんこう》する。そしてまた、仏教における善悪の現報という思想がこれに加わっていたのであった。

浄土教

浄土三部経の請来

奈良時代には『無量寿経』『観無量寿経』『阿弥陀経』のいわゆる浄土三部経、その他の浄土教関係の典籍が多数、請来された。

天平期には阿弥陀信仰が盛んであった。天平宝字四年（七六〇）、光明皇太后がなくなったとき、七七日忌にあたる同年七月に諸国に阿弥陀画像をつくり、『称讃浄土経』を国分寺ごとに書写させた。また国分尼寺には丈六の阿弥陀像と脇侍（観音、勢至）の二菩薩像をつくらせた。もとより追善菩提のためであるが、しかし、それは古墳時代における死後の世界の信仰としての古墳の延長のうえに存在する浄土思想とみるべきものであると思われる。もとより本格的な浄土教の展開は鎌倉時代を迎えてからである。百済の仁王《わに》の末裔の西文《にしふみ》氏の氏寺である河内国西琳寺《さいりんじ》に阿弥陀像が安置されていたことから分かるように、地方豪族のなかにも阿弥陀信仰をもつ者がいた。そして、その信仰の基底にはやはり他界観念がひそんでいる。

光明皇太后没後、奈良法華寺に阿弥陀浄土院が建立された。その他、天平勝宝三年（七五一）の文書によれば、文武帝の慶雲元年（七〇四）に阿弥陀堂があった。また、行基は新羅から来朝した恵基《えき》（生没年不詳）といっしょに称名《しょうみょう》念仏をしながら諸国をめぐったといわれるから、わが国における勧進《かんじん》、遊行《ゆぎょう》の聖《ひじり》のくさわけともいうべきで、このような教化活動が、のちに浄土教の信仰が全国的にひろまってゆく下地をつくったといえよう。

三論宗の恵隠《えおん》（生没年不詳）は『無量寿経』を講説し、また同じく三論の智光（七〇九―七七〇～七八〇？）・礼光（生没年不詳）は浄土信仰をもっていた。智光には『浄土論釈』、『安養賦』があり、かれは浄土曼荼羅もつくったといわれる。世にいう智光曼荼羅が、これである。浄土曼荼羅とよぶが、実際には浄土変相または浄土変というべきものであって、阿弥陀仏の浄土の荘厳を描いたものである。同じものに、『観無量寿経』にもとづく当麻寺《たいまでら》の「浄土変」がある。これは「当麻曼荼羅」という名称で一般に知られている。唐の善導の『観経疏』も依用して描いている。

これらの曼荼羅とよばれる浄土変相図は、当時における浄土信仰の所産であることはいうまでもない。

良弁の弟子の智憬《ちぎょう》（生没年不詳）は『無量寿経宗要指事』一巻、『無量寿経指事私記』一巻が、また善珠には『無量寿経賛鈔』一巻、『無量寿経註字釈』一巻があったといわれる。これらの、二、三の撰述からも知られるように、天平期にはすでに『無量寿経』の研鑽もすすめられていた。

当時は主として新羅系の浄土思想がわが国に移入されたのである。

阿弥陀信仰とともに奈良時代には弥勒信仰も行なわれている。弥勒信仰は往生浄土の思想と結びつき、弥勒下生思想はまだ現われていない。

禅

玄奘に学んだ道昭がわが国に禅を伝え、「元興寺の東南の隅に於いて別に禅院を建てて住す。時に天下行業の徒、和尚に従って禅を学ぶ」と、『続日本紀』文武帝四年三月の条にある。ま

た同じく

「和尚の弟及び弟子等、奏聞して禅院を新京に建《た》つ。今の平城右京の禅院、これなり。此の院に多くの経論あり、書迹楷好して並びに錯誤あらず、皆、和上の将《も》ち来れる所の者なり」

とあるから、元興寺の禅院を移した右京禅院には禅の典籍も当然のことながら多数、保存されていたもののようである。

また、大安寺にも禅院があり、その他、禅院寺、小治田《おばりだ》禅院などの禅院が知られているのは、道昭の門下によって、禅がひろめられたことをものがたっている。

北宗系の嵩山普寂《すうざんふじゃく》に禅を学んだ道璿は来朝して、これを行表に伝えた。行表は十二歳で出家した最澄の得度の師として知られる。したがって天台系の禅はすでに奈良時代にわが国に入ってきているわけである。

奈良時代には『入楞伽経《にゅうりょうがきょう》』(十巻本)、『菩提流支疏《ぼだいるししょ》』、『尚徳疏《しょうとくしょ》』、『杜行鎧疏《とぎょうがいしょ》』など、重要な禅籍が多数、請来されている。

以上は仏教の教学を主としたさまざまな流れを概観したものである。

このほかに、仏教の民間信仰的な形態についても、ふれておかなければならない。

推古帝十四年(六〇六)に法興寺金堂に仏像が安置されたが、このときより全国の各寺で四月八日の灌仏会《かんぶつえ》、七月十五日の盂蘭盆会《うらぼんえ》が行なわれることになった。前者は今日の花祭りであり、後者は盆である。

禅院

仏教の民間信仰的形態

灌仏会・盂蘭盆会

このような行事が庶民の行事としてひろまるためには、民間における仏教の信仰集団の存在があったことを忘れてはならない。それを実証する資料はさほど多くはないが、神亀三年（七二六）二月二十九日の上野国羣馬《ぐんま》郡下賛郷高田里の、いわゆる金井沢碑に「知識結《ちしきゆ》」の名称がみえており、また三重県名賀郡種生村常楽寺の『大般若経』は、天平宝字二年（七五八）に十一人の知識を結んで書写したものとして著名である。

知識は都鄙《とひ》を勧進しながら遊行する者で、いわば行基型ということができるであろう。これに対して優婆塞《うばそく》で山野を跋渉して修行して歩く役行者型の修行者たちがいる。かれらはいずれも反体制的な立場にたち、官寺仏教からはうとまれる存在であった。平安初期の空海には山野を修行して歩いた青年時代の優婆塞―役行者型と、高野山や東寺の伽藍経営につとめた時期の勧進知識―行基型の、これら二つのタイプが綜合されているとみることができるであろう。

道昭

奈良仏教において重要な人物のひとりに道昭（六二九―七〇〇）がいる。『続日本紀』文武帝四年三月十日の条に「道昭和尚、物化《ぶっけ》す云々」とあって、続紀の編者は道昭の略伝に多くのスペースを割いている。当時の仏者の扱いとしてはやや異例である。それはもとより道昭が記録さるべき偉大な存在であったからであろう。以下、『続日本紀』にもとづいて道昭の生涯をうかがってみることにしたい。

道昭が入滅したとき、文武はいたくこれを惜しみ、弔使を遣わした。和尚は河内国丹比郡の人である。俗姓は船連《ふねのむらじ》、父は恵釈《えさか》で少錦下であった。戒行は欠けることなく、もっとも忍行を尚《とおと》んだ。かつて弟子が和尚の性をきわめようとして、ひそかに便器に穴をあけて寝床をけがした。しかし、和尚は微笑して放蕩の小子つまり私が寝床をけがしたといったので、弟子たちは返す言葉もなかった。孝徳帝の白雉《はくち》四年（六五三）に遣唐使にしたがって入唐し、たまたま玄奘三蔵にあって、三蔵を師として学業を受けた。三蔵は特別に和尚を愛して同房に住まわせた。あるとき、三蔵は次のようにいった。

「私はかつて西域に行ったとき、道中、空腹になったが、乞うべき村もなかった。すると、一人の沙門がいて、梨《なし》の実を私に与えてくれた。それを食べてから気力を恢復《かいふく》して元気をとりもどした。今のあなたは梨をもったそのときの沙門であった」

と。

これは釈尊の前生を語る本生経《ほんじょうきょう》（ジャータカ物語）のモチーフを用いたエピソードであって、玄奘の言葉を伝えたものとして貴重な資料だといわなければならない。

また、三蔵は次のようにもいった。

「経論は深妙であって、きわめつくすことができない。したがって禅を学んで東土（日本）に流伝するに越したことはない」

と。

和尚は三蔵のこの教えを奉じて始めて禅定を習った。そして悟るところが多々あった。遣唐使にしたがって帰朝した。わかれるに際して、三蔵は所持していた『舎利経論《しゃりきょうろん》』を和尚に授け、

「人がいてこそよく道を弘めることもできる。今、この文を附属する」

と。また一つの鐺子《なべ》を授けていった。「私が西域よりもって来たものである。物を煎《に》て病を養

うためのものであって、必ずや神験があろう」と。和尚は拝謝し、啼泣《ていきゅう》して三蔵のもとを去った。登州に至ったとき、使用人の多くが病気になったので、この鐺子《なべ》でカユを煮て与えたところ、たちどころに病気が治った。

海中で船がただよって七日七夜、進むことがない。そこで竜王のため、海中に鐺子を投げ入れたところ、たちまちに船は進んで、無事、本国に帰ることができたのであった。

宇治橋

帰国後、元興寺に禅院を建てて、多くの門下を指導した。のちに天下に周遊して、路傍に井戸を掘り、また渡し場に船をもうけ、橋をつくった。山背国《やましろのくに》宇治橋は和尚がはじめてつくった。和尚は諸国をめぐり歩くこと十有余年におよんだが、勅命によって、もとの禅院に帰住し、そこで入定《にゅうじょう》したままで入滅した。弟子たちは遺言によって粟原で火葬に付した。わが国における

火葬のはじまり

火葬はこれよりはじまる。都が平城京に移ったので、弟子たちは奏聞して、禅院を新京に移転した。

玄奘が道昭に与えた『舎利経論』というのは、どのようなものであったか不明であるが、道昭が遺言した火葬と関連のある論書のようにも思われる。ただし、玄奘は知られるように、土葬されている。

『続日本紀』の編者の記録では宇治橋を最初にかけたのは道昭だというが、宇治橋断碑の銘文では道登《どうちょう》だということになっている。この断碑の真偽が問われるむきもあるけれども、仏者の社会活動をすすめた最初の人物としても、道昭は記憶されるべきである。

むすび

以上みるように、奈良仏教のさまざまな流れはもとより、六宗といえども後世におけるよう

な特定の宗派を意味するものではない。道昭を例にとるならば、入唐して玄奘について本格的な仏教を学び、唯識と禅をきわめて帰国した。そして仏教の学問研究のみならず、さまざまの社会活動をも行なって、文字どおり下化衆生《げけしゅじょう》のはたらきに献身したのである。ここに、われわれは本来の仏者のあるべき姿をもとめることができる。

薬師寺の景戒の著わした『日本霊異記』には奈良時代の民間仏教説話も数多く収められている。優婆塞とか知識、知識結とよばれる人びとをみると、陀羅尼、咒文などを用いるところの、いわゆる雑密的な存在である。その代表的な人物が役行者《えんのぎょうじゃ》であった。『霊異記』にみえる霊験や現世利益は、その話柄それじたいがきわめて雑密的であることを知らなければならない。

▼天平文化と仏教

天平時代の文化を天平文化といっている。天平時代というのは主として美術史の方面で用いる時代区分であって、白鳳期と平安初期の弘仁期との中間の時代である。しかも聖武帝の治世を中心とする呼称で、天平年間（七二九—七四九）より奈良時代末期の称徳帝にいたるまで、すなわち天平感宝、天平勝宝、天平宝字、天平神護と天平の年号のつづく時代をさすところから、天平時代とよぶわけである。いうまでもなく、この数十年間はわが国美術史上における文字どおりの黄金時代である。

天平文化といえば、東大寺大仏、諸国の国分寺、聖武帝の遺品を収蔵した正倉院などを連想するのが、つねである。この時代は大陸の唐文化の影響を強く受けるとともに、またわが国に独特な文化の基礎がつくられつつあったときである。とりわけ、造型美術はすぐれており、しかも、それは仏教美術にほかならないから、天平文化はとりもなおさず仏教文化といって過言ではない。

当時の唐文化は長安や洛陽を中心としたもので、ユーラシア大陸の諸文化が綜合されたところに、この唐の文化は絢爛《けんらん》と花開いたのであった。したがって天平文化はそうした世界性を背景としている点でも、わが国の文化としては特異なものであるといわなければならない。

文学の方面では約四千五百首を集めた『万葉集』はいわば国民的な歌集というべきで、あらゆる階層の人びとの歌を収めてあり、仏教思想を受けたものも、いくつか認められる。そして、それに用いられたいわゆる「万葉仮名」は次の平安の初期に仏典に用いられて、片仮名となって発達したのである。

また漢詩文集の淡海三船撰と伝える『懐風藻《かいふうそう》』も編集された。『万葉集』が伝統的な和歌の発達したものとして、きわめて高く評価されるのに対して、『懐風藻』は漢詩の直輸入的な一面があって、まだ生硬《せいこう》をまぬがれないと評されている。この『懐風藻』にも若干の仏者の漢詩が認められる。

国分寺・国分尼寺

国分寺は詳しくは「金光明四天王護国之寺」といい、国分尼寺は「法華滅罪之寺」とよばれるように、それぞれ『金光明経』と『法華経』にもとづく寺院であって、事実、この両寺が諸国に建立されたとき、『金光明経』と『法華経』が各一部ずつ書写、安置されたのである。

国分寺と国分尼寺の創建はもとより聖武帝の発願によるもので、その建立趣旨をのべた勅《みことのり》が『続日本紀』の天平十三年（七四一）三月乙巳の条にみえる。もっとも、この年号については多くの疑問がもたれている。いずれにしても、聖武帝によって建立が発願され、国分寺造営の大事業を実際におし進めたのは玄昉《げんぼう》であろうと推定されている。玄昉は唐制の寺院を留学中に目のあたりに見てきているから、おそらく聖武帝に示唆するところがあったものと思われる。

国分寺建立の直接の動機は天平九年（七三七）の疫病流行にあるとみられている。この年、造仏像司が設けられて、その長官に巨勢奈氏麻呂《こせのなでまろ》が任ぜられており、強大な中央集権的国家権力を全国に徹底させるために国分寺が建立されることになったことは諸国の国府に近い地点にこの寺院が建てられたことからみても明らかである。つまり、国分寺は国府と対応する一種の官庁的な性格を帯びていたことはいうまでもないであろう。

国分寺の「国分」の二字にも表わされているように、東大寺大仏（盧舎那仏）の分身として、国分寺毎に一丈六尺の釈迦如来像がつくられたのであって、全体世界の表現としての個という思想がその根底に認められることはいうまでもない。前に述べた『華厳経』の思想がそれである。

造型美術

飛鳥・白鳳期の芸術が六朝時代のそれの影響を受けているのに対して、天平の芸術は隋から盛唐にかけてのそれの影響を受けたところに特色がある。

天平文化は一口にいえば、大らかな気風がみなぎっている。それは当時の唐文化のもつ性格でもあるとともに、それを摂取したそのころの日本人の心情をも反映しているといってよいであろう。

天平文化の粋は何といっても南都七大寺とよばれる東大寺・西大寺・法隆寺・興福寺・大安

寺・元興寺・薬師寺を中心として集約されている。全般的には唐様式を継承していることはいうまでもない。その現存する主要なものを紹介してみよう。

建築では東大寺法華堂（三月堂）、唐招提寺《とうしょうだいじ》の金堂と講堂、法隆寺伝法堂、同じく夢殿などが残っている。

彫刻では前の時代までは金銅像が圧倒的に多かったが、この時代には乾漆像《かんしつぞう》と塑像《そぞう》が主流を占めるようになった。乾漆像は白鳳期にも若干制作されたが、天平時代には盛んにつくられた。それは制作が容易であるということに利点が認められる。

乾漆像

乾漆像には法華堂の不空羂索《けんじゃく》観音・梵天・帝釈天・四天王・仁王などがあり、とくに不空羂索観音像は天平芸術の最高峰と評されているものである。またこの他に乾漆像は唐招提寺金堂の盧舎那仏・千手観音・薬師如来・梵天・帝釈天・四天王、聖林寺の十一面観音、興福寺の八部衆十大弟子などがある。

塑像

塑像には法華堂の日光《にっこう》菩薩・月光《がっこう》菩薩および執《しゅう》金剛神、東大寺の吉祥天女、新薬師寺の薬師十二神将と伐折羅《ばさら》、東大寺戒壇院の四天王、法隆寺五重塔の塑像群などがある。

これらのうち、唐招提寺金堂の盧舎那仏坐像には漆部連弟麻呂《うるしべのむらじおとまろ》の名が記されており、おそらく作者の一人であろうと思われる。天平の仏像は造仏像司のようなところで、ある程度、量産されたのであって、大陸から渡来した技術者が指導したにちがいない。鑑真たちが渡来したときも、その一行のなかに仏像制作の技術者がいたようである。しかし、天平芸術の制作にはまた大部分の日本人技術者たちが参加していることも事実であったと思われる。

なお、現存する天平の仏像は多少の移動があったもののようで、法華堂の日光・月光、東大寺の吉祥天などは他の場所にあったものが移されたらしく、法華堂の執金剛神はもと金鐘寺《こんしゅじ》に伝来したものであった。

絵画

絵画には東大寺大仏の膝あたりに残る蓮弁の毛彫線画があり、これは一弁ごとに三千世界を表現したものである。また薬師寺の吉祥天女像は天平の女性をモデルにしたものとみられている。

正倉院の林下美人図や鳥毛立女人図などは大樹の下の美人を描いたもので、その図柄は中国や西域、ペルシャにまでもさかのぼって認めることができる。東京芸大所蔵の『過去現在因果経』は釈尊の伝記を六朝風に描いた絵巻であって、後代の絵巻物のはじまりである。

書は唐の王羲之《おうぎし》、王献之《おうけんし》父子の、いわゆる二王の書風が大きな影響を与えている。青年時代の空海の書『聾瞽指帰《ろうこしいき》』に王羲之の書風が認められるのも、そうした時代背景をもつがゆえである。

正倉院

聖武帝の七七日忌に遺愛の品々を光明皇太后が帝の追善菩提《ぼだい》のために東大寺に寄進した。そのときの願文、目録をしるした「東大寺献物帳」によれば、服飾、調度、楽器、武具、遊戯具、文房具、その他儀式用品など六百三十四点、薬種六十種が認められる。その後、さらに多くのものが追加寄進されて、現在では四千点にのぼる品目を数えることができる。これらの品々を収蔵してあるのが正倉院である。正倉院は東大寺境内に建てられ、本来この寺の附属の倉庫であったけれども、明治初年より皇室の所有になった。正倉というのはいくつかある倉庫の中心

工芸技術

金工

漆工

織工

陶工

工芸美術品

となる建物をさすのであって、東大寺には現存の正倉院の附近にかつてはいくつかの倉庫の棟がたちならんでいたようである。そして法隆寺、大安寺をはじめとして奈良の諸大寺にはすべて正倉院があった。現存するのは東大寺のもののみである。東大寺正倉院は南倉、中倉、北倉の三つの倉庫が同じ棟で分かれており、校倉《あぜくら》造りの建物である。

当時の唐文化はインド、ギリシャ、ローマ、アラビア、ペルシャ、東ローマ、サラセン（古くはシリア近傍のアラブの呼称）などと交渉をもっていたから、それらの国々の文化をも含んでいる点で、まさしく世界文化の宝庫という名にふさわしいといわなければならない。

ことに工芸技術はいかなる時代にもみられないほどの高い水準に達している。たとえば、カットグラスのようなガラス製品にみられる精巧な技法とすぐれた感覚は超近代的というほかはない。当時の日本人の美意識は唐文化の刺激を受けてきわめてすぐれたものであった。

金工には金・銀・白銅・青銅・錫を素材に用い、鋳金、彫金、象眼などが行なわれている。

漆工は赤ウルシ（漆）、黒ウルシを用い、金銀平脱《へいだつ》（漆塗の一種。平文とも）や螺鈿《らでん》までも用いている。また仏像の制作と同じ乾漆法による伎楽面がつくられた。

織工はとくにすぐれており、錦、綾《あや》、毛氈《もうせん》など、その多くは大仏開眼に使用したものであって、織物と染色の技術は今日でも及ばないものがあるといわれている。

陶工はウワグスリ（釉）を全面的に施した陶器や十二稜鏡のような七宝製品もつくられ、その他種々なるガラス製品がある。ガラス製品の色ガラスは輸入したものを日本で加工している。

天平の工芸美術がもつ世界性について、そのいくつかの実例をあげてみよう。

弦楽器の箜篌《くご》はアッシリア系のハープに起源をもとめることができるし、サンスクリット語の琵琶《びわ》はササン朝ペルシャの楽器だったものである。双六盤《すごろくばん》と賽《さい》は西域地方より伝来した。とくに賽は正方形の六面体で、一から六までの印をつけ、相対する面をあわせると、いずれも七数になる。こうした賽はギリシャやローマでも用いていたものであり、古くはインドのインダス文明の遺跡のひとつ、モエンジョ・ダロの都市廃址より発見されているものと全く同形である。

正倉院の八曲長坏《ながつき》、十二曲長坏と同じものがポーランドで発見されている。また、取っ手をつけた胡瓶《こびょう》や犀《さい》の角をそのままで用いたサイ（犀）角杯などは、いずれもギリシャとペルシャに同形のものがある。

文様では葡萄唐草文《ぶどうからくさもん》は西域、ペルシャで用いており、十七世紀にはロシヤにも入っている。ゾウ、シカ、ラクダ、あるいは雲馬《うんめ》——羽のついた馬——はインド、ペルシャ、アラビアでも用いている。円型のなかの鳥獣や人物を珠文でかこんだ文様はペルシャのササン朝やローマの織物にも見ることができる特殊なものである。

葡萄唐草文

万葉集と懐風藻

『万葉集』と仏教との関連は比較的稀薄である。その理由は仏教の思想が畿内の貴族階級を中心としてひろがり、当時はまだ地方の一般民衆に浸透することがなかったからであろう、といわれている。

『万葉集』の仏教歌は世の無常を歌ったものが大部分で、その他に往生浄土、因果、輪廻などを歌ったものがいくらかある。仏教研究が盛んな割には、仏教思想はまだひろく一般民衆のなかに深く根を下ろすようなことがなかった。

このようなところに、『万葉集』と仏教との関わりがあまり認められない原因があるように思われる。

従来《じゅうらい》厭離《おんり》此《し》穢土《えど》、本願《ほんがん》託生《たくしょう》彼《ひ》浄刹《じょうさつ》

これは巻十六に収める山上憶良《やまのうえのおくら》（六六〇―？）の序で、はっきりと来世往生の思想が表明されている。

生き死にの二つの海を厭《いと》はしみ潮干《しおひ》の山をしぬびつるかも（巻十六）

なども浄土を欣求《ごんぐ》する歌である。

世の中を何にたとへんあさびらき漕ぎにし舟の跡なきがごと（巻三、満誓沙弥《まんぜいしゃみ》）

世の中は空《むな》しきものとあらむとぞ此の照る月は満ちかけしける（巻三、悲傷膳部王歌）

世の中を常なきものと今ぞしる奈良の都のうつろふみれば（巻六、作者不詳）

また、

よのなかの常の理《ことわり》かくさまになりきにけらし播《う》ゑし種から（巻十五、中臣宅守蔵部の女を娶《めと》りて狭野茅上娘子を嫂へ越前国に流されて配所で詠む）

というのは、因果応報を歌っている。

うつせみは数なき身なり山河の清けき見つつ通を尋ねな（巻二十、家持）

渡る日の陰に競ひて尋ねてな清きその道またも遇はむため（同、家持）

これらは二首とも求道のこころざしをのべたものである。

万葉の歌人で仏教の思想を受けたものは憶良《おくら》と家持《やかもち》があげられる程度である。『万葉集』以外では薬師寺の「仏足跡歌碑」の二十一首、「東大寺要録」の元興寺僧の歌三首、「歌経標式」のものなど若干が残っているにすぎない。仏足跡歌の

御足《みあと》作る石の響《ひびき》は天《あめ》に到り、地さへ揺すれ父母が為めに、諸人《もろびと》のために

はよく知られており、おそらく仏会《ぶつえ》の際などに唱和されたであろうと思われる。よしんば『万華集』に収録されなかったとしても、大法会のときに、多数の和歌が詠まれたことは考えられることである。だが、それらの大部分は伝存していない。

『懐風藻』には六十四人の詩人による百二十編の漢詩が収められている。しかも、それらは六朝時代の六言の詩が多く、唐の詩の影響はほとんど認められない。漢詩の素養のある者はきわめて限られていたので、『万葉集』に較べて詩人の数はわずかである。父とともに呉から来日し、のちに唐に渡って吉蔵に師事、帰国後、その教えを法隆寺でひろめた智蔵（生没年不詳）、大宝年間（七〇一—七〇四）に唐に留学し玄宗に優遇され、かの地で死去した弁正（生没年不詳）、入唐して三論・密教を学んだ道慈（?—七七四）、律宗で漢詩人の道融（生没年不詳）の四人の詩がある。当時、唐に学んだ仏者のうちには漢詩の心得のある者が多数いたにちがいない。

しかし、『懐風藻』に収めたこれらの仏者の漢詩はわずかに道融の二首が仏教の教理に関するものであるにすぎない。道融は以前からわが国に伝わった唐の道宣《どうせん》の『六帖鈔』を初めて解読したので、光明皇后はこれをよみして糸帛《しはく》三百匹を施した。しかるに、道融は「われ菩提《ぼだい》のために、法施を修むるぞ。これによりて報《むくい》を望むは、市井《しせい》の事（俗人のすること）ぞ」といって辞退したという。道融の一首をかかげてみよう。

光明皇后

悲田院・施薬院

楽毅論

皇后の願文

「我が思ふ所は無漏《むろ》にあり、往《ゆ》きて従はまく欲《ほ》りすれば貪瞋《とんじん》難し、路の険易《けんい》は　己《おのれ》に由《よ》るに在り、壮士去《い》にて復《ふた》たびは還《かえ》らず」（訓み下し文）。

聖武天皇の皇后、光明皇后（七〇一―七六〇）は悲田《ひでん》院、施薬《せやく》院をつくって、あまねく天下の飢渇、病気の人びとを救済したことで知られている。施薬院は天平二年（七三〇）四月に皇后宮職に設置されたものである。

これらは行基たち民間の社会活動に対抗したものとみる見方もあるけれども、直接的には聖徳太子の施薬院・療病院・悲田院・敬田院の四箇院の故事にならったものであろう。

皇后は藤原不比等《ふひと》（六七九―七二〇）の女《むすめ》で、聡明にして天分の才高き女性であった。伝えによれば、法華寺内に千人の浴室を設けて、皇后みずから病者を洗った。あるとき、一人の癩患者の面倒をみたところ、それは阿閦《あしゅく》如来であったので、寺号を阿閦《あしゅく》寺と改めた、といわれる。

正倉院に伝わる「楽毅《がくき》論」には天平十六年（七四四）十月藤三娘（藤原不比等の三女）と署名があって、皇后の四十四歳のときの書蹟である。雄渾な筆勢に高潔な皇后の人柄をうかがうことができる。

聖武帝の七七日忌にあたる天平勝宝八年（七五六）六月二十一日に遺愛の品々を東大寺に奉納したのも、光明皇后の発願による。「東大寺献物帳」（正倉院御物）に皇后の願文が載っている。それは次のようなものである。

「妾《われ》（光明皇后）聞く、悠々たる三界は猛火常に流れ、杳杳《ようよう》たる五道は毒網これ壮《さかん》なり。ゆえに自在大雄天人師たる仏は法鈎《ほうきん》を垂れて物を利し、智鏡を開いて世を済ひ、遂に攘々《じょうじょう》たる群生をして、寂滅の域《いき》に入り、蠢々《しゅんしゅん》たる命類をして常楽の庭に趣かしむ。故に帰依あれば即ち罪を滅すこと無量にして、供養すれば則ち福を獲《え》ること無上なり。(中略)謹んで以《もっ》て盧舎那《るしゃな》仏に献じ奉る。伏して願はくは、この善因によつて冥助《みょうじょ》を資《たす》け奉り、早く十聖に遊び、普《あまね》く三途を済ひ、然る後に、鑾《すず》を花蔵の宮に鳴らし、蹕《ひち》を涅槃《ねはん》の岸に住《とど》めんことを」

これによって光明皇后の一切衆生を救済しようという熱烈なる信仰の発露から、故帝の遺愛の品々を納めようとする発願の趣旨を明らかにうかがうことができる。

年中行事

年中行事としては四月八日の仏生会《ぶしょうえ》と七月十五日の盂蘭盆会がすでに飛鳥期より行なわれていたが、天平時代にはいよいよ盛んになった。ことに盂蘭盆会は七世の父母に対する報恩のために営まれるものであって、当時の日本人に恩の思想がすでにゆきわたっていたことは注目すべきであろう。

第三章 平安仏教

▼平安仏教の特質

天応元年（七八一）桓武帝即位より鎌倉幕府が成立するまでの、およそ四世紀間を平安時代といい、この時代の仏教を平安仏教とよんでいる。

菅原道真《みちざね》（八四五―九〇三）の献言で寛平六年（八九四）に遣唐使の派遣が廃止になってから延喜七年（九〇七）に唐が滅んだ。以後、宋との交流は多少は認められるけれども、一般的にみて対外関係は閉鎖状態となり、これまで流入した大陸文化を咀嚼《そしゃく》し同化して、固有の文化創造の時期に入るのである。

藤原貴族が全盛をきわめた約一世紀近い時代を主として美術史の方面では藤原時代とよび、またその文化を藤原文化と称している。が、ともかく平安時代はわが国の古典文化、国風文化が形成されたときである。

片仮名と平仮名

たとえば、片仮名および平仮名の発明は国語史上、革命的なことがらである。片仮名は正倉

成実論

灌頂屏風

密教の時代

院と東大寺図書館にある天長五年（八二八）の『成実論《じょうじつ》』十巻にみえるものが現存最古のものとされるが、主として密教の聖教類の訓読みの必要から漢字の略符号として発達したものである。

また、『源氏物語』『枕草子』などのいわゆる王朝文学も、その思想的な背景には密教があることを見落としてはならないであろう。

書道も平安初期には唐風の影響が認められるが、次第に和様の書風が発達した。

日本画の起源をなす大和絵のごときは、もとは密教寺院で灌頂《かんじょう》の際に用いる、いわゆる「灌頂屏風」の山川、花鳥、人物画などより発展した画風である。

そして、平安中期以後の仏教の主潮をなす初期浄土教は、密教的な色彩の濃厚な天台系の浄土信仰を基盤としたものである。平安後期の覚鑁《かくばん》に代表される密教的浄土教は、当然のことながら、密教と浄土信仰とが融合している。

天台宗もまた台密《たいみつ》といわれるように、密教の一つの流れを形成していることを知らなければならない。

従来、平安文化をみる場合に、いずれかといえば密教が欠落していたように思われる。だが、密教を全く切り離して平安文化を語ることはできない。したがって、平安時代は、もしそれを仏教史の立場からするならば、「密教の時代」ともいうことができるであろう。

奈良時代の律令《りつりょう》制政治のゆきづまりを打開し、天皇を中心とする集権政治を確立することをめざしたのが、光仁《こうにん》・桓武《かんむ》朝である。奈良の都をすてて、長岡に遷都したものの、いくばく

奈良仏教との違い

もなくしてこの地をすてて、さらに延暦十三年（七九四）九月、山城国葛野《かどの》郡宇太（現在の京都）に平安京を建設したのは、その間にさまざまに錯綜した政治事情が伏在していたと思われる。宝亀十一年（七八〇）の蝦夷《えみし》の大反乱、地方農村の疲弊、奈良諸大寺経営のための国費の過重負担などが、遷都によって政治を刷新しなければならない直接的なゆえんであった。

そして政権の中心地が奈良を離れたために、おのずから奈良仏教とは異なった仏教のありかたがもとめられたわけである。そうした時代の要請に応えたのが最澄であり、空海であった。しかも、晩唐の成熟した大陸文化を移入した平安初期は、入唐《にっとう》八家に代表されるように、大陸の天台宗と密教がわが国に伝えられた時代である。

奈良時代には仏教は国家的な支配の下にあった。すなわち僧尼令による僧徒の国家統制がそれであり、僧綱制度によって国家の取り締まりを受けていた。しかるに、平安時代に最澄の開いた天台宗と空海の開いた真言宗とは、自主的に宗団組織をつくりあげたものであって、宗団それじたいは一応国家と対置された独立の存在である。この点が、奈良仏教と著しい相違であるといえる。

今日、一般には天台・真言を目《もく》して平安仏教とよんでいる。しかしながら、宗派として成立してはいないけれども、初期の浄土教は平安時代の中期より末期を特色づけているきわめて重要な流れであるから、これをもふくめて平安仏教と称すべきであろう。つまり、同じく平安時代であっても、入唐八家が活動した平安初期約一世紀間は大陸との交流のあった時期で、仏教の主流をなすものは何といっても密教である。

藤原氏全盛の平安中期は初期浄土教の成立期ともいうべきで、空也《くうや》や源信《げんしん》に代表される。また、後期は武士階級の勃興したときで、浄土教の発達期に相当し、浄土信仰は貴族のみならず民衆の生活にも深く浸透した。そして、絢爛《けんらん》たる浄土教美術を生んだのであった。最澄、空海が活動した時代は美術史の方面で弘仁・貞観《じょうかん》時代とよばれる色彩豊かな密教美術の季節でもある。

承和十四年（八四七）、円仁《えんにん》らが帰朝した。円仁は有名な『入唐求法巡礼行記《にっとうぐほうじゅんれいこうき》』の著者として知られ、比叡山に常行三昧堂《じょうぎょうざんまい》などを建立した。この常行三昧堂は不断念仏の道場であって、初期浄土教の重要な発祥となるのである。また円仁は『金剛頂経疏《こんごうちょうきょうしょ》』など多くの密教関係の著作を残している。慈覚《じかく》大師の諡号《しごう》がおくられた。

円仁の後に天安二年（八五八）、円珍《えんちん》らが帰朝した。円珍は空海の俗甥《ぞくせい》にあたる。入唐して、かつて空海が学んだことのある長安の青竜寺に当時住していた法全《はっせん》より密教の両部の秘趣の伝授を受けた。諡号は智証《ちしょう》大師である。

かれら円仁・円珍によって天台宗の密教すなわち台密の基礎ができあがったものとみられている。その後、安然《あんねん》が出て、台密を大成した。安然の教学には空海密教への著しい回帰が認められる。

貞観四年（八六二）、空海の十大弟子の一人の真如親王《しんにょしんのう》が入唐した。親王はインドへ行くことを目的として求法の旅をつづけたが、不幸にして現在のシンガポールの近傍で入滅したと伝えられる。

六波羅蜜寺を建立

延暦寺と園城寺の対立

寛平五年（八九三）三月、在唐中の中瓘《ちゅうかん》が唐はすでに没落してしまったことを伝えてきた。これが直接の動機になって道真が献言し、翌六年（八九四）九月三十日付で、ついに遣唐使が廃止されたのである。その後は、次のとおりである。

承平五年（九三五）、紀貫之《きのつらゆき》が『土佐日記』を書く。

天暦五年（九五一）、空也が六波羅蜜寺を建立した。空也は「市《いち》の聖《ひじり》」と称しただけに、わが国における念仏聖のさきがけをなしている。

なお、この年、京都醍醐寺の五重塔が完成し、また『後撰和歌集』が編集された。

天禄元年（九七〇）、良源は「二十六箇条の起請」をつくった。

永観元年（九八三）、東大寺の学僧、奝然《ちょうねん》が入宋した。翌年、『三宝絵詞《さんぼうえことば》』がつくられた。

寛和元年（九八五）、源信の『往生要集』ができあがる。このころ、『宇津保物語』『落窪物語』が、また少しまえに『蜻蛉日記《かげろう》』が書かれた。

正暦四年（九九三）、延暦寺と園城寺《おんじょうじ》の対立がはじまり、以後、平安後期まで僧兵がしばしば兵戈《へいか》を交える。また長保二年（一〇〇〇）ころ、清少納言が『枕草子』を書いている。『往生要集』は寛和二年（九八六）に宋に送られたが、長保三年（一〇〇一）にまたこの著作を宋に送っている。

長保五年（一〇〇三）、天台宗の寂昭は入宋し、杭州で入滅している。このころ、『源氏物語』の一部ができあがったらしい。翌寛弘元年（一〇〇四）には『和泉式部日記』成る。

寛弘三年（一〇〇六）、藤原道長が法性寺《ほっしょうじ》の五大堂を完成した。さらに治安二年（一〇二二）

に法成寺《ほうじょうじ》金堂《こんどう》が建立された。永承二年（一〇四七）、浄瑠璃寺《じょうるりじ》を創建する。また同六年（一〇五一）、藤原資業《すけなり》は日野法界寺《ひのほっかいじ》を建立した。

藤原貴族の間に浄土信仰が盛んに行なわれた頃より、上下貴賤を問わず人びとの間に末法思想が強く意識されていた。永承七年（一〇五二）に末法の時代に入ったということで、浄土教は末法思想とむすびつき、ますますひろまっていった。

天喜元年（一〇五三）、藤原頼道《よりみち》は宇治平等院の鳳凰堂《ほうおうどう》を建立した。治安二年（一〇二二）に道長が建てた法成寺が康平元年（一〇五八）、全焼した。藤原文化の粋をあつめたこの壮麗きわまる寺院はその後、もとのとおりに再興されたが、しばしば炎上し、ついに文保元年（一三一七）に廃絶するに至った。なお、康平元年ころ、『更級日記《さらしな》』が書かれた。

延久四年（一〇七二）、天台宗の成尋《じょうじん》が入宋《にっそう》し、かの地で永保元年（一〇八一）に入滅した。善慧《ぜんね》大師の謚号をおくられる。

寛治四年（一〇九〇）、白河上皇は熊野に参拝した。以後、上皇はじめ藤原氏は熊野信仰厚く、しばしば参詣している。

永長元年（一〇九六）、石山寺の本堂が落成した。

承徳二年（一〇九八）に法勝寺の塔が完成し、いわゆる「六勝寺」（法勝寺・尊勝寺・円勝寺・最勝寺・成勝寺・延勝寺）が久安六年（一一五〇）までに次つぎと建立された。これらは法成寺と同様に藤原文化を代表する大寺院であったが、承久・応仁の乱ですべて廃寺になった。平泉の中尊寺金色堂が建立されたのは大治元年（一一二六）で、この年にはまた『金葉和歌集』が編集された。

密教に浄土教信仰を取入れ、後の高野聖《こうやひじり》の基礎がためともなった覚鑁《かくばん》は高野山で空海の教学を復興し、康治二年（一一四三）に紀州根来寺《ねごろじ》で入滅している。

久安四年（一一四八）、大原三千院本堂が完成し、阿弥陀三尊像が安置された。

以上は平安時代を年表的に概観してみたものである。

遣唐使廃止後は大陸の仏教が直接わが国に流入することがなくなり、また国内的には藤原貴族の専制政治の時代に移行した。そうしたかれら貴族たちの耽美的な趣向にかなったのが浄土教信仰であり、それは次第に仏教の主流をなすに至る。空也はそうした風潮のなかで、民衆に念仏をひろめ、みずから称して「市《いち》の聖《ひじり》」といったといわれるように、市中を念仏行して歩いた。また、源信の『往生要集』は地獄と極楽の様相を克明に描ききり、壮大な仏教文学ともいうべきものであって、当代の浄土教信仰の最大の産物であるといってよい。

平安中期以後のわが国思想界で注目すべきは末法思想であろう。末法は正《しょう》・像《ぞう》・末《まつ》の三法の一つで、すでに仏教が衰滅してしまった「世の終わり」をさす。思想史的にみると、この末法思想すなわち時代の危機意識はやがて来たるべき、新しい鎌倉時代の仏教をもたらす原動力になったわけである。

もちろん、平安時代の全期を通じて、天台・真言の密教が文化を特色づけ、いわゆる国風文化の創造にあずかって大きな力となったのである。

以上により、平安仏教をみるについて、最澄と空海、密教芸術、南都仏教、天台宗・真言宗の発展、浄土信仰、平安貴族と仏教、神仏習合、民間仏教を主なテーマとして取りあげることにしたい。

▼天台宗――最澄

天台宗の由来

多くの宗派の母体

日本天台宗の開祖最澄（七六七―八二二）と、真言宗の開祖空海（七七四―八三五）は平安仏教界を代表する二大巨匠であることはいうまでもない。一方は比叡山を開き、他方は高野山を開いたのでも知られるように、両者はまことに著しいコントラストをなしており、いわば世紀のライバルともいえよう。

空海の真言密教は一箇の完成された体系をもち、必ずしもその後の新しい歴史的、思想的展開は認められないけれども、大陸から移入した仏教が民間に定着していった場合に、数百年にわたり、あるいは現代にいたるまでに仏教が民俗化していった過程でいわば媒介的な役割を果たしたのは密教であった。

また、天台宗は平安中期以後、浄土教を生み、さらに鎌倉時代に現われた多くの宗派の母体となっているのである。

真言宗が潜在的な性格をもつとすれば、天台宗は顕在的な性格をもつ、ということができるであろう。

現在でも全国的にみて、天台・真言の両宗の寺院は鎌倉諸宗派に伍して、ほぼそれらに匹敵するほどの寺院にのぼるのは、鎌倉時代以降、今日にいたるまでに、これらの両宗が民衆生活と民間信仰に密着した活動を行なってきたからであって、歴史的な発達過程をたどるとき天台・真言を直ちにまるまる貴族仏教とみなすことは正当でない。

さきにみたように、天台宗は隋代に智顗《ちぎ》（五三八―五九七）が大成したもので、中国仏教の一宗派である。智顗が修禅した浙江省《せっこう》の天台山の名にちなんだ宗名である。智顗は慧思《えし》より一心三観《いっしんさんがん》の修観を授かり、これにもとづいて『法華経』の趣旨とするところを解した。さらに、智顗の教学に羅什《らじゅう》系の中観《ちゅうがん》哲学が織りこまれており、きわめて実践的である点に、法相《ほっそう》や三論《さんろん》にくらべて天台の特色が認められるといえよう。

智顗以後、天台宗はあまり振るわなくなった。玄奘《げんじょう》が世親《せしん》系の唯識哲学を訳伝し、それにもとづいて玄奘の弟子の窺基《きき》（慈恩大師）が法相宗を開いた。奈良時代には、この法相宗が六宗の一つとして盛んに研究されたわけである。最澄が直接的な論敵としたのは、奈良の法相宗であったことからも知られるように、当時、もっとも有力なのが、この法相宗なのであった。

中国では智顗の後に湛然《たんねん》（七一一―七八二）が天台宗を再建した。湛然が活動した江南地方に天台宗がひろまったので、その地方で鑑真《がんじん》・法進《ほうしん》・思託《したく》らが天台の教学を学び、多数の天台関係の典籍をわが国にもたらしたことはすでにみたところである。しかし、奈良時代にはついにわが国では天台宗はまだ一派をなすにいたらなかった。

最澄は近江国滋賀《おおみのくにしが》の三津首《みつのおびと》氏の出身である。伝えによると、三津首氏は、後漢の孝献帝の末孫にあたる登万貴王にはじまるといわれ、わが国に渡来して近江の地方に住みついた倭漢《わかん》氏族である。

行表に師事

　最澄の父の百枝《ももえ》は敬神崇仏の念のあつい人であったといわれるから、最澄は仏教にゆかりの深い家庭に育ったであろうことが知られる。生誕については諸説がある。そのうち、神護景雲元年（七六七）八月十八日生まれというのが、今日、通用されているようである。幼名は広野《ひろの》。十二歳で近江国の国分寺の行表《ぎょうひょう》（七二二―七九七）に師事した。行表は大安寺の道璿《どうせん》の弟子である。

　道璿は律を伝えたが、天台・華厳にもくわしかったといわれるから、行表もまた道璿から天台を学んだことと思われるし、当然のことながら、行表の天台は最澄にも影響するところがあったものと思われる。

最澄（観音寺蔵）

東大寺の戒壇院で受戒

比叡山にこもる

　延暦四年（七八五）四月、最澄は奈良に赴き東大寺戒壇院で受戒した。これは鑑真がはじめたところである。最澄は三ヵ月ほどして七月には比叡山にこもった。このようにして、南都に滞在する期間は短かかったけれども、鑑真らが伝えた天台の典籍にもふれる機会があったかも知れない。

　なお、奈良に三ヵ月ほどいて引きあげた最

澄と、入唐前に数年間も奈良で勉学と修行にいそしんだ空海とでは、対奈良仏教の点で決定的な差異を生ぜしめることになるのであって、これについては天台・真言を対比する際に改めて取りあげることにしたい。

ともかく、最澄は延暦四年、十九歳のとき比叡山に登ってまもなく、『発願文《ほつがんもん》』の筆をとったのであった。

「悠々《ゆうゆう》たる三界は純《もは》ら苦にして安きことなく、擾《じょう》々たる四生《ししょう》は唯患《うれい》にして楽しからざるなり。牟尼《むに》の日久しく隠れて慈尊の月いまだ照さず。三災の危《あやうき》に近づき五濁《ごじょく》の深きに没《しず》む。しかのみならず、風命《ふうみょう》保ち難く、露体消えやすし。草堂楽しみなしと雖も、然《しか》も老少白骨を散じさらす、土室闇くせましと雖も、貴賤魂魄《こんぱく》を争ひ、宿す。彼をみ己をかへりみるに此の理必定せり。仙丸いまだ服せず遊魂留め難し。命通未だ得ず死辰いつとか定めん。生ける時善をなさずんば、死する日獄《ごく》の薪《たきぎ》とならん。得難くして移り易きはそれ人身なり。発《おこ》し難くして忘れ易きはこれ善心なり……

ここにおいて、愚が中の極愚、狂が中の極狂、塵禿の有情、底下の最澄、上は諸仏に違し、中は皇法に背《そむ》き、下は孝礼をかく。謹みて迷狂の心に随ひ、三、二の願を発《おこ》す……伏して願くは、解脱の味《あじわい》独《ひと》り飲まず、安楽の果独り証せず。法界の衆生と同じく妙覚に登り、法界の衆生と同じく妙味を服せん。もし此の願力に依りて六根相似の位に至り、もし五神通を得ん時、必ず自度を取らず、正位を証せず、一切に著せざらん。願くは必ず今生無作無縁の四弘誓願に引導せられて、周《あまね》く法界を旋《めぐ》り、遍ねく六道に入り、仏国

比叡山寺を建立

宮中の内道場に出仕

一切経の書写

法華十講

土に浄《きよ》め衆生を成就し、未来際を尽すまで恒に仏事をなさん」。

これは奈良仏教と訣別することを表明したきびしい言葉であるとともに求道の不屈のこころざしをのべた言葉であって、まさしく日本仏教史上における画期的な宣言であるというべきである。

『発願文』以後の最澄は智顗の『摩訶止観《まかしかん》』『法華玄義《ほっけげんぎ》』『法華文句《もんぐ》』の、いわゆる天台三大部の書写、研讃に専念した。そして、延暦七年（七八八）、二十二歳のとき、山上の草庵を改めて比叡山寺《ひえいざんじ》を建立して、薬師如来像を安置したのであった。これがためには近江地方の秦氏《はた》一族の援助があったとみられている。

延暦十六年（七九七）、最澄は桓武帝の信任をえて、内供奉《ないぐぶ》、すなわち宮中の内道場に出仕する学徳兼備の仏者に列せられた。そして、近江国の正税をもって比叡山寺の経営にあてることにした。最澄を桓武帝に近づけたのは同じく内道場に出仕していた供奉僧《ぐぶそう》の寿興《じゅこう》であろうと推定されている。寿興がさきの『発願文』をみて、最澄の不世出《ふせいしゅつ》の才を認めたことはあったにせよ、秦氏一族が最澄の活動に対して有力なパトロンとなったことは疑いえない。

比叡山を新しい時代の仏教の中心地とし、平安京の社会の要請に応えるためには、さまざまな準備をしなければならない。そのためになすべきものには第一にまず一切経の書写事業がある。この事業完遂の最澄の念願を果たすために協力したのが、大安寺の聞寂《もんじゃく》であり、また東国の道忠であった。

延暦十七年（七九八）十一月、天台教学の基礎がために法華十講を開いた。これは通常、『法

南都七大寺の学匠十人を招く

高雄山寺で天台三大部を講演

華経』八巻を八座にして、開経の『無量義経』と結経の『観普賢経』とをそれぞれ一座とするので、あわせて十座に講ずるものである。

越えて延暦二十年（八〇一）十一月、南都七大寺の学匠十人を招いて『法華経』一部十巻を一人一巻ずつ講義した。これは最澄が南都仏教の『法華経』研究をテストしたものとみられている。この講義を聞いて最澄はおそらく、『法華経』研究の自信をふかめたにちがいない。後に最澄が入唐したとき、天台山に登って示した『屈十大徳疏』十巻は現存しないが、これはこのときの聴講ノートともいうべきものとみられる（勝野隆信著『比叡山と高野山』）。おそらくそうだと思われる。

延暦二十一年（八〇二）七月、和気弘世《わけのひろよ》（生没年不詳）の請《こ》いで、高雄山寺で天台三大部を講演した。世にいう「天台講演」である。最澄が十九歳で比叡山にこもってから初めての下山であった。弘世は道鏡事件で有名な清麻呂《きよまろ》（七三三―七九九）の子である。清麻呂は清節の士で、奈良仏教を粛清したことであまりにも有名である。が、決して排仏主義者ではなく、河内に神願寺を建てている。後にこれを高雄山に移して高雄山寺とした。また神護寺ともよばれ、和気氏一族の氏寺である。長岡京より現在の京都の地に都を遷《うつ》すことを桓武帝にすすめたのも、じつに清麻呂であった。そしてまた最澄を桓武帝に推薦したのも清麻呂である。

弘世の弟の真綱《まつな》（七八三―八四六）も熱心な仏教信者であり、弘世・真綱は最澄のみならず、後に空海をも援助することを惜しまなかった。わが国の正史が和気氏兄弟を、天台・真言の興起、流布に尽くした者と記しているのは、まさしく当を得ている。

高雄山寺の「天台講演」は成功裡《り》に終わり、桓武帝はいたく嘉《よみ》された。南都仏教を代表する善議（七二九―八一二）の帝への謝表に「その中に説くところの甚深の妙理は七箇の大寺、六宗の学生、いまだ聞かざりしところ、かつて未だ見ざりしところなり」とあるのは、南都諸宗に対する天台教学の卓越性を率直に認めさせたものである。

入唐前後

「天台講演」を支援したのは和気弘世であるが、平安京に新しい教権を確立することは旧都奈良の仏教に対抗し、奈良仏教を超克することによって新京の政治権力をかためるために必要であったからであると思われる。最澄の弟子の光定が『伝述一心戒文』に記すところによれば、この「天台講演」は桓武帝の発願によるものだとするが、おそらくそうであったであろう。

当時の奈良仏教界では三論宗と法相宗とが相互に論議をたたかわし、優劣をきそっていた。三論宗はすでにみたように、竜樹《りゅうじゅ》の『中論』『十二門論』および提婆《だいば》の『百論』を所依の論典とした宗派である。インドの中観派の系統をついだもので、空の哲学を説いている。これに対して、法相宗はインドの唯識派の系統をついだ宗派で、主として世親《せしん》の教学を論拠とし、護法《ごほう》の『成唯識論』を用いる。そして、この宗派は唐代に玄奘の高弟の窺基《きき》によってはじめられたものである。

中観派と唯識派とはインド大乗仏教の二大学派として知られているけれども、それは論書によってたつ学派であって、釈尊の金口説法である経典によらないものであった。このような論書によってたつ三論と法相とが哲学理論の優劣をめぐって論争をくりかえしているときに、桓武帝の前に彗星《すいせい》のように現われたのが、比叡山寺の最澄であった。最澄がこれまでに研鑽してきた天台教学は論書によらず、『法華経』という経典を権証とする。しかも、この天台教学は奈良時代に鑑真らによってわが国に伝えられたが、いまだ世に行なわれていないものであった。ところが、いっぽうまた、奈良仏教の最高の教権は東大寺毘盧舎那仏に具現された『華厳経』であるが、最澄がその生涯において『華厳経』に対する『法華経』の優位を主張することがついになかったのは何を意味しているものであろうか。最澄入滅後、ライバルだった空海が天長七年（八三〇）に『秘密曼荼羅十住心論《ひみつまんだら》』と『秘蔵宝鑰《ひぞうほうやく》』を著し、そこで第八住心に天台法華一乗を、第九住心に華厳宗をあてはめて、いわゆる華天《けてん》両一乗の間に優劣のあることを明示したことを思えば、この問題は歴史の謎として問われなければならないであろう。

最澄の天台宗は『法華経』を中心として円・密・禅・戒の四宗融合をはかったものであったにもかかわらず、入滅後、円仁・円珍の教学は著しく密教に傾斜して、いわゆる台密が大成された。そして安然にいたって、ついに空海の真言密教に大きく回帰している。

このことは同じく経宗である華厳宗との対決がなされぬままで終わった最澄の天台法華一乗がたどった歴史的な運命であったとみることができるのではなかろうか。

最澄は入唐帰朝後、三論・法相の論宗に対する批判から、さらに戒壇院をめぐる戒律問題に関する理論闘争に終始し、天台法華一乗と華厳一乗との対決にまで及ばずして、生涯を閉じたものとみなければならない。

ともあれ、天台法華一乗の典拠とする『法華経』についていえば、聖徳太子―鑑真―最澄をむすぶ線において意識されたであろう桓武帝の、最澄に対する異常な期待を思わずにいられない。いわば、新京の権威を新しい教権によって裏づけ強化することは、かつて聖武帝が奈良朝の統一国家の意思表示として、東大寺毘盧舎那仏を建立したのと対比することができるであろう。

「天台講演」はやがて最澄の入唐求法につながるのであるが、天台宗の開宗は桓武帝の発願であるという意味において、入唐求法はあくまでも最澄の立場が受動的であるのに対して桓武帝が能動的である点に、われわれはふかい興味を覚えるのである。

入唐まで

延暦二十一年（八〇二）七月に「天台講演」があって、この年九月に早くも最澄は入唐を請う上表文を桓武帝に差出している。入唐は最澄独自の意思というよりも、むしろ桓武帝の要請するところであったとみるべきかも知れない。

還学生

従来の南都諸宗は論を主とし経を従としているとして、最澄は暗に三論宗、法相宗を批難し、天台宗の智顗《ちぎ》は論をしりぞけて経をたてている。経が主で論が従であることは当然である。しかし、これまでわが国に伝えられた天台の典籍は書写の際に生じた誤まりがあって不正確だから、わたくしは本場の唐へいって、ぜひ正しい天台の典籍を伝え、師伝をえたい。上表文にはこのように入唐求法の目的を明確に述べ、そのために留学生《るがくしょう》と還学生《げんがくしょう》とをそれぞれ一名あて認可していただきたい、とある。

当時、遣唐船で入唐し、大陸で勉学する者に留学生と還学生とがあった。前者は場合によっては二十年あるいは三十年というように長期間にわたって滞留し、研鑽に励むものであり、後者は短期間かの地を見学視察してくる程度のものである。

この上表文に対して、朝廷は円基と妙澄との二人を天台法華宗留学生に任命した。最澄とこの二人との関係は明らかでない。二人の帰国後の消息も明らかでないところをみると、奈良仏教の学匠であったのかも知れない。最澄は入唐請益《しょうやく》天台法華宗還学生に任命された。このように朝廷の公文書に「天台法華宗」とあるのは、すでに最澄の立場すなわち天台宗という新しい宗派の存在が承認されたことを意味するものである。

訳語僧を同行

さらに最澄は弟子の義真（七八一―八三三）を訳語僧としてつれてゆくことを乞い、許可があった。その上表文に義真のことを「幼より漢音を学び、ほぼ唐語を習へり」といっているように、唐語の会話ができる義真をともなうことになったわけである。訳語僧というのは通訳をする僧のことである。

最澄の出身の三津首《みつのおびと》は帰化系の倭漢氏族の末裔《まつえい》であるが、最澄じしんは唐語に通じていなかったようである。ともかく還学生に選ばれた最澄にはときの皇太子――のちの平城帝――が渡航費用として金銀数百両を支給した。あわせてまた大乗経典三部をふたとおり書写させ、一部を比叡山におさめるとともに、一部を唐の天台山におさめるように、最澄にこれを託している。想像の限りを出ないが、この大乗経典三部というのは桓武帝と皇太子とほか一名を願主とした三部の『法華経』であったと思われる。

入唐

暴風雨で引き返す

翌延暦二十二年（八〇三）四月、遣唐大使藤原葛野麻呂《かどのまろ》（七五五―八一八）一行とともに最澄は摂津国難波《せっつのくになにわ》の港を出発した。不幸にして途中で暴風雨にあって船に損傷をきたしたため、葛野麻呂は京に引きかえし、最澄は九州太宰府にとどまって再起を待つことにした。このとき、弘法大師空海が同船していたかどうかは明らかでない。のちに述べるようにおそらくこのときの乗船名簿には空海の名は記されていなかったものと思われる。もし暴風雨にあってこの遣唐船の出発が延期されることがなかったならば、空海が入唐して青竜寺の恵果にめぐりあって、密教の大法を伝え受けることはなかったはずである。

再び唐へ

延暦二十三年（八〇四）五月十二日に葛野麻呂は再び旅装をととのえ、四船団をもって編成された遣唐船に乗って難波を発った。

この遣唐船団は内海を通って北九州のおそらく博多に寄港して南下し、肥前国田ノ浦で船団をととのえて七月六日に遙か遠く大陸の唐をめざして出帆したのであった。第一船には葛野麻呂と副使石川道益《いしかわのみちます》、それに空海、橘逸勢《たちばなのはやなり》（？―八四二）らが同乗し、第二船には判官菅原《すがわらの》清公《きよなり》が乗っていた。先年、九州で待ち合わせていた最澄は第二船に乗船していた。当時の遣唐船の乗員編成がどのようにしてなされたか明らかでない。が、最澄が第二船に乗ったのは還学生として大使葛野麻呂に準ずる待遇が与えられたということと、大使が長安に向かうのに対して最澄は天台山に向かうという入唐の目的地を異にしたこととの二つが考えられる。

翌七日に、早くも暴風にあって、船団は四散した。第二船は九月一日に明州《みんしゅう》の寧波府《にんぽうふ》に到着した。

道邃につく

最澄は長安に向かう菅原清公の一行を見送ってから、九月十五日に目ざす天台山に向かって出発したのであった。台州に着いたとき、陸淳《りくじゅん》が天台山の道邃《どうずい》（生没年不詳）を竜興寺に招いて、『摩訶止観』の講義をしている最中であったことはまことに幸運であった。道邃は中国天台宗の第六祖湛然《たんねん》の門下で、湛然に『摩訶止観』などを学び、貞元十二年（七九六）天台山国清寺に住した。そして、そこで学徒に天台三大部を授けること九年にして竜興寺に移っている。竜興寺で入寂したが寂年は明らかでない。

『摩訶止観』は智顗の講述したもので、三大部（『法華玄義』『法華文句』『摩訶止観』）の一つで、十巻ある。天台宗の観心《かんじん》を説いた重要な論書で、修行の方途を知るのに欠くべからざるものとされている。

台州録

州の長官であった陸淳は最澄に紙四千帖をおくり、また写経生二十人に書写させた百二十部三百四十五巻を与えた。このとき最澄は『日本国求法僧最澄目録』を作った。これが世に『台州録』とよばれる目録である。

行満につく

ついで最澄は天台山にのぼって国清寺の行満《ぎょうまん》を師と仰いで、天台の教学の研鑽に打ちこんだのであった。行満もまた湛然の門下で、師の滅後は天台山の仏隴寺に住し、ついで国清寺に移っている。『涅槃経疏私記』十二巻、『涅槃経音義』一巻などの著書がある。最澄には『天台章疏』八十二巻と手書《てがき》とを与えられたと伝えられる。

天台法門の中興の祖と仰がれる湛然門下の道邃と行満との両人から学ぶことができた最澄は、入唐当初においてすでにその目的が達せられたともいえよう。天台山に一カ月滞在したのち、竜興寺にもどって再び道邃に師事した。そして、最澄と義真とは道邃から大乗菩薩戒を受けている。

大乗菩薩戒を受く

このようにして在唐中、最澄は道邃から天台法門を学び、また道邃の影響をもっとも多く受けたことが知られる。大乗菩薩戒を授けられたことは、帰国後、比叡山に大乗戒壇を建立することを志して南都仏教側と後半生をかけて相争うことになるのであって、最澄の運命を決定づけるものである。

帰国

順暁より密教を学ぶ

台州を去って、いよいよ帰国の遣唐船を待つために貞元二十一年（八〇五）三月二十五日明州に到着した。四月一日には福州から回航した遣唐船の第一船が明州の港に入り、三日には長安を発った葛野麻呂一行も明州に着いた。葛野麻呂一行が長安に空海と橘逸勢との二人を残して出発したのはこの年の二月十日のことである。葛野麻呂と再会した最澄は長安における空海らの消息をこのときつぶさに伝え聞いたにちがいない。

明州を遣唐船が出帆して帰国の途につくのには、準備などもあって、まだ一カ月半ほどの間《ま》があった。そこで、最澄は越州に行って典籍をもとめた。その地の竜興寺にいた順暁について四月十一日より十九日まで密教を学び、密教関係の典籍百二部、百十五巻を写経生らの助力をえて書写し、密教法具七点をえたのであった。

空海が長安にあって青竜寺の恵果についたのは、この年の六月である。しかし、それ以前からそうしたことの準備もあって長安で密教を学んでいたかも知れない。そうしたことや、長安に密教という新仏教が行なわれていることなどを葛野麻呂らが最澄に話したのであろうか。ともかく、最澄は帰国の間際に急拠、順暁から密法を授かったわけである。

このとき、越州で蒐集した経典類、法具の目録は「越州録」に記されているが、最澄が越州にゆくことがなければ、天台宗の密教は開かれなかったわけである。

高雄山寺で伝法灌頂を開壇

順暁は空海の『略付法伝』に記すアモーガヴァジラ（不空金剛）の六名の付法の弟子のうちには入っていない。おそらく最澄は順暁から正統の密教を授からなかったのであろう。それがために最澄は帰国後、空海に弟子の礼をとって高雄山で灌頂を受けることになるわけである。

五月十八日明州を発ち、六月五日に対馬に到着、七月一日には大使の帰朝報告、同四日には最澄の報告が行なわれ、引きつづき十五日には「台州録」「越州録」に記す将来目録と進官録とが差し出された。

将来したものは典籍二百三十部四百六十巻、ほかに密教図像、法具類である。

最澄の帰国は朝野をあげて歓迎するところであったが、わけても桓武帝のよろこびはただならざるものがあった。すぐに和気弘世に命じて、将来した天台の典籍を書写したものを南都の七大寺に配し、南都を代表する道証《どうしょう》、修円《しゅえん》、勤操《ごんぞう》らをして、野寺《のでら》の天台院で天台の教学を学ばせた。

また延暦二十四年（八〇五）九月一日、高雄山寺《たかおさんじ》で伝法灌頂《でんぽうかんじょう》を開壇し、道証、修円、勤操らが最澄より受灌した。これも桓武帝の勅命によるものである。

「真言の秘教等いまだこの土に伝ふることを得ず、然るに最澄、幸ひにこの道を得、まことに国師たり云々」という桓武帝の言葉のはしばしに、最澄に対する信任のほどがうかがわれる。ここに真言の秘教というのは、在唐中に最澄が順暁から授かった密教をさす。

九月十六日に伝法公験《くげん》が治部省より最澄に与えられているのは、この頃、京の西で再び灌頂が行なわれたことに対してのものであり、翌十七日には宮中で密法を修している。

このように新帰朝者の最澄が、密教の伝持者として珍重されていることは注目してよいであろう。

年分度者二名を上表

延暦二十五年（八〇六）正月二十六日、南都六宗のほかに天台宗を加え、天台法華宗二名の年分度者をたまわるように上表した最澄に対して、その許可があった。この天台法華宗二名のうち、一人は遮那業《しゃなごう》で『大日経』を専攻し、他の一人は止観業《しかんごう》で『摩訶止観』を専攻するものである。

遮那業と止観業

これをもっても知られるように、天台宗はその出発点において密教と天台法門とを並列させている。

天台宗が公認されたこの年三月十七日、桓武帝が崩御した。また、この年秋、空海が帰朝し、太宰府にとどまっている。

しばらく最澄の活動が歴史の表面から消えたかに思われる七、八年間は、新帰朝者の空海が入れかわったように、はなばなしく歴史の表舞台に登場しはじめたときである。

九州へ旅行

最澄は弘仁五年（八一四）春、九州の旅にのぼっている。北九州の神々に入唐求法を果たした、いわばお礼参りであるが、同時にまた、天台法門を地方に流布するための準備でもあったにちがいない。ついで弘仁六年（八一五）秋より翌年にかけて東国地方に旅をつづけ、道忠（生没年不詳）にゆかりの上野の緑野《みとの》寺と下野の小野寺に『法華経』千部を奉納する宝塔を建立したりしている。筑紫には観世音寺があり、東国には下野薬師寺がある。ともに東大寺とともに日本三戒壇とよばれる戒壇があって、地方の仏教の一大拠点であった。ときを期せずして、空

東国地方へ旅行

海もまた弟子たちを遣《つか》わして北九州に、あるいは東国に真言密教を流布せしめるべく、着々とその布石を敷いている。

弘仁六年（八一五）八月、和気真綱の招きで最澄は南都におもむき、大安寺の塔中院で天台法門の講演を行なったが、このとき、南都の学匠たちとまっこうから衝突して、すさまじい論戦が展開されたのである。

徳一との論争

『日本後紀』の弘仁七年（八一六）三月二十一日の条によれば、最澄は嵯峨帝に『天台霊応図本伝集』十巻、『新集聖教序』三巻、『涅槃経師子吼品』一巻を献上している。いっぽう、空海は大同四年（八〇九）十月四日に世説の屏風を書いて献上して以来、嵯峨帝と特別に親交を重ねて、いくたびか将来品の献上を行なってきたのであるが、帰朝後十二年たった今時分にどうして、このような挙に出たのであろうか。

空海に対する対抗意識とともに南都仏教への挑戦が伏線となっていることはいうまでもないであろう。天台宗を確立するためには、是が非でも比叡山上に大乗戒壇を建立しなければならない。

帰憑天台集

『依憑《えひょう》天台集』の弘仁七年序によれば、南都の諸宗はもとより、真言をも批判して、天台法門こそ天竺（インド）以来の正統仏教であるゆえんを明らかにしている。空海はおそらくこの最澄の仏教批判を知って胸中に秘かにおさめるところがあったにちがいない。この年七月には空海に高野山開創の勅許が下っていることも想起しておいてよい。

照権実鏡を著す

翌八年（八一七）二月、『照権実鏡』を著した。陸奥の法相宗の学匠、徳一《とくいつ》（七六〇？—

八四〇?)の『仏性鈔』を批判したもので、徳一が『法華経』を方便説にすぎないと判じたのに対して、仏教の究極は一乗か、それとも三乗かと問いかけて十ヵ条にわたって法相教学を論難したものである。徳一は東国に君臨し、菩薩とまで尊称された人で、前年に空海は弟子の康守を徳一のもとに遣わして、真言密教の布教に助力するように依頼している。そのときの空海の書翰には次のようにある。

「(前略)空海、大唐に入って学習する所の秘蔵の法門、その本いまだ多からず、広く流伝すること能《あた》はず、衆縁の力に乗じて書写し弘揚せんと思欲《おも》ふ。所以《ゆえ》に弟子康守を差《つかわ》して彼の境に馳《は》せ向はしむ。伏して乞ふ、彼の弘通を顧みて、助けて少願を遂げしめば幸甚、幸甚云云。

沙門空海、状上

四月五日

陸州徳一菩薩法前　謹空

名香一裹《ひとつつみ》、物軽けれど誠重し。撿至せば幸とす。重空」

最澄にとって最大のライバルの一人は徳一であった。東国にはかつて二千巻の一切経書写に助力して、これを最澄のもとに送った道忠のごとき人物もいたが、また、徳一のような強敵も存在したのである。『守護国界章』九巻、『法華秀句』五巻のごときは、いずれも一三権実の問題を取り扱った著作であるが、当面の論敵は徳一であったところをみれば、最澄が天台宗を確立するために、いかに法相宗を折伏するのに腐心したかが窺われよう。

南都仏教との論争

大乗戒を主張

さらに最澄は弘仁九年（八一八）に、かつて東大寺戒壇院で受けた二百五十戒を破棄することを宣言した。「一乗、三乗の別があるように戒律にもまた、大乗戒と小乗戒がある。わたしは在唐中に、道邃より師資相承の大乗菩薩戒を授けられた。一乗をもって宗旨とする者はすべからく、戒律もまた大乗戒によるべきである」というのが、その趣旨とするところである。

従来、わが国では鑑真がかつて伝えた四分律にもとづく二百五十戒の具足戒を受けて、一人前の仏者となることができたのであるが、最澄はこれをもって小乗戒であるとして退け、五十八戒の大乗菩薩戒を新たに創唱したのである。これは南都戒壇に対する公然たる挑戦にほかならない。

学生式

最澄はみずからの主張をつらぬくために、『天台法華宗年分学生《がくしょう》式』を弘仁九年（八一八）五月十三日に書きあげて、嵯峨帝に上奏した。この学生式は、よく知られている「国宝とは何物ぞ、宝とは道心なり。道心あるの人を名づけて国宝となす」という言葉にはじまっている。

そしてこの月二十一日に天台学生の年分度者を乞う旨を記して再び上表した。それにはまた毎年三月十七日の桓武先帝の御国忌《みこき》に年分度者の得度式を許可していただきたい、とある。さきの学生式は天台法門の学生を養成すべき六カ条の条文をつらねているので、六条式ともよばれている。

六条式

当然のことながら、奈良の僧綱制度の変革をせまったものであるから、朝廷はこれらの上奏

八条式

四条式

出家学生式

顕戒論

に対して沈黙をまもるのみであった。そこで最澄はさらに重ねて八月二十七日に『勧奨《かんしょう》天台宗年分学生式』をもって上奏した。これは六条式を敷衍してあるもので、八条よりなるから、通常、八条式とよんでいる。これに対しても朝廷からは何らの回答がなかった。そこで、翌十年（八一九）三月十五日、『天台法華宗年分度者回《え》小向大式《しょうこうだいしき》』を書いて、上奏した。これは四条よりなるので、四条式といっている。

以上の六条式と八条式と四条式をあわせたものを、普通『山家《さんげ》学生式《がくしょうしき》』と名づけている。『梵網経《ぼんもうきょう》』にもとづく大乗戒は菩薩戒であって、それはすなわち在俗の者に対する戒で、出家修行者たるべき大僧の戒ではない。しかるに最澄が主張するところはこの大僧戒は菩薩戒であるべきで、四分律にもとづく南都の大僧戒は小乗戒だときめつけているのは、仏教の正統的な戒律観に違逆するもはなはだしい、というのが南都仏教側の云い分である。

弘仁十年（八一九）五月十九日の「僧最澄の奉献せし天台の式ならびに表の教理に合わざるを奏するの事」は朝廷の下問に対して南都側が上奏した公式文書であって、南都仏教の代表者たる護命はじめ六名が署名している。

これに対して最澄は翌十一年（八二〇）二月二十九日に『顕戒論』三巻、『内証仏法相承《ないしょうぶっぽうそうじょう》血脈譜《けちみゃくふ》』一巻、「顕戒論を上《たてまつ》る表」をもって上奏した。これは翌年、朝廷から南都僧綱にまわされたが、何らの応答もないままに時がすぎた。僧綱の最澄批判に対する逐条的な再批判は南都側として果たしてどのように受け取られたのであろうか。

戒律問題で最澄と南都側とがしのぎをけずって理論闘争をくりかえしていたこのころ、空海はひとり黙々として高野山開創の基礎がためをしていたのである。

仏教の歴史は大きく時代の転換期にさしかかっていた。最澄は大乗戒壇建立の夢を託して最後に弘仁十二年（八二一）三月、『顕戒論縁起』二巻を書きしるして朝廷に差し出した。それは入唐以来、今日にいたるまで、主として大乗戒壇建立に関する諸種の資料を集成したものである。これに対しても、朝廷は何らの応答がなかったところをみれば、南都側の黙殺した態度がそのまま回答となっていたともみられよう。

さきにみたように、東国の徳一に対して、この年『法華秀句《しゅうく》』五巻を著して反撃をこころみている。

入滅

入滅後に大乗戒壇建立の勅許

十二年間籠山修行

延暦寺と改める

弘仁十三年（八二二）四月、十四人の弟子たちに、

「ただわれ鄭重にこの間に託生し、三学を習学して、一乗を弘通せん。もし心を同じうする者あらば、道を守り道をおさめて相思うて相待て」

と、永劫の誓願を伝え、六月四日に比叡山の中道院で孤高の求道者の一生を閉じた。時年、五十六歳であった。

十二日に嵯峨帝より大乗戒壇建立の勅許が下った。また毎年三月十七日の先帝御国忌《みこき》に得度せしめ、十二年間籠山して修行すべきことが許された。翌年、比叡山寺を延暦寺と改め、官寺に加えられたのである、三月三日に藤原三守《みもり》と伴国道《とものくにみち》とが延暦寺別当に任ぜられている。この二人は因縁あって空海とも親交があったことは、のちにみることにしたい。

この月十七日の御国忌にはじめて天台法門の年分度者二名の得度があり、四月十四日には光

大乗戒の実施

大師号を下賜

定ら十四名が義真から大乗戒を受けた。ここに名実ともに、最澄の終生の念願とした大乗菩薩戒の実施をみたわけである。戒壇院はそののち、天長四年（八二七）五月に建立されたが、これまた空海と深い交わりのある良峯安世《よしみねのやすよ》の尽力によるものであることを注目したい。

いわば空海は間接的にもせよ、最澄の遺業をさまざまのかたちで支援したとも解することができよう。空海の対南都仏教の方策とともに、対天台宗の態度は、われわれにとって、はなはだ興味あるところである。

貞観六年（八六四）正月十四日、天台座主義真のあとを継いだ三世座主の円仁が入寂したので清和帝は大師号を下賜するという内示があった。このとき、円仁の弟子の相応が上奏して、宗祖の最澄に大師号を下賜し、あわせて円仁に下賜されるように上奏した。貞観八年（八六六）七月十四日に最澄には伝教大師、円仁には慈覚大師の諡号が下されたのであった。すなわち最澄入寂後、半世紀近くたった時のことである。

最澄の高雄山寺の受灌と弟子の泰範《たいはん》問題については、空海について述べる際に取りあげることにする。

以上みたように、最澄の生涯は天台法門の求道者として貫かれており、南都仏教との論争はわが国の思想史上においても類例をみないほどの激烈なものであった。一三権実《いちさんごんじつ》の問題はその後数百年にわたって日本仏教史の流れのなかでながい軌跡を引いている。その思想史的な意義については筆を新たにしなければならない。

▼真言宗――空海

真言宗の由来

咒的な密教経典の中国における翻訳は古く、すでに三世紀には中央アジアの地方から密典が伝わっている。インドで四世紀に入ってグプタ朝が出現してからは、攘災招福のいわゆる雑密《ぞうみつ》経典が盛んに中国にもたらされるようになった。

インドの密教

インドにおいて組織的な密教経典が成立したのは六世紀後半から七世紀にかけてである。

インド密教が体系的な組織をもつようになったのは、ヒンドゥー教の復興と内面的関連があり、また曼荼羅《まんだら》が大成されたのは諸王朝の分立を迎えた後期封建社会の時代である。

中国の密教

中国密教の全盛期はシュバカラシンハ（六三七―七三五、中国名、善無畏《ぜんむい》三蔵）とヴァジラボーディ（六七一―七四一、中国名、金剛智《こんごうち》三蔵）の来唐をまってからである。

大日経

シュバカラシンハは中インドのナーランダーでダルマグプタから密教を学び、開元四年（七一六）に長安にやって来た。弟子の一行《いちぎょう》（六八三―七二七）の協力をえて『大日経《だいにちきょう》』七巻を翻訳し、またその注釈書『大日経疏《しょ》』二十巻を著した。疏は一行が筆受したものである。『大日経』は詳しくは『大毘盧遮那成仏神変加持経《だいびるしゃなじょうぶつじんぺんかじきょう》』といい、その梵本は七世紀半ばに、義浄がインドへいったとき、同じくインド留学をしてダルマキールティの論理学などを学んでいる無《む》行《ぎょう》の手に入った。しかしながら、不幸にして無行は帰国の途中、北インドで客死してしまった。シュバカラシンハが翻訳した『大日経』の梵本はこの無行が将来したものである。

両部大経

『大日経』はのちに「両部大経」とよばれ、『金剛頂経《こんごうちょうきょう》』とともに密教の根本所依の経典と

ヴァジラボーディ

されるようになったところのものである。胎蔵曼荼羅《たいぞうまんだら》はこの経典にもとづいて図画され、胎蔵系の密教に属する。

シュバカラシンハはこのほかに密教律のうちに分類される『蘇悉地経《そしつじきょう》』三巻、『蘇婆呼童子経《そばこどうじぎょう》』三巻などを訳し、『五部心観』を著した。

ヴァジラボーディは南インドの出身で、最初ナーランダーに学んだ。空海の『付法伝』によると、最初「声明論《しょうみょうろん》」を学び、十五にして「法称論《ほっしょうろん》」を学んだとある。従来、法称論については何ぴとも触れるところがない（たとえば、松長有慶『密教の相承者』一四六頁）が、筆者は法称すなわちダルマキールティの『量評釈』などの論理学書をさすのではないか、と考えている。ヴァジラボーディは三十一歳で南インドにゆきナーガボーディ（竜智）から金剛頂宗の密教を学び、開元八年（七二〇）に洛陽に来た。『略出念誦経《りゃくしゅつねんじゅきょう》』四巻などを翻訳した。その弟子のアモーガヴァジラ（不空《ふくう》金剛　七〇五―七七四）はおそらく西域の出身で、大暦六年（七七一）に作成した翻訳目録に密典の経軌七十七部百一巻と自ら記したように、厖大な翻訳を行ない、インド密教を中国に定着させた功績はきわめて大きい。

一行はまた開元十三年（七二五）に『大衍暦《だいえんれき》』五十三巻を著した。これは暦法の書で、すでに奈良時代にわが国にも請来されている。

アモーガヴァジラの弟子のひとりである恵果《けいか》は、長安の青竜寺に住し、中国密教の法灯の最後を飾った人で、弘法大師空海がかれの付法の弟子になり、その法灯をわが国に伝えることになる。

『続日本後紀』の承和二年（八三五）三月二十五日の条に「年三一得度、延暦二三年入唐留学」とあり、「化去之時年六十三」とある。この正史の記録による限り、空海は宝亀四年（七七三）生まれになるが、今日一般には宝亀五年（七七四）ということになっている。

讃岐国多度郡《さぬきのくにたどのこおり》の佐伯直田公《さえきのあたいたきみ》を父とし、母は阿刀《あと》氏。幼名は真魚《まお》。二人の兄がいて、空海の二十四歳までに重ねて亡くなったらしい。

これらの兄は鈴伎麻呂《すずきまろ》と酒麻呂《さかまろ》であると思われる。酒麻呂の子の豊雄《とよお》は書博士になったほどの学者で、豊雄が調べた佐伯家系にもとづいて伴善男《とものよしお》（八一一—八六八）が佐伯直田公一族に宿称《すくね》姓を賜るように奏上している。なお空海の弟には魚主《いおぬし》と真雅《しんが》がいる。真雅は空海の弟子となり、のちに東寺第四世長老となった。

また母方の兄弟に阿刀大足《あとのおおたり》（生没年不詳）がいる。大足は桓武帝の皇子、伊予《いよ》親王（？—八〇七）の侍講になったほどの大学者である。空海は幼少のころから大足について儒学を学んだ。貴物《とうともの》とか神童と称された、という。十五歳のとき、大足につれられて京《みやこ》にのぼり、十八歳で大学明経《めいけい》科に入学した。味酒浄成《あまざけのきよなり》に論語孝経および史伝などを受け、また文章を学んだ。同じ讃岐国出身の岡田牛養《おかだのうしかい》から『左氏春秋』を学んだ。たまたま一人の沙門に求聞持法《ぐもんじほう》を授かり、阿波の大滝岳や土佐の室戸崎《むろとざき》に修行をかさねて、霊験があった。世俗を厭い出家を願うようになり、二十四歳のとき、思想劇『三教指帰《さんごうしいき》』三巻を著した。延暦十六年（七九七）のことである。すでに延暦十三年（七九四）には長岡京より平安京に都を遷《うつ》している。

最澄の生涯はほぼ年代的にたどることができるのに対して、空海は生涯のなかにときどき空白の部分がある。たとえば『三教指帰』を書きあげてから、数年間というものは全く消息不明である。後代になればなるほど、この空白の時代を埋めるためにさまざまな伝説が生まれる。またいろいろな憶測がなされるわけであるが、入唐のための準備期間であったにちがいない。最澄は平安仏教界の花形としてはなばなしく活躍しているが、空海はまだ無名の青年僧にすぎなかったであろう。

入唐

延暦二十二年（八〇三）四月十三日、大使藤原葛野麻呂《かどのまろ》の遣唐船で、最澄は難波《なにわ》を出帆している。このときの船団のいずれかの船に空海が乗っていたかどうかは分からない。翌二十三年（八〇四）五月十二日、葛野麻呂の第一船に空海は橘逸勢《たちばなのはやなり》らとともに乗船して難波を発った。先年、太宰府竈門山寺《だざいふそうもんさんじ》に留まった最澄はおそらく博多《はかた》の港で、菅原清公《すがわらのきよきみ》の第二船に乗りこんだものと思われる。

七月六日、九州肥前国田浦《ひぜんのくにたのうら》を出発した。だが、翌日早くも暴風にあって船団は四散し、第四船はゆくえ不明となり、第三船はついに渡海を中止して帰還した。

空海

第一船は約一ヵ月海上をただよい、九死に一生をえて、八月十日に福州長渓県《ちょうけいけん》の赤岸鎮《せきがんちん》の南の海口《かいこう》に漂着した。十月三日に福州に回航したが、あやしまれて上陸が許可されなかった。このとき、空海が福州の地方長官あてに大使葛野麻呂に代わって起草したのが、「大使のために福州の観察使《かんざつし》に与ふるの書」である。漂流中の苦難が手にとるように描写されている。また空海は地方長官の閻済美《えんさいび》に「福州の観察使に入京せんと請ふ啓」を差出した。なぜか空海だけは長安の都にゆく許可が下りなかったからである。

十一月三日、葛野麻呂一行二十三名のうちに加わって空海、橘逸勢も福州を出発した。そして、十二月二十三日に当時の世界的な国際都市、長安に入ったのであった。

空海は最澄とちがって二十年留学の留学生として入唐している。しかもまだほとんど無名に近い青年僧である。葛野麻呂に代わって公文書を作成し、上陸の許可がえられたのではじめて空海の存在を驚きをもって認識したような人びとも一行のうちにはいたかも知れない。

最澄が一路、天台山を目ざして旅をつづけたのに対し、空海が葛野麻呂にしたがって長安へ来たのは、すでに唐密教ならびに唐文化を学ぶ最適の地としての「長安」を知っていたからであるにちがいない。

使命を果たした大使一行は翌年二月十日、空海と逸勢との二人を残して帰国の途についた。この大使の遣唐船で最澄が帰ったことはすでに述べたところである。残留した二人は三十年も留学していた永忠《ようちゅう》の世話をうけることとなった。翌年六月初旬頃まで長安にあって多くの仏者、文人墨客と交際し、広くあらゆる文物を学んだのである。なかんずく、醴泉寺《れいせんじ》に住していた般《はん》若《にゃ》三蔵と牟尼室利《むにしり》三蔵とについて学んだことは、空海にコスモポリタン的な視野を与えたでもあろう。般若三蔵は空海の帰国に際して、『大乗理趣六波羅蜜経《りしゅろくはらみつ》』十巻ほか計四部六十一巻に梵本三点を与えて、自分の代わりに、日本に帰ったら法を伝えてほしいと伝言しているほどである。

貞元二十一年（八〇五）五月、志明《しみょう》、談勝《だんしょう》ら数名の者の案内で長安城内の青竜寺東塔院に恵果《けいか》（七四六—八〇五）を訪ねた。空海の『請来目録《しょうらい》』に記《しる》すように両者の対面はまさに劇的なものがあった。六月十三日より三ヵ月間にわたって金胎《こんたい》両部にわたる密教の大法を残らず空海は授かった。さらに恵果は李真《りしん》ら十余人の仏画師に金胎《こんたい》の大曼荼羅《だいまんだら》十鋪《じっぽ》を描かせ、二十余人の写経生《しゃきょうしょう》に密典を書写させ、また趙呉《ちょうご》に法具など十五を鋳造させた。そして付法のしるしとしてヴァジラボーディが南インドから伝来した数々の仏像、曼荼羅その他と恵果所持の五点の品々を付嘱《ふしょく》したのであった。

帰国

恵果は空海に密教を伝授したのち、十二月十五日に入滅した。道俗の門下千余人を代表し、選ばれて空海が師の追悼の碑文「大唐神都青竜寺故三朝の国師灌頂《かんじょう》の阿闍梨《あじゃり》恵果和尚の碑」を書いたことは、あまりにも有名である。

恵果の入寂を直接の原因として空海は帰朝のこころざしをかためたようである。翌年一月十六日に恵果の葬儀をすませてからまもなく、「本国の使と共に帰らんと請ふ啓」を唐朝に差出した。もう一通は橘逸勢の代筆で、同じく帰国を願った文書である。このころ、判官高階《たかしなの》遠成《とおなり》（七五六—八一八）が遣唐船でやってきたのである。

四月に越州の節度使に頼んで内外の文献を集めている。越州の地方で空海が書写蒐集したも

北九州にとどまる

最澄、空海に密教経典借覧を乞う

薬子の変

のは百六十巻以上であったかと思われる。空海が遠成の船でいつ明州を出発し、いつ帰国したかは不明である。が、密教関係の文献の目録を作成し、大同元年（八〇六）十月二十二日付けで、このいわゆる『請来目録』を遠成に託し朝廷に差出しているところをみると、九月中か十月初旬には帰国したはずで、明州を発ったのは、それより一ヵ月ほど前ということになろうか。遠成は十二月十三日に帰国復命しているが、なぜか空海はそのまま、北九州にとどまった。翌大同二年（八〇七）二月十一日に、太宰府の次官田中某の亡母のための法会を行ない、千手観音を主尊とする独創的な十三尊曼荼羅を作成している。

帰国後、北九州にとどまった空海は上京をはばむ二、三の事情があったようである。その間を利用して密教流布のための準備をしていたものと思われる。

大同四年（八〇九）八月二十四日付けで最澄は弟子の経珍《きょうちん》を空海のもとにつかわし、密教経典十二部の借覧を乞うている。そのおりに託した最澄書翰をみると、それ以前から空海に密典をしばしば借りているもののようである。最澄、空海の両雄が相《あい》まみえたのはいつか。のちの『延暦寺護国縁起』によれば、大同四年（八〇九）二月三日に空海は最澄に刺を投じている。

ともかく入京後まもないころの空海は書の達人として世人の注目をあつめ、嵯峨帝との親交も書や文学を通じて行なわれている。

弘仁元年（八一〇）九月、薬子《くすこ》の変が勃発した。藤原薬子（?—八一〇）が兄の仲成《なかなり》と共謀して平城帝を奉じて奈良に遷都しようとしたものである。事前に発覚して、薬子は自殺し仲成は殺された。この事変をきっかけに空海は十一月一日より高雄山寺で帰国後、最初の国家鎮護の修法を行なった。

最澄の希望によって弘仁三年(八一二)十一月十五日に空海は高雄山寺で金剛界の灌頂《かんじょう》を開壇し、最澄のほか和気真綱《わけのまつな》、同じく仲世《なかよ》、美濃種人《みののたねと》に結縁《けちえん》灌頂を授けた。そして十二月十四日には最澄ほか一四五名の者に胎蔵灌頂を授けたのであった。

高雄山灌頂

最澄、灌頂を受ける

さらに翌四年(八一三)三月六日に、高雄山寺で金剛界灌頂(伝法灌頂)が行なわれた。このときは泰範ほか十七名の最澄の弟子たちが受灌した。これも最澄が空海に願い出たものであった。

これより前に最澄は空海から『請来目録』を借覧した。そして、自分が唐で善無畏系の順暁から伝えられた密教は傍系的なものであることに気づき、改めて空海に対して弟子の礼をとって灌頂を受けたのであった。

空海は恵果と出会った年の六月十三日に学法灌頂壇に入って胎蔵灌頂を受け、さらに七月上旬には金剛界灌頂を、八月十日には阿闍梨《あじゃりい》位の伝法《でんぽう》灌頂を受けている。思うに空海の入唐の最大の目的は密教の正系を伝える名師にめぐり会って伝法灌頂(持明灌頂)を受けることにあったのではないかと想像される。したがって恵果より灌頂を受けたことは、すでに入唐の目的をなかば果たしたともいえるわけである。

高雄山寺の両部灌頂開壇後、最澄はさらに空海に申し出て阿闍梨灌頂を願った。空海はそれがための準備としてはなお三年の密修を要するといって断わった。最澄はそこでとりあえず弟子の泰範を高雄山寺の空海に預けて、密法を学ばせることにしたわけである。

両雄の別れ

さきの最澄の項ではふれなかったけれども、最澄と空海との交友をみるうえで見のがすことができないのは、『理趣釈経』の貸借問題と泰範事件である。

弘仁四年（八一三）十一月二十三日に最澄は弟子の貞聰《じょうそう》に書翰を託して空海のもとに遣わした。『理趣釈経』を借覧したい、というのである。これに対して空海の返書のなかには次のような峻烈な言葉がみえている。

「（前略）また秘蔵の奥旨《おうし》は文の得ることを貴しとせず。唯《ただ》心を以《もっ》て心に伝ふるに在り。文はこれ糟粕《そうはく》（のこりかす）なり。文はこれが瓦礫《がれき》なり。糟粕瓦礫を愛すれば粋実至実《すいじつしじつ》を失ふ。真を棄《す》てて偽を拾《ひろ》ふは愚人の法なり。愚人の法には汝随ふべからず、求むべからず。また古人、道のために道を求む。今の人は名利《みょうり》のために求む。名のために求むるは求道《ぐどう》の志とせず。求道の志は己《おのれ》を忘るるの道法なり云々」（「叡山の澄法師の理趣釈経を求むるに答《とう》する書」）

空海は密教の教法は実修し実践しなければ得られないのであって、文字文献は残りかすやカワラ、石ころに等しいといっている。これに対して最澄はさきにもみたように弘仁七年（八一六）に著した『依憑《えひょう》天台集』の序で、新来の真言家は筆授の相承をほろぼすといって暗に空海を非難している。

泰範事件

次に泰範事件がある。これも史家のおおむね避けたがる事件である。さきに最澄は密教を学ばせるために愛弟子の泰範を高雄山寺の空海のもとに送った。比叡山に帰るように、再三、書翰でうながしたにもかかわらず、泰範は帰還の意思なく、弘仁七年（八一六）五月に「叡山の澄和上啓の返報書」を空海が泰範に代わって筆をとったのを最後に、泰範は最澄のもとについに帰らなかった。この年、七月ころに空海は高野山開創のための実地踏査をするために泰範（七七八―？）と実慧《じちえ》（七八六―八四七）とを紀州の高野山に派遣している。

最澄が戒壇問題をめぐって南都仏教と理論闘争をくりかえして生涯を閉じたのに対して、空海は護命《ごみょう》をはじめ大安寺の勤操《ごんぞう》、東大寺の胡（西域）から渡来した如宝《にょほう》らと親交を重ねたことは著しい対比を示すものといわなければならない。また最澄の最も有力な論敵である東国の徳一《とくいつ》のもとへ空海は弟子の康守を派遣して密教の流布に協力することを依頼している。また同様に下野《しもつけ》の広智禅師のところにも康守らをそのころに遣《つか》わした。また空海が東国の万徳菩薩《まんどくぼさつ》にあてた書翰もあるが、その実名を明らかにしない。

高野山の開創

青年時代といっても、まだ処女作『三教指帰』を著す以前の若き日の空海は四国や近畿の山々を跋渉していた。高野山の地を発見したのも「少年の日好んで山水を渉覧《しょうらん》せし」おりのことであった。また、唐より帰朝の途中、海上が荒れて果たして無事に本国に到着できるかどうか、あやぶまれるようなことがあった。このとき、空海は神明に祈って無事帰朝のあかつきには修禅の一院を建立して神威にむくいたいと、一つの小願をたてた（主殿助布勢海《とのものすけふせのあま》宛の書翰）。これが直接の動機となって高野山開創となるわけである。

弘仁七年（八一六）六月十九日付で、紀州高野山の地を賜りたいと上奏した。これに対して七月七日に太政官符をもって勅許があった。そこでまもなく紀伊国の国司か豪族のある者に弟子の泰範、実慧らをかの地に派遣するから開創を援助していただきたいと書翰を送った。弘仁十年（八一九）三月十日付けで紀百継《きのももつぐ》（七六四—八三六）あて、同じく援助を願う書翰をおくった。本格的な開創のための工事が開始されたのは、同じく十年五月からである。この年七月には空海は嵯峨帝の命令で中務省に入るために京都へ帰っている。

その後も京都と高野山との間を往復しており、高野山の伽藍建立のために一粒《りゅう》一銭の喜捨を乞う努力をつづけたが、空海の在世中にはついに完成をみるにいたらなかったほどである。高野山開創中に片腕とも頼んでいた弟子の智泉をなくしたりしている。智泉は空海の俗甥にあたる人である。高野山の伽藍完成は第二世の真然《しんぜん》（八〇四—八一二〜八九一）をまたなければならなかったのである。

社会活動

空海の出身地の讃岐国《さぬきのくに》多度郡《たどのこおり》に古くより満濃池《まんのうのいけ》とよばれる灌漑用の大貯水池があった。これが決潰《けっかい》したため、農民たちの難渋《なんじゅう》がつづいた。朝廷は早速、弘仁十一年（八二〇）に築《ちく》池使《ちし》の路浜継《みちのはまつぐ》を遣《つか》わして修築に当たらせたのであるが、池が大きい割合に人夫が少なくて、どうしても完工することができなかった。そこで、国司は改めて工事の監督指導のため、空海の下向《げこう》を乞うように、朝廷に願い出た。弘仁十二年（八二一）四月の国解《こくげ》（国司から太政官などに提出する公文書）には「今、久しく旧土《きゅうど》を離れて、常に京都に住す。百姓、恋ひ慕《した》ふこと実に父母のごとし。もし師来《きた》ると聞けば、郡内の人衆、履《くつ》を倒《さかしま》にして来り迎へざるはなし。伏して請《こ》ふ、別当に宛《あ》て、その事を成らしめたまへ云々」とある。

この国解に「百姓、恋ひ慕ふこと実に父母のごとし」といっているのをみても、当時、空海が郷国の農民たちからいかに慕われていたかが分かる。

満濃池の修築

綜藝種智院

空海はこの年六月初旬築堤に着手し、三ヵ月ほどで工事を終わって、九月六日までにはすでに京都へ帰っている。

満濃池は現在も香川県仲多度郡満濃町にある。周囲二十キロ、灌漑面積三千町歩余におよぶところの大貯水池で、まんまんたる水をたたえている。天長二年（八二五）大和国高市郡《たけちのこおり》に益田池《ますだのいけ》ができあがった。このとき十二月二十五日の日付けで、完成記念のために空海は「大和の州《くに》益田池の碑」の文を書いた。土木治水のすぐれた指導者にして、かつまた文名高き空海に、とくに依頼があったわけである。

空海が巡錫して民衆の生活を導いたという口碑伝説、説話のたぐいは、今日、全国のいたるところに残っている。それは空海が実際に民衆生活と直結した社会活動を行なったからにほかならない。

空海の社会活動として、もう一つの特筆すべきことは、綜藝種智院《しゅげいしゅちいん》の開設である。天長五年（八二八）十二月十五日の「綜藝種智院式、序《じょ》を幷《あわ》せたり」によれば、この学校のいわれと教育理想が明らかにうかがわれる。京都東寺の東隣りにある藤原三守《みもり》（七八五―八四〇）の邸宅を三守が空海の学校設立の趣旨に賛同して寄進したのが、綜藝種智院である。当時、貴族の子弟だけの学校があったのみであるが、空海は世界で最初の庶民学校を経営したのであった。その教育理想とするところは、第一に教育環境がよくなければならないということ、第二にあらゆる学問を綜合的に教育し、人間教育を眼目とすること、第三に多くのすぐれた先生をえること、第四に教師と子弟との生活を保障すること（完全給費制）である。

東寺

弘仁十四年（八二三）一月十九日、嵯峨帝は藤原良房《よしふさ》（八〇四―八七二）を使わして、空海に東寺を給預《きゅうよ》した。桓武帝が延暦十三年（七九四）に長岡から京都に遷《うつ》ってからまもなく、平安京の南門にあたる羅城門《らじょう》をはさんで、右に西寺、左に東寺を建立することに着手した。嵯峨帝になってから、この両寺を王城鎮護の道場として完成するために、東寺の伽藍の建立と経営を空海に委嘱した。西寺を同じく守敏《しゅびん》に給預した。

空海は東寺を大唐長安の青竜寺に比すべき真言密教の根本道場とするために、唐から請来した仏像、曼荼羅、法具、経巻のすべてをここに集め、本格的な伽藍経営をはじめた。講堂は天長二年（八二五）四月に着工し、二十一尊を安置する独特の曼荼羅様式にしたがって構成した。また翌三年（八二六）十一月より五重の大塔の建立に着手した。空海に協力して工事をすすめたのは実慧であったようである。

弘仁十一年（八二〇）以後、紀州高野山の開創事業を弟子たちに任せ、空海はこれより約十年間は東寺を中心として活動をつづけた。すなわち、平城上皇に授戒灌頂し、嵯峨上皇に密法を授け、また神泉苑で雨請《ご》いをし、あるいは奈良東大寺で三宝供養の大法要を行なうなど、枚挙にいとまないほどの多忙な月日であった。

弘仁十三年（八二二）六月に最澄が入滅してから、空海はまさしく最澄に入れかわって平安仏教界の第一人者として、はなばなしい活躍をしていることが知られる。

入滅

天長七年（八三〇）、宗義をまとめた撰述を提出するように、六宗に対して淳和帝の勅命があった。このとき、三論宗は玄叡（？―八四〇）の『三論宗大義鈔』四巻、法相宗は護命（七五〇

—八三四）の『大乗法相研神章』五巻、華厳宗は普機（生没年不詳）の『華厳一乗開心論』六巻、律宗は豊安《ぶあん》（七六〇—八四〇）の『戒律伝来記』三巻、天台宗は義真の『天台宗義集』一巻を差出した。真言宗では空海が『秘密曼荼羅十住心論』十巻、『秘蔵宝鑰《ほうやく》』三巻を提出した。これらを「天長六本宗書」という。

空海の両著作は生涯の心血をそそいだもので、数多い撰述のうちでも文字どおりのライフワークである。このなかには奈良の六宗と天台宗の教義をすべて包摂した高次元の密教の立場があざやかに説かれている。

むすび

仏教のインド以来の発展の事実に即して著した一大綜合仏教の書といえよう。

天長九年（八三二）、「われ永く山に帰らん」と云い残して紀州高野山に籠った。この年八月、高野山上で「万灯会《まんどうえ》」を行なった。その願文の一節に「虚空尽《つ》き、衆生尽き、涅槃《ねはん》尽きなば、わが願ひも尽きん」とあるように、衆生救済の永遠の誓願をたてた。承和二年（八三五）一月、宮中真言院で真言の御修法《みしゅほう》を行ない、三月二十一日、春浅い高野山で生涯を閉じた。

弘仁十四年（八二三）十月十日、空海は『真言宗所学経律論目録』（略称『三学録』）を朝廷に提出した。これは真言宗徒の学ぶべき典籍のリストである。ここにはじめて真言宗の宗名がみえ東寺に五十人の常住僧をおくことになったので、古来、これをもって立教開宗の日としている。最澄入滅の翌年のことである。

天台宗、真言宗ともに奈良仏教の僧綱を離れて独自の宗団活動を開始したのである。これは日本の仏教史上に重大なエポックを画したものといわなければならない。

天台宗は円（＝法華）・密・禅・戒の四宗融合のかたちをとった綜合仏教だとすれば、空海の真言宗はインド初期仏教より天台・華厳にいたるまでをふくめた綜合仏教のかたちをとったものである。最澄の天台宗は未完結の体系をもって鎌倉仏教となって展開した。空海の真言宗は完結した体系をもっていたがため諸宗派の誕生をみなかった代わりに、大師信仰を形成して庶民のなかに長く生きつづけてきたのであった。

▼最澄・空海以後の入唐

最澄よりはじまる天台系の密教を台密《たいみつ》といい、空海よりはじまる東寺を中心とした密教を東《とう》密《みつ》ということは、一般に知られているとおりである。

台密と東密とは密教の教理の点で、それぞれ特色をもつだけでなく、密教芸術の方面においてもおのずから異なった造型表現を示している。これらの点については、のちほど述べることにしたい。

最澄と空海とが大陸の唐の仏教をわが国に摂取したことによって、平安時代四世紀にわたる平安仏教の基礎ができあがったことはいうまでもない。しかし、この両巨匠のほかに平安時代初期には多くの仏者が入唐請益《しょうやく》しているのである。こうした唐文化の移入はわが国の文化形成のうえからみても、功績のきわめて大なるものがある。

そこで、次にこれら入唐請益の人びとをとりあげてみよう。

『入唐五家伝』一巻は平安初期に入唐請益した五人の真言家の略伝および入唐の次第を記し

たものである。五人というのは、慧雲《えうん》（七九八—八六九）・宗叡《しゅえい》（八〇九—八八四）・常暁《じょうぎょう》（？—八六六）・真如《しんにょ》（七九〇—八七〇頃）・円行《えんぎょう》（七九九—八五二）で、宗叡をのぞき他の四人はすべて空海の弟子である。このうち、真如親王（七九〇—八七〇頃）は空海の十大弟子の一人で、密教の源流をたずねてインドへゆく途中、羅越国で入寂した。その地点はインドシナ半島の南端（マレーシア）、現在のシンガポールに近いところとされている。

また、心覚（一一一七—一一八〇）編『入唐記』一巻には奈良、平安時代に入唐求法した二十数人の仏者の略伝、入唐・帰朝の月日、学法、請来品などを年代順に記載してある。

入唐八家

しかし、一般には入唐受法した八人の密教家、すなわち最澄・空海・円仁・円珍・常暁・円行・慧雲・宗叡が入唐八家《はっけ》として知られている。この八人が請来したものは仏典だけで一六九五部三二一五巻の大部にのぼり、わが国の文化に寄与したところは、まことに大なるものがある。

最澄と空海とについては、すでにみたので、他の六人をとりあげよう。

霊仙

延暦二十三年（八〇四）の第十八次遣唐船（二回は実際に入唐していないので第十六次という数えかたも可能である）で最澄・空海らと入唐したひとに、霊仙《りょうせん》・円基《えんき》・金剛三昧《こんごうざんまい》らがいる。法相宗の霊仙（生没年不詳）は空海の師である般若三蔵が元和五年（わが国の弘仁元年、八一〇）に醴泉寺で『大乗本生心地観経』を翻訳する際に訳語の助手をつとめている。本経はわが国の弘仁八年（八一七）に訳了した。空海がわが国に帰ったのちのことである。霊仙は五台山に数年いたのち、霊境寺で不幸にも毒殺されたことが、円仁の『入唐求法巡礼行記』に伝えている。

円基・金剛三昧

円基は最澄とともに藤原葛野麻呂《かどのまろ》の遣唐船で帰朝した。金剛三昧は実名を伝えないが、日本僧でインドへいった唯一人のひとである。また、唐の元和十三年（わが国の弘仁九年、八一八）に蜀僧の広昇とともに普賢菩薩の霊場として有名な峨眉山に登ったことが唐の段成式著『酉陽雑俎《ゆうようざっそ》』にみえている（『入竺日本僧金剛三昧伝』）。

常暁・義澄・円行の帰朝

承和五年（八三八）の第十九次遣唐船は翌六年（八三九）に帰国しており、これが遣唐船の最後になった。このとき入唐した留学生の僧は常暁・義澄・戒明・円仁・円行・惟正《ゆいしょう》・惟暁《ゆいぎょう》・円載・仁好・順昌・仁済・円覚らである。

真済と真然

このうち、常暁・義澄・円行は大使藤原常嗣《つねつぐ》（七九六―八四〇）の遣唐船で六年（八三九）八月十九日に帰朝した。もっとも、承和三年（八三六）八月二十日、空海の弟子の真済《しんぜい》と真然《しんぜん》は遣唐船で入唐の旅にのぼった。しかし、出発後まもなくして難破したため引返し、ついに入唐を実現することができなかった。この二人は空海の高弟で、師の遺志を継いでのことであった。かれら二人がもし入唐請益しておれば、あるいはその後の真言宗のあゆみを大きく変えていたかも知れない。

円仁と惟正の帰郷

円仁と惟正とは唐の大中元年（承和十四年、八四七）に新羅《しらぎ》の商船で帰朝した。ともに在唐九年におよぶ。惟正と惟暁とは円仁の弟子で、惟暁は長安で入寂した。仁好・順昌・仁済はいずれも円載の弟子で、円載は最澄の弟子であるから、最澄からすればこの三人は孫弟子にあたるわけである。

仁好と順昌

仁好と順昌とは会昌三年（承和十年、八四三）に新羅人の船で帰国している。

仁済 円覚 円載

仁好は再度、入唐し、その後の消息は不明である。仁済は仁好らといっしょに帰国したかどうか分かっていない。円覚は開成五年（承和七年、八四〇）以後、久しく五台山に滞留し、その後、長安に入ったが、帰朝したかどうかは不明。円載は乾符四年（元慶元年、八七七）に唐商の李延の商船で帰国の途中、溺死した。最澄の弟子で、在唐三十九年の長きにおよんだのである。承和八年（八四一）ころより元慶六年（八八二）までの四十年間に入唐した者に、慧蕚《えかく》・慧運・円珍・性海《しょうかい》・閑静《かんじょう》・的良・豊智・真如・賢真・忠全・宗叡・以船・済詮《さいせん》・三慧《さんね》らがいる。これらはすべて密教家で、天台または真言に属する。円珍・宗叡を除いて大部分のひとは入唐時の消息を明らかにしない。慧蕚は承和八年（八四一）以後、三回も入唐している。このほかに、円修・好真・弘挙らがいる。

常暁

大元帥法を学ぶ

常暁は一般に「小栗栖《おぐるす》の常暁」という通称で知られる。出生を明らかにせず、山城小栗栖にすてられた孤児だといわれる。奈良の元興寺の豊安について三論宗を学び、空海から伝法灌頂を受けて空海の弟子になる。承和三年（八三六）に真済・真然らと入唐したが、難波して果たさず、同五年（八三八）に再起をはかって藤原常嗣の遣唐船で出発し、揚州に漂着。精霊寺の文璨《ぶんみつ》、華林寺の元照について阿闍梨灌頂を受け、また大元帥法《だいげんのほう》を学んで翌六年（八三九）に帰国した。請来した仏典は三十一部六十三巻で、ほかに大元帥法に用いる大元帥大悲身像一軀、大元帥本身将部曼荼羅一鋪、大元帥忿怒《ふんぬ》身像一軀、その他仏像、仏具数種である。宇治の法琳《ほうりん》寺《じ》に住し、仁寿元年（八五一）以来、勅命を奉じて大元帥法をしばしば修した。これは鎮護国家の秘法で、今日でも毎年、京都の東寺で一月八日より一週間にわたって行なわれる宮中後七《ごしち》日御修法《にちみしゅほう》はこの大元帥法をもって修される。貞観八年（八六六）十一月三十日入寂。年寿不明。『尊勝仏頂次第』『入唐根本大師記』『進宮請来録』などの著がある。

日蓮が「円仁《えんにん》・円珍《えんちん》のやから（輩）」といったように、台密を大成した両者の功績は、まことに偉大である。

円仁

慈覚大師の諡号

円仁（七九四―八六四）は一般には『入唐求法巡礼行記』四巻の著者として知られる。貞観八年（八六六）に「慈覚《じかく》大師」の諡《おくりな》号をおくられる。このとき、最澄には「伝教《でんぎょう》大師」の諡号がおくられている。

円仁は下野国都賀《とが》郡の出身で、俗姓は壬生《みぶ》氏。最澄と因縁のある下野国《しもつけのくに》の大慈寺（小野寺）の広智について出家得度した。義真のあとを継いで延暦寺第三世座主になる。大同三年（八〇八）、十五歳のとき比叡山に登って最澄につく。早くより英才を認められ、最澄が入寂した翌弘仁十四年（八二三）二月十四日の大乗戒伝戒にあたり、戒師義真をたすけて教授師をつとめる。

唐に渡る

勅命を奉じて承和五年（八三八）六月十三日、円行・常暁らとともに藤原常嗣（七九六―八四〇）の遣唐船に乗って博多を出帆し、七月二日、揚州海陵県に到着する。最澄の故事にしたがって天台山へ登ろうとしたけれども、許可がないまま、翌六年（八三九）に帰国の途についた。しかし、円仁の乗った船は途中で漂流し、海州に着いた。とくに円仁は上陸を許され、

志遠につく

五台山に登って志遠について天台法門を学んだ。この五台山は不空三蔵にゆかりの土地で、中唐密教の道場でもあったから、円仁は密教に触れる機会があったかと思われる。

元政、義真につく

さらに唐の開成五年（八四〇）八月に長安の都に入り、三年間在留した。この間、大興善寺の元政に金剛頂宗を、青竜寺の義真に大日経宗および蘇悉地《そしつじ》法を学ぶことができた。義真は恵果の弟子で、空海とは同門の兄弟弟子である。また玄法寺の法全《はっせん》に胎蔵儀軌を、南インド出身

宝月三蔵にサンスクリットを学ぶ

の宝月《ほうがつ》三蔵にサンスクリットの音韻を学ぶことができた。かつて最澄は在唐中にサンスクリットを学ぶ機会がなかったので、帰国後、空海から多数の悉曇《しったん》関係の文献を借用したりしている。円仁が宝月についたことは、台密の発展史上、見のがすことのできない事実である。

会昌の法難 帰朝

武宗の破仏、いわゆる「会昌の法難」があって、円仁は唐の会昌五年（八四五）五月に還俗を命ぜられ、追放された。承和十四年（八四七）九月、新羅船で帰朝することができた。請来した仏典は五八五部七九四巻におよぶ。そのうちわけは、揚州で得たもの一二八部一九八巻、五台山で得たもの三十四部三十七巻、長安で得たもの四二三部五五九巻である。ほかに揚州で得た両界曼荼羅、諸尊壇様、高僧真影、舎利二十一種。五台山の土石、長安で得た両界曼荼羅、法具など二十一種がある。

空海は『貞元録』未載の厖大な密典をもたらしたことでも著名であるが、ことに新訳二四〇巻のうち、じつに半数以上の一五〇巻は不空三蔵訳である。円仁が大興善寺にあって同じく不空系の密教を学んだことは注目される。

灌頂壇を開く 唐院・常行三昧堂

帰朝後、円仁は比叡山に灌頂壇を開き、唐院を建立して請来品を収蔵し、また常行三昧堂《じょうぎょうざんまいどう》（文殊堂）を建てて四種三昧のうちの常行三昧を行なった。四種三昧は中国天台宗の開祖智顗《ちぎ》が創唱したもので、常行三昧は一種の念仏三昧である。

円仁の弟子の相応は常行三昧堂をもって不断念仏所とした。やがて、この天台系の念仏は初期浄土教を形成するにいたる。

総持院建立

円仁はまた嘉祥三年（八五〇）七月、叡山に総持院を建立し、十四禅師をおき、さらにこの年十二月に年分度者四人を加えている。斉衡元年（八五四）、六十一歳で比叡山座主職につき、同三年（八五六）三月、灌頂を行ない、文徳帝、皇太子、藤原良房らが入壇した。円仁は最澄の志を継承して大乗菩薩戒を顕揚し、また台密を大成した点で最澄にまさるとも劣らぬ功績を残した。

『顕揚大戒論』『止観私記』など天台法門に関するものや、『金剛頂経疏』『蘇悉地経略疏』など百部ほどの著作がある。入唐中の紀行文『入唐求法巡礼行記』（略称『入唐巡礼記』）四巻は東寺観智院に鎌倉時代の写本があり、円仁の名をして不朽ならしめている。唐末の宗教をはじめ社会、風俗、歴史、地理、交通事情などについて詳細をきわめ、東洋史の第一級史料として貴重なものである。

なお、円仁の請来目録は『日本国承和五年入唐求法目録』（承和六年撰）に経疏章、伝記など一三七部、『慈覚大師在唐送進録』（承和七年撰）に一二七部、『入唐新求聖教目録』に四二三部を記録する。ことに『入唐新求聖教目録』には不空三蔵訳の密典を多数記載し、空海が請来しなかったものも少なくない。

慧雲

入唐
義真につく

慧雲《えうん》（七九八—八六九）は山城の出身で、世に安祥寺僧都《あんじょうじそうず》とよばれる。東大寺で出家得度して法相を学び、後、東寺の実慧について伝法灌頂を受ける。承和九年（八四二）に唐の商船で入唐した。長安の青竜寺の義真について金剛界、胎蔵法の両部の密印を授かり阿闍梨灌頂を受けた。密教を学んで在留すること六年、承和十四年（八四七）に円仁の弟子の惟正とともに新羅の商船で帰国した。請来した経論章疏、伝記などはおよそ一八〇巻（一説、一七〇巻）である。

安祥寺建立

帰国後、文徳帝の母、藤原順子の発願で山科《やましな》に安祥寺が建立されるや、開基となる。貞観十一年（八六九）に東大寺寺務に補せられる。この年九月二十三日入寂。七十二歳。『菩提心戒儀』『護摩鈔』『金剛界要記』などの著がある。

円珍

入唐

円仁・円載に会う

円珍は延暦寺第五世座主。延長五年（九二七）醍醐帝は智証大師の諡号をおくる。讃岐国那《な》珂《か》郡の出身。父は和気氏、母方は佐伯氏で空海の俗甥にあたる。十五歳で比叡山に登って、義真についた。十二年籠山したのち、仁寿三年（八五三）八月、唐の欽良暉《きんりょうき》の商船で入唐。最澄の故事にならって、まず最初に天台山に登って天台法門を学んだ。ここにはかつて円仁とともに入唐した円載がいた。しかし、円載は会昌の破仏にあって当時すでに還俗していた。

法全につく

円載といっしょに唐の大中九年（八五五）に長安にゆき、青竜寺の法全について阿闍梨灌頂を受け、三昧耶戒を授かり、また蘇悉地法を学んだ。さらに再び天台山にもどって、その地の国清寺境内に日本国大徳僧院を建立して、わが国から留学する仏者の生活の便に供することとなった。在唐五年にして天安二年（八五八）六月、李延孝の商船に乗り、同年八月に太宰府に帰着した。請来した仏典は四四一部一千巻の多数にのぼる。そのほか真言道具十六種、曼荼羅数種、雑碑銘文等石搨数種がある。

サンスクリットを学ぶ

円珍は円仁と同じく在唐中、サンスクリット（悉曇《しったん》）を学んでいることが注目されよう。

園城寺に灌頂壇を設ける

帰朝後、貞観四年（八六二）、宮中で胎蔵灌頂を開壇し、清和帝、藤原良房ら三十人あまりが受灌した。また翌年（八六三）に三井の園城寺《おんじょうじ》に灌頂壇を設け、八年（八六六）に同寺別当職につき、後唐院を建立して請来品を納めた。同十年（八六八）六月、五十五歳で延暦寺第五世座主となる。著作に『法華開題』『法華論義』など、『法華経』に関するものをはじめ、密教関係が多数ある。

最澄はかつて円（＝法華）と密（＝密教、とくに『大日経』）を同等としたのに対して、最澄入滅後、空海は顕劣密勝の教判をたてて、円（＝法華）と密とを区別し、しかも前者は後者によって包摂されるものとした。

円仁と円珍の教学的な特徴

寺門流

円仁と円珍との教学的な特徴を一言にいえば、円仁は「理同事別」であり、円珍は「円劣密勝」とした。理同事別は円と密とは本質的には同等ではあるが、区別されるというものである。この円仁流の系統から、のちに良源が現われて、山門流に対する寺門流を形成し、寺門流は山門流と袂《たもと》をわかって比叡山を下った。他方、円劣密勝は文字どおり円に対する密の優位性を主張したもので、この円珍の一派いわゆる智証大師流がその後の叡山教学の主流を占める。

今日、京都粟田の青蓮院《しょうれんいん》の青不動や高野山明王院の赤不動は智証大師作と伝えられる。円珍の密教芸術への影響などについては、のちにみることにしたい。

宗叡

義演から法相を学ぶ

宗叡《しゅえい》は禅林寺僧正、後入唐僧正などの通称がある。京都のひと。十四歳で出家得度し、比叡山に登って、義真および円珍について学ぶ。義真は唐語に通じ、入唐時、最澄の通訳をつとめたほどであるから、宗叡もおそらく義真から唐語の手ほどきも受けたことであろう。

また、興福寺の義演から法相を学び、さらに、禅林寺の真紹《しんじょう》に密教を学んで伝法灌頂を受けた。真紹は石山僧都《いしやまそうず》とよばれたひとで、幼にして空海の弟子となり、大安寺にいたが、宗叡からすれば叔父にあたる。天長七年（八三〇）東寺の小別当に任じ、また内供奉となり、承和十四年（八四七）に東寺の長者につく。また京都東山に禅林寺（現在の永観堂）を建立した。

宗叡は貞観四年（八六二）に民間の商船に乗って入唐し、まず天台山に登って天台法門を学んだ。在唐中、法全や智慧輪から密教を学んだ。在唐三年にして貞観七年（八六五）帰朝。請来した仏典は一三四部一四三巻である。このほか真言道具八種、曼荼羅図様等十余種、仏舎利七十粒がある。

宗叡は帰国後禅林寺に住し、また清和帝の帰依があって、元慶三年（八七九）東寺長者に補任される。同八年（八八四）三月二十六日入寂。七十六歳。著に『胎蔵次第』『後入唐伝』『悉曇林記』などがある。

以上、入唐八家のうちの六名についてみると、円仁と円珍は比叡山の生えぬきであるが、円行と常暁とは元興寺、慧雲は東大寺、宗叡は興福寺と関係があることが知られ、いずれも南都出身である。

▼文化交流の推移

藤原常嗣の第十九次遣唐船を最後とし、以後、遣唐船の派遣はない。しかし、その後、唐末において唐とわが国との交易は民間の商船を通じて行なわれていた。延喜七年（九〇七）に唐は滅びるが、五代から北宋の時代にかけても、商船の往来はあったのであり、そうした船便を利用して大陸に渡った仏者の数は少なくない。もちろん、その名さえも伝えられないひとも多く、渡海の際に不幸にも海底の藻屑と消え去った仏者もあった。消息不明のかれらは歴史に記録される者のほぼ倍数にのぼるとみられている。

五代には寛建（生没年不詳）や澄覚らが、また北宋の時代には奝然《ちょうねん》、寂昭《じゃくしょう》、成尋《じょうじん》らがいずれも中国の商船で渡海した。興福寺の寛建は延長五年（九二七）正月、中国の商船で出発したが、このとき、醍醐帝は菅原道真、橘広相《ひろみ》、紀長谷雄《きのはせお》、都良香《みやこのよしか》の詩集九巻を託し、小野道風の書を与えたことは、ひろく知られている。寛建は五台山に巡礼する目的で渡海したのであった。

三論宗の奝然（九三八―一〇一六）は永観元年（九八三）に入宋した。同じく五台山巡礼をめざしたものであるが、宋の太宗から法済《ほうせい》大師の大師号をおくられ、紫衣をたまわった。各地の聖跡を巡拝し、永延元年（九八七）に帰朝。大蔵経五千巻、釈迦仏像などを請来した。大清涼寺を建立。寂年不詳。

寂昭（?―一〇三八）は大江斉光《なりみつ》の子で仕官したが、後、出家し、源信（九四二―一〇一七）に天台法門を学び、さらに小野の仁海《にんがい》（九五一―一〇四六）に密教を学んだ。長保四年（一〇〇二）に入宋。源信の『台宗二十七問』をたずさえてゆき、四明の知礼におくって答釈をもとめた。真宗より円通大師の諡号をおくられる。在留すること三十年におよび、道俗の尊崇をうけた。景祐元年（長元七年、一〇三四）杭州の清涼山の麓で入寂した。

『参天台山記』の著者として知られる成尋（成尋）は、藤原佐理の子で、延久四年（一〇七二）六十二歳で入宋。太平興国伝法院に住し、多くのインド僧と交際した。神宗の勅命で雨を祈って霊験があり、善慧《ぜんね》大師の諡号をおくられた。訳経場の監事に任ぜられる。たまたま日本へゆく商船があったので、仏典五二七巻その他を託した。元豊四年（永保元年、一〇八一）開宝寺で入寂。七十一歳。

『参天台五台山記』に記す五台山は山西省五台県の北東にある海抜三〇四メートルの山で、文殊菩薩の霊場として知られ、密教の聖地である。天台山とともにわが国の仏者にとっては中国仏教のメッカであった。中国の仏教の三大霊場は五台山・天台山・峨眉《がび》山である。最澄をはじめ多くの天台宗の留学生が登った天台山は浙江省《せっこうしょう》天台県の北方にあり、智顗《ちぎ》（五三八―五九七）が天台宗を開いた山である。これにちなんで最澄が開いた比叡山も天台山という別称でよぶ。峨眉山は四川省の西北、峨眉県の西南にそびえる海抜三〇三五メートルの高山。わが国の仏僧では、さきにみたように金剛三昧が登山したという記録がある。

源信（九四二―一〇一七）は永延二年（九八八）に宋商の朱聰《しゅそう》にみずからの著作『往生要集』その他を託し、また同じく『因明論疏四相違略註釈』を正暦三年（九九二）に帰国する宋商の楊仁紹《ようじんしょう》に託している。これらはいずれも、かの地の仏者たちの批判を乞うためであった。

入唐請益をはかった平安初期のころからすれば、わが国と中国との文化交流のうえに大きな変化があったことが分かる。

いずれにしても平安時代四百年の間、初期以来じつに三世紀近くまで日中の交流が行なわれたのである。そして、交流の主役をなしたのは、ほとんどがわが国の仏者たちであった。遣唐使が派遣されなくなってからは、大陸からわが国へ商船が渡来したのであって、文化交流のうえで唐商や宋商の果たした役割りは大きなものがある。

天台教学の多義性

四宗融合

会三帰一

鎌倉時代になると、大陸の宋から多くの仏者が仏法を伝えるために、わが国に渡来するようになる。奈良、平安初期の時代に、わが国の仏者が入唐求法したのとは逆の現象が認められるのである。

▼天台宗の発展

奈良仏教・鎌倉仏教と平安仏教とくに最澄・空海の教学とを比較した場合に最澄・空海の仏教の特色は、綜合仏教の立場をとった点にあるといえよう。

最澄は円・密・禅・戒の四宗融合を目ざした。円は円教で法華教、密は密教、禅は禅教、戒は円頓戒《えんどんかい》である。最澄は空海の真言密教に対しては円密一致を説き、『法華経』と『大日経』とを同等なものとみている。しかし、四宗兼学の場合の統一理論はいうまでもなくこれを法華一乗にもとめたのであった。本来、『法華経』は会三帰一《えさんきいち》（声聞乗・縁覚乗・菩薩乗を仏乗〈一乗〉に帰一すること）をもってたつので、このゆえに諸経の王すなわち「経王」と称して信仰されてきた。会三帰一というのは、声聞乗、縁覚乗、菩薩乗の三乗はそれぞれ別箇のものではなく、三乗がそのまま一仏乗、一大乗であるとするものである。このような一種の綜合主義にもとづくところの統一理論は大乗仏教の諸経典には程度の差こそあれ、ほとんどすべてのものに認められるところであるが、ことに『法華経』の所説は簡明であって一般人に手ばやく理解されやすいために、この経典の信仰がひろまったのであると考えられる。かつて最澄は泰範を通じて空海に『法華儀軌』の借覧をもとめたことがあった。また空海も『法華経開題』などを

四宗兼学

著し、この経典に対してもなみなみならぬ関心を示している。

平安仏教が分裂して鎌倉仏教が誕生した必然性は最澄の四宗兼学という教学体系の体質そのものにあった。四宗兼学の支柱をなす『法華経』には会三帰一の統一理論はあっても、密・禅・戒を綜合し、包摂する論理性が欠除していた。この矛盾が日本仏教における鎌倉仏教以後の諸宗派すなわち宗派仏教を生じる根本原因になっていると思われるのである。

常行三昧

さきにも述べたように、円仁は天台の止観行の分類である四種三昧の実践をわが国にもたらした。その一つの常行三昧は般舟三昧《はんじゅざんまい》または仏立三昧《ぶつりゅうざんまい》などともいわれ、一七日《いちひちにち》間ないし九十日間を限りとして、常住に歩行しながら口称の念仏を唱え、心に阿弥陀仏を想念するのであるから、いわば密教の身密・口密・意密の三密行をプロトタイプとする一種の密教的念仏である。このような念仏行の道場は最初、比叡山西塔に常行三昧堂が建てられてから、全国的に建立されるようになった。こうした念仏の道場がじつにわが国における浄土教信仰の発祥になるわけである。

法然、親鸞、栄西、道元、日蓮らの鎌倉新仏教の宗祖はすべて比叡山に学び、天台法華一乗の教学の多義性の一分を日本的な型において発展させたとみることができるのである。法華は日蓮によって継承されて日蓮宗（法華宗）となり、浄土は法然による浄土宗および親鸞による浄土真宗、禅は栄西による臨済宗および道元による曹洞宗となって細分化的な展開を示した。この場合、大切なのは鎌倉新仏教には密と戒とが欠落してしまったことである。批評的にみれば、密と戒とを否定、超克したのが鎌倉仏教であるともみられよう。しかし、歴史の進展はしかく単純に断絶的であるとは思われぬ。日本仏教の土着化に果した密教の媒介的な役割を歴史の流れから疎外することは何びともできないであろう。また構造論的にみるとき、鎌倉仏教と密教とは深い関わりが見出されるのであって、密教が鎌倉仏教において消滅したとみるのは浅見だとしなければならない。これについての筆者の所見は後述することにしたい。

さらに、鎌倉時代における南都仏教の戒律復興運動を無視することもできないであろう。鎌倉仏教の主潮をなす無戒主義も、そのもとはといえば最澄が南都の四分律を破棄した時点から出発しているとみられる。そして、とくに親鸞以後は無戒主義が滔々《とうとう》たる流れをなし、もって今日の日本仏教に騎けるがごとき宗派を問わず全くの無戒主義をもって任ずるにいたっているのである。しかし、戒・定・慧の三学を具備しなければ真正の仏教とはいいがたい。

台密の大成

大乗円頓戒の授戒

最澄より良源にいたる初期天台教団の発達は比叡山を中心としている。最澄入滅後、翌弘仁十四年（八二三）四月十四日に初めて大乗円頓戒の授戒が行なわれた。最澄の弟子であった義真を戒師とし、このとき十四人の受者があった。これによって天台宗は南都仏教から離れて完全なる独立の地歩をかためたわけである。

空海が『三学録』を奏進したのは、この年の十月十日である。『三学録』は詳しくは『真言宗所学経律論目録』と称するもので、真言学徒の学ぶべき必須の典籍を示したリストである。ここにはじめて真言宗の宗名が冠せられ、以後、東寺に五十人の常住僧を置き他宗の者の雑住を禁制したから、これをもって立教開宗とする。このように、平安の二宗が時を同じくして発

天台宗で
止観業一人
遮那業一人

足をみるにいたったのである。

また、承和二年（八三五）十月、義真の尽力で諸国の講師・読師に天台宗の者を任命することが許された。これはかつて最澄が東国布教を行ない、あるいは北九州に巡錫の足をのばした路線を追うものとして注目される。円仁（慈覚大師）の諸国巡廻の伝説もこれと関連があるものと思われる。

密教経軌が不十分で貴族たちの要請に十分に答えられないのが初期天台宗の弱点であったと、史家たちによって見られている。しかし、これは円・密・禅・戒という四宗兼学の天台教学そのものの性格にもとづいているとすべきではなかろうか。もともと最澄は密教を学ぶために入唐したのではない。

天長八年（八一三）九月、最澄門下であった円澄以下二十六名は空海に書翰を送って、真言教の伝授を乞うている。それによると、天台法華一乗の柱である止観業はよしとするも、毘盧《びる》遮那《しゃな》業すなわち『大日経』系の経軌の教えを学ぶのには良匠が得られないから、ぜひ受学したいという趣旨が書き記されている。

天台宗では止観業に一人、遮那業に一人の年分度者を当てている。これに対して真言宗では承和二年（八三五）一月二十三日に、金剛頂業、胎蔵業、声明業のいわゆる三業度人の制が認められた。金剛頂業は『金剛頂経』系の経軌を学ぶ者、胎蔵業は『大日経』系の経軌を学ぶ者をそれぞれ分担させたものである。ところで問題は声明業である。これは真言陀羅尼の類を暗誦、研究するものであって天台宗にはない。平安仏教は藤原北家を中心とする貴族社会の発達と照応している。真言陀羅尼を用いた加持祈祷の実修の点では、天台は真言に一籌《ちゅう》を輸《ゆ》するものがあることはいなめないところである。

台密は円仁・円珍の帰朝をまち、安然にいたって大成されるのであるが、四宗兼学を理想とする最澄の意趣とは異なって著しく密教に傾斜してゆくのである。

円仁より良源まで

円仁は在唐中、金剛界・胎蔵法の両部とともに蘇悉地《そしつじ》法を受け、悉曇を南インド出身のラトナチャンドラ（宝月三蔵）について親しく学ぶことができた。

このようにして円仁が長安で密教の伝授を受けたことは、その後の天台宗の命運を大きく変えてゆく。また天台大師智顗《ちぎ》の止観行にもとづく四種三昧をわが国にもたらしたので、この門流より、良源、源信らを輩出し、やがて初期浄土教を形成するにいたるのである。

円仁はまた嘉祥三年（八五〇）十二月に、金剛頂業一人、蘇悉地業一人、止観業二人の計四人を年分度者に加えることにした。ここに台密発展の基礎ができあがった。

円珍は、会昌の破仏にあい一度還俗した円載といっしょに、幸いに青竜寺の法全《はっせん》に両部と蘇悉地法とを授かった。請来した経巻類は四百余部一千巻にのぼり、入唐求法僧のうちでは随一の巻数ということになる。仁和三年（八八七）、大日・一字金輪の両業度人二人を加えたので、実勢力において、真言密教をはるかに凌《しの》ぐようになった。

円仁門下にあって、かれの影響をもっとも多く受けた者に安然（八四一—？）がある。普通、五大院安然とよばれる。近江の出身で最澄の俗系に当たるといわれるが、伝不詳。円仁滅後、遍昭につく。元慶《がんぎょう》八年（八八四）、山城国元慶寺の伝法阿闍梨になる。この寺院は遍昭を開基とする。のち五大院に住し、一切の世俗的な栄誉を断って生涯、著述に専念した。これまでの台密の教学を綜合し、台密体系を大成するにいたったのである。著作は『真言宗教時問答』『菩提心略問答抄』『悉曇蔵』『八家秘録』『胎金蘇対受記』をはじめ百余部をかぞえる。阿覚《あかく》大師の諡《おくりな》をおくられる。

良源

良源（九一二—九八五）は同じく近江の出身で、俗姓は木津氏。十二歳で比叡山の理仙《りせん》につき、相応より戒を受けた。康保三年（九六六）天台座主職についたが、この年十月比叡山の堂塔伽藍が全焼した。直ちに復興に着手して旧観をとりもどし、また「二十六条式」を制定して一山の僧風を刷新した。著作に『百五十尊口訳』『極楽浄土九品《くほん》往生義』などがある。慈慧《じえ》大師と諡され、また元三《がんさん》大師と尊称される。のちに比叡山中興の祖と仰がれる。

良源門下の四哲（源信・覚運・尋禅・覚超）

門下に多数の人材を輩出したが、そのうちでも源信（九四二—一〇一七）、覚運（九五三—一〇〇七）、尋禅《じんぜん》（九四三—九九〇）、覚超（九六〇—一〇三四）を四哲という。源信は『往生要集』の著者として有名であり、この系統をのちに恵心《えしん》流という。また覚運には『観心念仏』『念仏宝号』などの著作があり、この系統を檀那流という。両者あわせて恵檀二流とよんでいる。

良源は比叡山の復興者として知られるけれども、『九品往生義』などの著述にみられるように浄土教の念仏行者でもあった。それが源信、覚運らに継承されたわけである。源信らについては初期浄土教の項で取りあげることにしたい。

増賀

同じく良源門下に多武峯《とうのみね》の増賀《ぞうが》（九一七—一〇〇三）と書写山の性空《しょうくう》（九一〇—一〇〇七）という異色の人物がいる。増賀は権門を避けて諸国を遊歴し、応和三年（九六三）大和国多武峯に入って四十年余り修行を積んだ。この間、毎年法華三昧を修した。

性空は書写上人とよばれる。良源の弟子であったが九州の日向国霧島山で修行し、また、筑前国背振山にこもって坐禅誦経《ずきょう》をこととした。のち諸国を遊行し、播磨国書写山に住して円教寺を建立した。

かれら二人は今でいう反体制的な仏者である。増賀・性空は有名であるが、遊行僧の存在はもっと発掘しなければならない。反体制的な仏者には二つのタイプがあるように思われる。一つは小角《おづぬ》型または遊行型、他の一つは行基型または勧進型である。入唐帰朝後、東国および北九州地方を巡歴した最澄に勧進型を認めることができよう。また入唐前の空海は遊行型、帰朝後の空海は勧進型である。勧進型の最澄が説話の世界にほとんど登場することなく、遊行型と勧進型とをかねそなえている空海が説話文学のなかの王座を占めているのは興味深いが、同じく遊行型の増賀と性空がしばしば説話に登場するのも注目される。

四哲の一人の覚超と、および同時代の皇慶はともに十世紀後半から十一世紀後半にかけての人物である。良源の弟子の覚超（九六〇―一〇三四）は横川《よかわ》の兜率《とそつ》院で密教を伝えたので、この系統を川流《かわのりゅう》という。また皇慶《こうげい》（九七七―一〇四九）は円仁の密教を伝えたが、比叡山東塔の南谷の井ノ房にいたところから谷流《たにのりゅう》とよばれるようになる。いずれも円仁の流れを掬《く》むのであって、この二流より台密諸派が分かれた。しかし、谷流が多くの分派を生じて、後世までひろがる。

まとめ

円仁の比叡山系の台密を山門またはたんに山《やま》というのに対し、円珍の園城《おんじょうじ》寺系のそれを寺

理同事勝

門またはたんに寺《てら》とよんでいる。山門から恵檀二流が分かれ、さらに寺門の諸流と合せて山寺の六流というが、教義その他の相違については、ここでは必要としないので、台密の流れの大綱についてまとめておくことにしよう。

順暁より密教の伝授を受けた最澄は帰朝後、空海より両部の灌頂を受けた。しかし、密教の最極秘奥の阿闍梨灌頂はついに受けることがなかった。その最澄が空海に向かって主張したのは円密一致である。すなわち「法華一乗と真言一乗と何ぞ優劣あらん」と空海に書翰を書きおくっているのが、それである。空海からすれば顕密は包摂関係と異次元関係とにあるものであるから、区別が認められなければならない。

法華一乗と真言一乗とには相違があることを明瞭に説いたのが、空海の『秘蔵宝鑰《やく》』であった。最澄門下が四宗融合の理想に対して態度を保留したのが、結果的にみると円仁、円珍の著しい密教への傾斜となって現われたのである。つまり、入唐して正統の青竜寺系の密教を学んだ円仁、円珍は四宗兼学を唱えた最澄の意趣とは乖離した方向をたどったのであった。

円仁は理同事勝《りどうじしょう》とする。法華一乗と真言一乗とでは理論においては同じであるというのが理同であるから、この点、最澄の円密一致の立場を継承している。だが、円仁は事勝とした。事相つまり宗教的実践体系においては真言一乗が法華一乗にまさるというのである。思うに、『法華経』の教主釈迦如来と『大日経』の教主大日如来との曼荼羅的構成における包摂関係および密教における教相（理論）と事相（実践）との相関関係をどのように取り扱うかという問題に帰着するであろう。

安然の
五教教判

円珍はさらに一歩すすめて、理事倶勝とした。教相も事相もともに密教のほうが法華一乗よりもすぐれたものであるというのである。当然のことながら円珍の理事倶勝論は空海の十住心体系が大きな影響を与えたことが考えられる。なお、円珍は空海の俗甥に当たるひとであることも、想起しておいてよい。

次に安然であるが、かれは『真言宗教時問答』四巻を著し、真言密教をきびしく批判しながらも、円教すなわち法華教に対する密教の優位性を主張した五教教判をたてたのであった。安然の五教教判というのは天台の四教、すなわち①三蔵教（二乗の教え）、②通教（三乗の通用）、③別教（菩薩乗の別用）、④円教（法華一乗）の上に秘密教を置くのである。その大綱において空海の十住心体系の構造をもつ教判であるが、ともかく安然にいたって明瞭に顕劣密勝すなわち顕教に対する密教の卓越性を説くにいたった。

こうした台密の流れに視点を据えて『法華経』の絶対性を確信した日蓮の存在意義をふりかえってみると、そこにさらに新しい歴史的な意味を見出すことができるように思われる。日蓮以降、近代仏教および現代の仏教にいたるまで法華信仰は日本思想史において、いろいろな意味でかなりの比重を占めていると思われるが、それは本質的にいってアンチ密教の立場にあるということである。

その意味において最澄が空海に書き送った「法華一乗と真言一乗とは何ぞ優劣あらん」という言葉は歴史的にみるとき、まことに重いひびきを伝えているといわなければならない。

三密相応による三摩地法門

▼真言宗の発達

平安初期に出現した天台宗と真言宗とは一見すると、異なった教学体系をもっているかのようであるが、また多くの共通点を見出すことができる。その第一には両宗とも綜合仏教であるということが指摘される。

本来、密教が綜合的性格をもち、インドにおいてすでに複合文化（complex culture）をその内実としたことは、筆者がこれまでもしばしば指摘してきたのであるが、そうした性格内容は空海密教において、とくに顕著である。空海の『秘密曼荼羅十住心論』『秘蔵宝鑰《やく》』の二著においては中国の道教、儒教、インドの哲学諸思想をはじめ釈尊の初期仏教より中国仏教の天台、華厳にいたるまで、ことごとく密教によって包みこんでいる。

四宗兼学を唱えた最澄の天台教学はいわば開かれた体系だとすれば、空海の真言教学は閉された体系をもっている。

円・密・禅・戒は、空海密教においてはどのような形態をとっているであろうか。まず円教であるが、十住心体系のなかでは第八住心に配当して密教に包摂しながらも、華厳とともに実大乗であることを承認している。禅は身・口・意の三密相応による三摩地法門をもって密教の至極としている。また戒は三摩耶戒を説き、顕教の戒すなわち顕戒と密教とは綜合されなければならないとしたのである。だから、構造論的にいって、天台宗と空海密教とは同一の構造をもつことが知られる。

空海密教を仏教一般からみた場合にはどうか。

請来目録の分類法

空海は唐より帰朝して『請来目録』を作成したが、それは経・律・論の三蔵の分類法を用いて密典を類別してある。また『真言宗所学経律論目録』（略称、三学録）の題名にもうかがわれるように、三蔵の分類法にしたがっていて、分類支の交叉を避けているのは、美事というほかはない。空海にとって密教とは仏教のなかの特殊なものではなく、綜合仏教なのであった。

三摩耶戒

仏教の根本道法は戒・定・慧である。空海密教は三摩耶戒をもって戒とし、三摩地法門をもって定とし、即身成仏をもって慧とした。三密行による三摩地法門をもって即身成仏するのが、空海密教であった。それは綜合的な実践体系であることは、たとえば初期の純密経典である『陀羅尼集経《だらにじっきょう》』などをみても明らかである。阿弥陀仏の法界定印を結び、弥陀大咒または小咒を唱え、阿弥陀仏を想念するというのが、インドで行なわれていた阿弥陀信仰である。

鎌倉仏教への影響

鎌倉新仏教は密教を疎外し、超克したところに成立したように考えられているが、構造理論的にみるとき、それは密教の三密行が分化し、一密の軌跡を追っていることが知られる。

左図によってそれを示してみよう。

三密行
- 身密――只管打坐（道元）
- 口密
  - 専修念仏（法然）
  - 唱題成仏（日蓮）
- 意密――信心為本（親鸞）

奈良仏教の六宗、鎌倉仏教の六宗（臨済宗・曹洞宗・浄土宗・浄土真宗・日蓮宗・時宗）に

対してみても明らかに、綜合仏教の立場が標榜《ひょうぼう》されているのは、天台と真言とである。

　今日、鎌倉仏教は大乗仏教の復興だという見方もある。しかし、インド大乗仏教の基本的な性格が綜合主義にあることからすれば、統一理論を見失なってしまい一宗一派の別立《べつりゅう》となった鎌倉仏教は大乗仏教の細分化であるといわなければならない。歴史において綜合的な統一の理論を欠くとき、それは真の復興とはいいがたいのではなかろうか。

真言宗の発達

　空海後の真言密教ははじめに嵯峨帝より空海が給預された東寺と、空海がみずから開創し、入定の地ともなった紀州の高野山とを根本道場として発展してゆく。そして空海は多くの弟子を奈良の諸大寺その他に配したので、天台宗に較べてきわめて広範囲の拠点を確立したのであった。

実慧

真雅・真然

真済

　空海の十住心体系からすれば、奈良の六宗はことごとく密教に包摂されるのであるから、そうした理論背景からすれば、密教化ではなく、奈良諸宗の現状をそのまま肯定したことになる。

実慧《じちえ》（七八六―八四七）は讃岐国の佐伯氏の出身だが、空海の佐伯氏とは別系である。天長九年（八三二）十一月、空海より東寺をあずかり、最初の長者職についた。また河内国に観心寺を建立した。空海の俗弟に当たる真雅《しんが》（八〇一―八七九）は弘福寺《ぐふくじ》をつぎ、東寺大経蔵を主管した。弟子の真然《しんぜん》は空海のあとを受けて高野山の経営につくした。真済《しんぜい》（八〇〇―八六〇）は空海の侍坐の弟子で、師の詩文集『遍照発揮性霊集』の編者として知られる。真然とともに入唐を志したけれども、暴風雨にさまたげられて渡海を断念した。実慧のあと、東寺の長者となった。

真如

インドに渡った日本僧・金剛三昧

道雄

杲隣

真如《しんにょ》（高岳親王《たかおかしんのう》）（七九九―八六五？）は薬子《くすこ》の変で廃太子となり空海について出家した。貞観三年（八六一）三月入唐、同八年（八六六）に広東を出帆してインドに向かう途中で入滅したと伝えられる。密教の源流をもとめてインドに到ったのは、日本僧で金剛三昧が一人いるだけである。

道雄（？―八五一）は実慧と同系の佐伯氏の出身で、空海に密教を学んだが、東大寺華厳宗の第七祖となり、また山城国に海印寺を建立した。

空海の弟子の杲隣《ごうりん》（七六七―八三七以後）は伊豆に修禅寺を開いたと伝えられ、かれの弟子の円行が入唐したことは前に述べたとおりである。

弘仁十三年（八二二）に空海は東大寺に灌頂道場を建立している。東大寺真言宗という呼称は東大寺と密教との密接な関係を端的に語っているといえよう。また空海が別当をつとめた大安寺と弘福寺、さらには在世中より特別の縁故があった興福寺などを中心に、空海の入滅後、密教と深い結びつきをもつにいたり、なかんずく大安寺は密教道場として栄えた。大和国室生寺は空海が弟子の堅恵にこれを付嘱《ふしょく》し、また山城国の珍皇寺も、空海の弟子たちによって継承されてゆくのである。

これらの諸大寺のうちで、空海にもっともゆかりの深い東寺と高野山（金剛峯寺《こんごうぶじ》）とは弟子たちの間で、それぞれに対抗意識があり、元慶三年（八七九）一月三日、真雅が入滅するや、真然は東寺に秘蔵された『三十帖策子』を高野山へもち去った。この『三十帖策子』は空海が在唐中に書き留めた密教経軌のメモ帳で、一部他人の筆跡を交えるといわれている。このころより、東寺と高野山とは相入れざるところとなり、その後数百年にわたって対立抗争がつづけられた。

東密の形成

台密の隆盛にひき比べて、空海入定後、東密はほぼ一世紀の間、墨守のありさまであった。しかし、益信《やくしん》（八二七―九〇六）、聖宝《しょうぼう》（八三二―九〇九）、観賢《かんげん》（八五三―九二五）らが輩出するに及んで、新生面が開かれたのである。

益信

益信は備後国の出身で、紀兼弼《きのかねすけ》の三男。大安寺の明詮《みょうせん》について出家し、宗叡、源仁に密教を学ぶ。寛平四年（八九二）、東寺一の長者となる。宇多上皇は昌泰二年（八九九）十月、益信について出家し、空理と諱《いみな》し、金剛覚と号した。『寛平遺誡』一巻は上皇の密教に対する所信を披歴したものとして知られている。延喜元年（九〇一）十二月、上皇は益信より伝法灌頂を受けた。仁和寺は密教寺院として光孝・宇多二帝にわたって造営し、上皇は落飾後に、ここに御室《おむろ》をかまえたので、この寺院は新しい密教の拠点となって発展していった。すなわち、益信、宇多、寛空、寛朝と法脈が伝えられ、寛朝（九一六―九九八）は京都広沢《ひろさわ》に遍照寺を建立したので、かれの法流を広沢流とよび、東密諸流の源になる。

聖宝

聖宝は大和国の出身。真雅について出家し、奈良諸大寺に学び、密教を真雅と真然より受けた。諸国を歴遊し、大和金峯山《きんぶせん》に登って金剛蔵王《ざおう》像を祀って修験道を大いに興した。後世、聖宝を修験道の中興の祖と仰ぐようになる。寛平二年（八九〇）貞観寺座主となり、また貞観年中（八五九―八七七）に醍醐寺を開いて顕密の根本道場とした、延喜九年（九〇九）七月六日、七十八歳で入滅。理源大師と諡される。著書に『大日経疏鈔』『胎蔵次第』などがある。なお、

聖宝

醍醐寺は聖宝入滅前の延喜七年（九〇七）に勅願寺になった。

聖宝より観賢、淳祐《しゅんにゅう》（石山寺）、元杲《がんごう》と法脈が伝えられ、元杲の系統に仁海（九五一―一〇四六）がある。仁海は寛弘年間（一〇〇四―一〇一二）に高野山大塔を再興し、またしばしば雨を祈って効験が著しかったので雨僧正とよばれた。小野に曼荼羅寺を開いたので、この法流を小野流という。末流がいくつかに分かれたから、野沢《やたく》十二流三十六派と通称している。これは新しい密教の教権を海外にもとめ得なくなり、また貴族社会の加持祈祷の要請に答えるためにも、事相の細分化が行なわれるようになった結果であって、筆者は空海密教と厳別する意味で、これらを亜流密教とよんでいる。このころ密教それじたいがまた貴族化されてゆくのである。

東密は真言宗の根本道場である京都東寺と高野山を中心に発展したのであるが、東寺を中心とした宗団統制をはかり、真言宗の基礎がためをしたのが観賢（八五三―九二五）である。観賢は四国讃岐の出身で真雅について出家しているから、空海の法孫にあたる。また醍醐の聖宝の灌頂弟子でもある。大和国般若寺に学び、仁和寺別当となる。延喜六年（九〇六）東寺長者となり、さらに同十九年（九一九）醍醐寺第一世座主となり、のちに高野山金剛峯寺座主もかねた。観賢以後ながく東寺長者が高野山の座主をかねるならわしとなったのである。

延喜二十一年（九二一）十月二十七日、醍醐帝より空海に弘法大師の諡名《おくりな》がおくられたので、観賢は勅書をたずさえて高野山に登った。霊廟を開扉すると、世を去って一世紀近くたってい た空海は生前の入定《にゅうじょう》の姿のままであったので、鬚髪《しゅはつ》を剃《そ》り衣を更《か》えたと伝えられている。これが大師入定信仰の発端であって、藤原道長も高野山へ登ったとき空海が入定しているさまを見たということが『栄華物語』に記されている。

入定信仰というのは、空海は肉身を捨てたのではなく今もなお生身《しょうじん》のままで、衆生済度のはたらきをつづけているという信仰である。これを入定留身《にゅうじょうるしん》という。

観賢にまつわるこうした入定伝説がいつ頃形成されたか明らかでないが、『梁塵秘抄《りょうじんひしょう》』巻二にも「大師の住所はどこどこぞ、伝教慈覚は比叡《ひえ》の山、横河《よかわ》の御廟《みみょう》とか、智証大師は三井寺にな、弘法大師は高野の御山《おやま》にまだおはします」と歌っている。

観賢は東密の宗団統制を目ざして金剛峯寺座主をかねたわけであるが、大師入定信仰の張本人となり、この入定信仰をもってのゆえに、高野山が入定の霊地として独立独歩の道を歩むことになったのは歴史の皮肉だといわなければならない。

十一世紀初め定誉《じょうよ》（九五八—一〇四七）が高野山にのぼって荒廃に帰した堂塔伽藍を再興し、入定の地の奥ノ院を復興している。定誉は大和子島寺の真興の弟子であったが、諸国を巡った遊行の念仏聖であったことが注目される。

南都と平安密教

覚鑁《かくばん》(一〇九五―一一四三)は九州肥前の出身。仁和寺寛助の弟子で、高野山に登って大伝法院を建立し空海の教学を復興した。しかし、金剛峯寺方と相入れず、紀州根来《ねごろ》に退いて学徒の指導にあたった。これが根来寺である。康治二年(一一四三)十二月十二日に四十九歳で入寂した。著述は『五輪九字明秘密釈』その他多数ある。高野山教学の中興の祖であり、新義真言宗の派祖、密教的浄土教の開祖と仰がれている。元禄三年(一六九〇)に興教《こうぎょう》大師の諡名《おくりな》がおくられた。覚鑁については浄土教の項で再びふれることにしたい。

▼南都仏教のうごき

奈良の六宗は最澄の天台宗との関係において、とくに三論・法相、わけても法相宗は最澄の理論闘争の矢おもてにたって対立した。これは経宗対論宗の教理論争というよりも、具体的な戒壇建立をめぐっての戒律論争であった。

いっぽう空海は顕密両戒を学ぶべきことをむねとした三昧耶《さんまや》戒を説き、十住心体系において南都諸宗を理論的に包摂した。また実際的にいっても、空海はすでに入唐以前から東大寺、元興寺、大安寺などと密接な関係をむすび、帰朝後は東大寺ならびに大安寺の別当となった。元興寺の泰信は空海の得度の師であり、泰範は元興寺出身の僧で泰信と何らかの関係にあったと思われるから、最澄から離れて高雄山寺在住のころの空海のもとへ走った泰範と空海とは、得度の兄弟弟子の関係にあったのではないかと推定される。

空海は東大寺に「金光明四天王護国之寺」という篇額を書いたといわれる。弘仁十三年

東大寺に灌頂道場

（八二二）東大寺境内に真言院を建て、また灌頂道場が設けられて密教寺院としての機能の一端をはたすことになった。また東大寺の道義のときに、かつて大安寺にあった東南院を移建し、醍醐寺の聖宝が入住したので、東南院はこれより三論・真言の兼学寺院となった。

そして、この東南院より東大寺長者を出すことになったので、一時は東大寺真言宗の称さえ用いられるほどであった。東南院はかつて佐伯今毛人《さえきのいまえみし》が建立した寺院であるから、空海との因縁も浅くないと想像される。

東大寺内の尊勝院は華厳・真言の兼学寺院となった。

このように華厳宗の総本山が兼学寺院であるのはさきにみたように奈良時代に六宗兼学であった伝統によるものである。これを空海のたくみな政治的手腕とか南都仏教の密教化というのは一方的な批評であろう。

顕密を兼学するのはナーランダーやヴィクラマシラーあるいはオーダンタプリなどのインドの大学寺院あるいはチベットの四大寺院などに見られるように、インド以来の伝統的な仏教のありかたである。

のちには「八宗兼学」という言葉も生まれて、レパートリーの広さをいい表わすが、八宗とは倶舎・成実・三論・法相・律・華厳・天台・真言をいう。

後代ではあるが信州善光寺の大本願が浄土宗、大勧進が天台宗であるのも、やはり兼学寺院の形態を示しているものである。

伝えによると、空海は弘仁四年（八一三）に興福寺に南円堂を建立して藤原氏の祈願所としたといい、現在でも興福寺には空海にまつわる古い伝承が伝えられている。

修円

興福寺の修円（七七一—八三五）は空海が最澄にあてた書翰「風信帖《ふうしんじょう》」のなかで、「最澄さんと修円さんと私との三人で仏法の興隆をはかりましょう」といっているくらいだから、南都仏教の大立物であったらしい。修円は大和国益田池を築くときの有力な指導者の一人で、空海が筆をとった「大和州《くに》益田池碑文」に見える円律師その人であると思われる。修円は著述も多く、その弟子に徳一がいる。徳一と最澄との論争、徳一と空海との親交についてはまえにみたとおりである。

護命

元興寺の護命（七五〇—八三四）は南都仏教の代表者で、最澄はその著『顕戒論』で正面きって論撃したが、空海は護命八十の賀のときに祝詩を贈ったりしている。また伝えによると、元興寺の中璟《ちゅうけい》が宮中の一女官と不義があった。このとき嵯峨帝に「冬天に暖景なくんば、梅麦《ばいばく》何をもってか花を生《な》さん」といって「僧中璟が罪を赦《ゆる》されんことを請《こ》ふ表」を差出したのも空海である。

唐招提寺のペルシャ僧如宝《にょほう》（？—八一五）に代って「賜封戸表」の筆をとり、四十巻本『華厳経』（入法界品）を如宝に贈ったのも空海である。

勤操

大安寺はのちに顕密兼学の寺院になるが、入唐した大安寺の善議から求聞持法《ぐもんじほう》を受けたのが勤操《ごんぞう》（七五四—八二七）である。勤操は秦氏の出身で、大和国高市郡のひと、石淵僧正《いしぶちのそうじょう》と通称される。つとに高野山に登って修行し、また善議に三論を学んだ。弘仁元年（八一〇）宮中で『最勝王経』を講じている。のち石淵寺を開いた。天長四年（八二七）五月、西寺で入滅した。七十歳。

勤操は三論に密教を兼学している。また伝説では空海に求聞持法を授け、得度の師でもあるとされるが、たんなる法友関係にあったとみるべきであろう。一周忌にあたって勤操の弟子たちが師の檀像をつくる際に影賛の文を空海に依頼している。この檀像を模写したものが現在、高野山普門院に伝わっている。

法隆寺の道詮は真如親王の三論の師で、また求聞持法を修行している。真如は空海の十大弟子のひとりである。太秦《うずまさ》広隆寺を再興した道昌も求聞持法を行なっている。法相宗の護命もまたしばしば求聞持法を修した。

この求聞持法は経文を暗記する能力を開発する密教の秘法である。

奝然

奝然《ちょうねん》（九三八—一〇一六）は京都のひとで、三論・密教を兼学し、天元五年（九八二）に入宋した。帰朝後、三年間東大寺にとどまった。請来した栴檀《せんだん》釈迦如来像および宋版一切経五千巻は有名である。京都嵯峨に清涼寺を建立して三論宗の復興につとめたが果さなかった。わが国に純粋の観念論哲学は育たなかった一例ともみられよう。

東大寺とともに興福寺は広大な寺領荘園を擁し、その住侶は藤原氏一門の出身者が多く、貴族化の一途をたどることになり、教学活動においてはとくにみるべきうごきはない。

真興と蔵俊

僅かに真興《しんごう》（九三五—一〇〇四）と蔵俊《ぞうしゅん》（一〇八四—一一六五）とが知られている。ともに興福寺の住侶である。真興は道長の外護《げご》をうけ、のちに大和国高市郡の子島寺へ移ったので、通称、小島の真興とよばれている。『縛日羅駄都《ばざらだと》私記』『胎蔵界儀軌解釈《げしゃく》』などの著から知られるように密教家でもあった。

蔵俊はわが国最大の因明（仏教論理学）の著述『因明大疏抄』の作者として知られる。

以上みたように、律―密教、三論―密教、法相―密教、華厳―密教の兼学が南都仏教の特色であるといえよう。それらは綜合仏教の一種といってよい。

▼平安浄土教

浄土教の起源・伝来

中国の浄土教

阿弥陀仏を信仰して極楽浄土に往生することを願う浄土教は、インドで四世紀ころのヴァスバンドゥ（世親）に至って理論的に成立し、後期大乗仏教の時代には阿弥陀仏は密教の曼荼羅にも取入れられているので、インドでは後世までその信仰が行なわれたことが知られる。しかし、わが国に伝わった浄土教は主に中国で成立し発達したものである。

いうまでもなく中国浄土教をみる場合に、晋代の盧山《ろざん》の慧遠《えおん》（三三五―四六一）の名を逸することができない。慧遠は東晋の時代、雁門《がんもん》の出身で、釈道安に学んだ。鷹山にこもること三十年、この間、念仏結社の白蓮社を始めて多数の信者が出た。また慧遠は羅什三蔵とも交際があり、有名な『不敬王者論』などを著した。

かれのあと曇鸞《どんらん》、道綽《どうしゃく》、善導が相次いで現われ、中国浄土教が成立をみたわけである。

善導（六一三―六八一）は曇鸞（四七六―五四二）、道綽（五六二―六四五）の流れを掬《く》み中国浄土教を大成した。善導は長安を中心に浄土教を流布した。伝えによると『阿弥陀経』十万巻を書写し、浄土図三百枚を描いたというが、『観無量寿経疏』四巻が主著で、これはわが国の浄土教にも多くの影響を与えた。その他『往生礼讃』一巻、『観念法門』一巻、『法華讃』二巻、『般舟讃』一巻などがある。この一派を善導流と称して中国浄土教の主流をなすに至った。

わが国へは飛鳥時代にすでに浄土信仰が入ってきて、梅原猛のいう怨霊の鎮魂儀礼と結合したことはすでにのべたところである。白鳳期になって阿弥陀仏像の造立がはじまった。

智光曼荼羅

奈良時代に智蔵の弟子の智光・礼光は三論宗の学匠であった。礼光が没後、極楽浄土に往生したのを夢に見た智光が画師に描かせたのが、いわゆる智光曼荼羅である。これは唐代の浄土変相図を原画としたものとみられ、同じ系統のものに中将姫で有名な当麻寺《たいまでら》の当麻曼荼羅がある。曼荼羅とよばれるが、平安初期にわが国に入ってきた密教の曼荼羅とは異なったものである。総じて奈良時代の阿弥陀信仰は造像、造搭などと同じくそのほとんどが先亡の追善菩提を目的としたものだといわれている。

平安時代初期にも平安官人たちの間で、かなり阿弥陀信仰が行なわれていたようである。たとえば、菅野真道は亡父母の追悼のために阿弥陀三尊像を造立して空海に開眼を依頼した。また空海は葛木《かつらぎ》の参軍《さんぐん》のため『阿弥陀経』一巻などを書写、同じく空海は林《りん》学生の亡父母追善のとき阿弥陀仏像を描くにあたって、これを指導しているがごときである。

▼日本浄土教の発祥

四種三昧

しかし、わが国における浄土教の発祥としては天台宗の『摩訶止観』に説く四種三昧に目をとめなければならない。これは常坐・常行・半行半坐・非行非坐で、最澄は法華三昧堂を建立して半行半坐三昧を行なった。ついで円仁は入唐前に叡山に常坐三昧堂を建て、帰朝後、既述のように常行三昧堂を建立した。常行三昧堂は阿弥陀仏を本尊として安置し、周囲の壁面には浄土変相図または浄土図を描いたようである。こうした三昧堂で行道《ぎょうどう》しながら口称念仏し、見仏するのであるから、その行法からみて三密的な念仏、すなわち密教念仏行である。しかも、三昧堂の堂内は現世において浄土を現出するという密教的な表現装置が認められる。

萱野真道が弥陀三尊像をいかなる堂宇にまつって、どのように空海がこれを供養したか分からないが、おそらく阿弥陀堂であったのではないかと思われる。

いずれにしても、念仏が一種の三昧行であることや、見仏をめざす点は、インド的な念仏の伝統が認められる。インドで念仏というのはブッダ・アヌスムリティすなわち仏の相好を憶念するということであった。

比叡山の東塔、西塔、そして横川に常行堂が建立されてから、そうした念仏三昧の盛行にともなって各地に常行三昧堂が建立された。園城寺・元慶寺・法成寺・法勝寺・四天王寺などが知られる。

円仁がわが国に伝えたのは五台山の引声《いんぜい》念仏である。これは五会《ごえ》念仏ともいい、音曲的な節をつけながらゆっくり南無阿弥陀仏をくりかえし唱える。のちに旧暦十月に十日十夜を限って念仏するお十夜念仏となる。また真言宗で『理趣経』の終りに唱える毗盧遮那《ひろしゃだふ》仏の反覆すなわち合殺《かっさつ》とよばれるものも引声念仏の影響とみてよいであろう。

円仁以後は空也、源信、良忍らによって念仏信仰は継承され、鎌倉時代に源空（法然）が浄土宗なる一派を開き、さらに親鸞は浄土真宗を開いた。そして智真（一遍）が時宗を始めたので、念仏門は日本仏教史上の大きな流れを形成するに至った。

法然の専修念仏の誕生をみるまでの念仏思想は法華信仰と結びついている。これはわが国の念仏思想が右にのべたように天台の止観の一環として発生したという歴史的な事情によるものなのである。

念仏の民衆化

空也

念仏行の民衆化という点では空也《くうや》（九〇三―九七二）と良忍《りょうにん》（一〇七二―一一三二）をあげなければならない。

空也（六波羅蜜寺蔵）

空也は出自を明らかにしない。尾張国《おわりのくに》の国分寺で出家した。足跡は諸国にあまねく東北の奥州出羽方面までも足をのばした。いま京都六波羅蜜寺にある空也像（鎌倉時代、康勝作）は粗衣に遊行《ゆぎょう》杖をつき鉦鼓《しょうこ》を叩《たた》き念仏を唱えているが、口から吐き出る南無阿弥陀仏は化して阿弥陀仏となっている。念仏行のために市中道場をつくって道俗に弥陀信仰を普及したので、市聖《いちのひじり》、市上人《いちのしょうにん》、阿弥陀聖《ひじり》などとよばれた。また念仏を唱えながら諸国の道路の修理開発や架橋につとめ、井戸掘りなどの利他行を行なったのは行基や空海の行跡につながるものがある。このゆえをもって、『日本

良忍

往生極楽記』には空也の念仏民衆化を特筆している。

四十六歳のとき、比叡山に登って正規の得度を受けたが、それまでは半僧半俗の市井《しせい》の念仏行者にすぎなかった。京都に西光寺を建てて、ここを念仏道場と定めた。これはのちに六波羅蜜寺と称するようになる。

空也の念仏遊行は身密行の常行三昧を生活化したものとみることができるであろう。

良忍も念仏民衆化では空也とならび称せられるひとである。尾張の生まれで、つとに比叡山に登って修行をつみ、二十三歳のとき大原にこもり念仏行につとめながら来迎院を建立した。そして念仏三昧中に「一人一切人《いちにんいっさいにん》、一切人一人《いっさいにんいちにん》、一行一切行《いちぎょういっさいぎょう》、一切行一行《いっさいぎょういちぎょう》、是名他力《ぜみょうたりき》往生《おうじょう》」の融通念仏偈《ゆうづうねんぶつげ》を感得したといわれる。これは鎌倉時代の時宗の開祖、一遍が熊野参籠のおりに「六字名号一遍法《ろくじみょうごういっぺんほう》　十界依正一遍体《じっかいえしょういっぺんたい》　万行離念一遍証《まんぎょうりねんいっぺんしょう》　人中上々妙好華《にんちゅうじょうじょうみょうこうげ》」の六十万人偈を感得したのに酷似している。

融通念仏偈は大衆とともに念仏を唱和し、やがて、その念仏の声は限りなく法界にひろがることを意味しているものであろう。良忍は天治元年（一一二四）、京都市中を念仏勧進して歩き、のちに摂津に大念仏寺を建立した。

良忍は融通念仏宗の開祖と仰がれ、浄土宗の開祖法然はかれの孫弟子にあたる。融通念仏宗は『法華経』と『華厳経』とを正依の経典とし、『浄土三部経』（大無量寿経・観無量寿経・阿弥陀経）を傍依の経典としている。天台法華一乗より法然の浄土宗に展開するまでの過渡的な浄土教の形態だといえよう。

大阪市東住吉区平野上町にある大念仏寺がこの融通念仏宗の本山である。

源信

源信は恵心僧都の名で知られている。高野山に有志八幡講が奉持した弥陀二十五菩薩来迎図(国宝)がある。もとは比叡山にあったが信長の焼討ちの難をのがれて転転としたのち高野山に納められたといわれる。この来迎図は源信作と伝え、画面の左下隅に近江の湖が描かれている。もちろん源信作は一箇の伝えであろうが、源信が弥陀来迎の信仰を流布する重要な位置を占めていた人物だったことを物語るものといえる。

源信は空也よりやや後のひとで、比叡山で修行をつみ、のち横川の首楞厳院《しゅりょうごんいん》にこもって著述に専念した。多数の著作があるうち、『往生要集』六巻(原本は三巻)は著名である。二度も宋の国に伝えられたほどである。源信は空也や良忍のように市井の俗塵にまみれることなく、終生、天台の学僧として生涯を全うした。首楞厳院では毎月十五日に二十五三昧会が開催され、これには、僧俗ともに参加し、昼間は『法華経』を講賛し、夜間は『阿弥陀経』を読誦するというものである。なお、これは鎌倉初期に高野山でも行なわれるようになった。

往生要集

『往生要集』は『正法念処経』などにもとづいて地獄と極楽の様相を克明に描写したもので、その規模の大きさからみてもダンテの神曲にも比せられる作品である。寛和元年(九八五)に完成したもので、内容を一口にいえば「厭離穢土《おんりえど》・欣求浄土《ごんぐじょうど》」すなわち穢土なる現世を厭離して弥陀の浄土を欣求するということに尽きる。そこで具体的には念仏往生をしなければならないが、そのためにはなお自力的な次のような修行をつまねばならない。これももとより台密的な基盤をもつものであって密教の三密行の分化として図示することができる。

(一)礼拝門―五体投地による弥陀の拝礼行……身密
(二)讃歎門―口称念仏による弥陀の讃歎行……口密
(三)作願門―発菩提心による往生浄土の願行………
(四)観察門―弥陀の相好、浄土を憶念する観想行…｝……意密
(五)廻向門―善根を廻向し、一切衆生の菩提を願う……三密相応

三密に配当するのは筆者の試みであるが、それは源信の念仏が台密系のものであることを明らかにするためである。これが次第に易行化の方向をたどり、称名のみでもよしとする専修念仏となり、さらに摂取《せっしゅ》すなわち〝救いの念仏〟へと移行するわけである。

要するに源信は美的な観照の浄土観によったもので、藤原道長が建立した法成寺や宇治平等院、あるいは平泉中尊寺の金色堂にみられるように、堂内はそのまま阿弥陀の浄土を表現したものである。いわば貴族趣味に合った浄土信仰であり、同時代人でありながら、空也や良忍の場合とは対照的である。空也、良忍らはそうした荘厳な堂宇を必要としない民衆とともなる念仏行であった。

まとめ

源信に代表されるような浄土教では往生浄土を願いながらも、現実には『法華経』を講賛、読誦するという場合が多い。これはそうした浄土教が平安密教を基盤とした台密系のものであった証左である。そして、時代の推移とともに往生型より来迎型に変ってきている。つまり極楽に往きて生ずるのではなく、阿弥陀仏のほうから来たり迎えるのである。さきの恵心僧都作と伝える来迎図などにみられるような聖衆来迎の信仰がそれである。このような臨終に際して

勧請

末法思想

念仏者のところへ浄土の聖衆が来迎するという思想は迎講《むかえこう》という講をつくる背景になっている。迎講は弥陀や二十五菩薩の仮面をつけて来迎になぞらえる仏事をいとなむ民衆の結社で、聖衆来迎を芸能化したものであるから、民俗化された念仏の一種である。

密教の儀式儀礼は勧請《かんじょう》を主体とする。勧請というのは仏神などを請《しょう》じ迎え入れることである。それは自力的な行法であるが、来迎のほうは全く他力的である。密教を勧請型とすれば、浄土教は来迎型として区別することもできるであろう。もっとも浄土教でも奈良時代に描かれた智光曼荼羅などにみられる浄土変相図は往生型であり、弥陀来迎図は来迎型とよぶことができよう。

往生型より来迎型への移行は「世の終わり」という末法思想すなわち時代の危機意識がその条件づきになっている。正・像・末の三時という仏教史観のなかで末法は一万年つづくとみられ、わが国では永承七年（一〇五二）より末法の時代に入ったと考えられていた。浄土教の厭《おん》離穢土《りえど》観はそうした末法思想ならびに当時の末法的世相とマッチして、閑寂の土地を選んで念仏の道場としてこれを別所とよんだ。別所で念仏行をする人びとを別所聖とよび、かれらはいずれも極楽浄土からの聖衆の来迎を願って臨終を迎えたのである。世塵を遠離《おんり》して念仏往生をすることを願った者たちには再出家者と在俗の遁世者との二種があった。諸種の往生伝に出てくる在俗の念仏行者は後者に属し、かれらの数は次第に増えていった。鎮護国家の仏教は公共性のつよいものであるが、個人救済の信仰とはなり得なかった。しかるに浄土教は個人信仰であって個人の救済のためのものであった。

往生伝の作成

覚鑁

慶滋保胤《よししげのやすたね》（九三一―一〇〇二）が寛和年中（九八五―九八七）に著した『日本往生極楽記』二巻が往生伝のうちでは現存最古のものとみられている。また康和年中（一〇九九―一一〇四）の大江匡房《おおえのまさふさ》（一〇四一―一一一一）撰『続本朝往生伝』一巻があり、このころ三善為康撰『拾遺往生伝』三巻、『後拾遺往生伝』三巻、沙弥《しゃみ》蓮禅（生没年不詳）撰『三外往生記』一巻がある。また仁平年間（一一五一―一一五四）には藤原宗友が『本朝新修往生伝』を著した。これは藤原期のころの念仏往生人の略伝であるが、さきにもみたように法華信仰と念仏行とが併存しており、西方往生を願うために『法華経』を信仰し、書写、読誦などを行なうというものであって、天台止観系の念仏であることを伝えている。また現実的には密教の諸仏諸尊を信仰しながら西方往生を願うといったように、きわめて密教的な念仏行である。こうした念仏信仰に理論的基礎を与えたのが次にのべる覚鑁《かくばん》の秘密念仏である。

往生伝は鎌倉時代以降にも各種のものが著された。たとえば『高野山往生伝』『続高野山往生伝』などがそれであって、高野聖の往生思想については鎌倉時代の仏教にゆずることにしたい。新義真言宗の開祖と仰がれる覚鑁《かくばん》は、また高野山を中心に鎌倉時代に展開した秘密念仏に理論的な基礎を与えたことで知られている。

さきにみたように、覚鑁は高野山に大伝法院を建立して空海の教学を復興したのであるが、また別所聖たちの影響を受けて真言密教に浄土教の思想を導入したのであった。これに関する主要な著作は『五輪九字明秘密釈』の他に『密厳浄土観』『阿弥陀秘釈』『一期大要秘密集』などである。

「顕教には釈尊の外に弥陀あり。密蔵には大日すなわち弥陀、極楽の教主なり。まさに知るべし、十方浄土は皆これ一仏の化土、一切如来はことごとく是れ大日なり。毘盧・弥陀は同体の異名、極楽・密厳は名異にして一処なり云々」(『五輪九字明秘密釈』)

このように、密教の教主大日如来がそのまま極楽浄土の教主、阿弥陀如来であって、両者は同体にして異名だとするものである。これは密教の曼荼羅の理論にもとづいて浄土教と密教との融合をめざしたものである。

『阿弥陀秘釈』にも次のように説かれている。

「無量寿(阿弥陀)、法身如来(大日)、法界宮に住して不生不滅なり。是の故に大日如来を或は無量寿仏と名づく」

さらに、『一期大要秘密集』は密教的浄土観がいっそうはっきりと述べられている。

「顕教に云く、極楽とはこれより西方十万億を過ぎて仏土あるなり。仏はこれ弥陀、法蔵比丘の証果なりと。

密教に云く、十方の極楽は皆これ一仏の土なり。一切如来は皆これ一仏の身なりと。娑婆《しゃば》に殊《こと》にして、さらに極楽を観ずることなし。何ぞ必ずしも十万億土をへだてん。大日を離れて別に弥陀あらず。また何ぞ法蔵正覚の弥陀ならん。密厳浄土は大日の宮位、極楽世界は弥陀の心地なり。弥陀は大日の智用《ちゆう》、大日は弥陀の理体なり。密教は極楽の総体、極楽は密厳の別徳なり。最上の妙楽、密厳にこれを集む。極楽の称、弥陀の号、これより起る。然るに、かの極楽はいずれの処ぞ、十方に遍ぜり。観念の禅房、あに異処にあらんや。かくの如く観ずる時、娑婆を起たずして忽ちに極楽に生ず。わが身、弥陀に入りぬ。弥陀を替《か》えずしてすなはち大日と成る。吾が身、大日より出づ。これすなはち即身成仏の妙観なり云々」

これが秘密念仏の観法であって、密厳念仏はまた真言念仏とよばれるもので、身・口・意の三密行における意密は称名念仏をもってするところのものである。

覚鑁の三密行による念仏思想は鎌倉初期に高野山の道範（一一八四―一二五二）に継承され、『秘密念仏鈔』三巻となって結実する。

鎌倉時代の秘密念仏については後述する高野聖たちの念仏行に覚鑁以来の密教的浄土教の思想が背景になっていることだけを指摘しておきたい。

▼平安仏教と美術

平安仏教をみる場合に、仏教美術の存在を見落すことができない。とくに密教はその教理が造型美術をもって表現されるのであるから、密教は芸術的な仏教だということができよう。

空海も『請来目録』で、「法はもとより言なけれども言にあらざれば顕《あらわ》れず。真如は色を絶つれども色を待ってすなわち悟《さと》る。（中略）しかのみならず、密蔵は深玄にして翰墨《かんぼく》に載《の》せがたし。さらに図画を仮《か》りて悟らざるに開示す」と説いているとおりである。

平安仏教の美術は真言系と天台系との密教美術、浄土教美術、その他の美術に分けられる。平安美術についてはすでに佐和隆研博士の諸種の著述、論文があるので、それらの成果によって、教理との関係を考察することにしたい。
わが国では平安時代以前にすでにさまざまの密教美術が行なわれていた。とくに奈良時代にはさまざまなかたちで造型活動が行なわれている。当然のことながら、密教像の制作には密教の経典儀軌を母胎とし、それの理解、咀嚼《そしゃく》がなければならない。しかしながら、奈良密教はきわめて断片的であって、実際に行なわれていた密教の形態はいわゆる雑密である。組織的、体系的な密教の移入は平安時代に入ってからであり、密教の造型活動が盛んに行なわれることによって、わが国の美術の流れは大きく変容することを余儀なくされたのである。
たとえば空海の『請来目録』には「仏菩薩金剛天等、法曼陀《まんだ》（荼）羅《ら》、三昧耶《さんまや》曼陀羅幷《なら》びに伝法阿闍梨《でんぽうあじゃり》等の影共に一十鋪《ぽ》」とあり、その内容は次のようである。

仏像等
大盧遮那大悲胎蔵大曼荼羅一鋪七幅一丈六尺
大悲胎蔵法曼荼羅一鋪
大悲胎蔵三昧耶略曼荼羅一鋪三幅
金剛界九会曼荼羅一鋪七幅一丈六尺
金剛界八十一尊大曼荼羅一鋪三幅
（東寺本、七十三尊）（以下略）

また、ヴァジラボーディ（金剛智三蔵）以来、諸祖師が伝持して空海に恵果より伝えた秘宝のうちに、次のものがある。

白緤大曼荼羅尊四百四十七尊

白緤金剛界三昧耶曼荼羅尊一百二十尊

空海は請来した大部な仏菩薩天部の諸像などとともにこれらの両界曼荼羅図を高階遠成に託して献上している。また帰朝後、数多くの造像、造画が行なわれているが、空海はその都度、ディレクターとして指導しているもののようである。

東寺講堂や昭和元年（一九二六）に焼失した高野山旧金堂の諸像にみられるように、表現様式がきわめて多様であることと、感能的力量の点でインド的形式が濃厚に残っている。密教の経典儀軌に規定する尊像の種類は顕教のそれにくらべて比較にならないほど多種多様である。またシュバカラシンハ（善無畏）、ヴァジラボーディ（金剛智）らによってインドから唐代にもたらされた密教がまさしくインド直伝のものであったがゆえに、空海がわが国に請来した密教像もまたインド的な様相を強く残している。

しかし、また即身成仏という理想を生きた現実の人間の肉身において実現するという密教の教理そのものにもとづいて、生なましいインド的官能の表現をとっているとみるむきもある（佐和博士説）。しかし、こうしたインド的官能の表現は平安初期の空海在世中にとどまり、高野山金剛峯寺西塔の金剛界大日如来像を最後として、以後はそうした表現形式が消滅したといわれる。

さらにまた空海が請来した両部曼荼羅はわが国における最初の曼荼羅である。それがもとより密教的世界像の図画として体系的な密教の展開に与えた影響は無視することができない。

空海が開創した高野山の金剛峯寺伽藍配置をみると、講堂の後方に僧房、その左右に西塔、東塔（大塔）を配置し、講堂の前方に中門がある。西塔は金剛界曼荼羅、東塔（大塔）は胎蔵曼荼羅を象徴する。講堂（金堂）の中央には秘仏の阿閦《あしゅく》如来を、そしてその前方には等身大の金剛薩埵《さった》、金剛王、普賢延命、虚空蔵、不動、降三世を安置した。これらは焼失してしまい、金剛薩埵以下は僅かに残された写真によってうかがうことができるが、本尊の阿閦如来はついにいかなる尊像であるか永遠に不明のままになってしまっている。

なぜ空海が阿閦如来を本尊に定めたかは今日まだ決定的な解答が出されていない。一説によると、即身成仏を実現する講堂にこの如来を安置したのはインドの例にならったものとみられる。

奈良時代の七堂伽藍の配置に較べると、金剛峯寺伽藍の配置は全く類例をみないものであって、空海の独創とされるが、また唐代密教寺院の様式を踏襲したのであるかも知れない。ただし、唐代密教寺院なりその遺構が残っていないので、それを判定することはできない。ただ即身成仏の道場としての講堂の背後に僧房を建立しているが、これは西南インドの石窟寺院などにみられるように、仏塔を中心とした仏殿広間の両壁に個室の僧房が並列してある様式に似通っておるので、これもインド的な僧院の名残りをとどめているものとみられる。

真言密教は金剛智―不空―恵果―空海と直伝したわけであるが、その一つの証左として、造型化の方面でも、他の顕教に較べてインド的形式をきわめて色濃く伝えているのは興味深い事実だといわなければならない。

次に東寺の講堂に空海の安置した諸尊像の組合せ、配置もこれまた全く空海の独創になる密教的世界像を表現しているものである。

まず中央に金剛界曼荼羅の五仏を、右側に金剛界五菩薩、左側に五大明王を配置するというように、三つのグループよりなり、その四囲に四天王、梵天、帝釈天の六天を護法神として安置した。

東寺は嵯峨帝が空海に給預した鎮護国家の祈願をする寺院である。そこで『金剛頂経』を所依とする金剛界曼荼羅の諸尊を中心として『仁王般若経念誦儀軌』に説く五大明王と四天王、帝釈を配合したものであり、その組合せはすなわち空海の独創にかかるものである。

密教の二大道場である東寺と高野山とにおける造型的曼荼羅様式の表現が、全く密教教理の具現化そのものにほかならず、しかも空海の意図するところがたくみに発現されていることが知られよう。

このようなインド的な力量感にあふれた彫刻には河内観心寺の如意輪観音や高雄神護寺の五大虚空蔵菩薩、高野山麓の九度山慈尊院の弥勒菩薩などがあり、絵画では醍醐寺五重塔の柱画があり、これは東寺五重塔の壁画の系統のものであろうと推測されている。ただし現存の東寺五重塔のそれは江戸時代のものである。

中尊寺金色堂、法界寺阿弥陀堂などは建物じたいは比叡山の常行三昧堂的な存在でありながら、その柱に描いたものは金剛界系の菩薩像で、これは空海に始まる壁画の形式の伝統を天台系寺院でうけついだ例だとみられている。

なお空海が請来したもので仁王経五方諸尊図五幅（模本は醍醐寺と東寺とにある）および十天形像図が知られ、いずれも録外請来本である。

台密系の美術

最澄の『台州録』には次のような美術関係の作品が記されている。

天台山智者大師霊応図一張
天台山国清寺壁上大師説法影像幷仏頂及維摩四王六祖像一巻
梵漢字随求即得曼荼羅一張
梵種子曼荼羅一張
大仏頂通用曼荼羅一張
三十七尊様一巻
三十七尊供養具様一巻
壇様幷供養具様一巻
金輪仏頂像様一巻
七倶胝仏母像様一巻
火頭金剛像様一巻

これらは必ずしも天台教学の中心的なものではないが、内容は多様である。また最澄は天台法華一乗の教学を確立するのが目的であったために、その関心はほとんど密教に払われなかった。

そのようなわけで、密教美術の請来はなく、また最澄の請来した美術は現在、ほとんど全く残っていない。この点は空海と対比して著しい相違である。

台密を大成したのは円仁、円珍およびその後の人びとによるが、ことに円仁、円珍は美術方面の重要な作品を請来した。すなわち、密教系の別尊像や曼荼羅を多数もたらしたのであるが、いずれも空海が伝来しなかったものを意識的に選択していることが知られる。

そしてまた、天台系の仏者が多くの祖師像を請来したことも注目されよう。祖師の行状の一端をうかがわせるようなもの、たとえば円仁の天台大師感得聖像影などはそれで、これは空海のもたらしたもろもろの祖師像とは全く別系統のもののようにみられている。

円珍の感得像として著名な黄不動(画像)がある。原本は三井寺園城寺《おんじょうじ》にあり、この種の彫刻も多数制作されたのであるが、承和五年(八三八)に描かれた黄不動画像が最古のもので、東密系の曼荼羅様式の表現をとっている。

台密系の不動明王像は童子形《どうじぎょう》でないのが特色とされている。

円珍の録外請来本のうちには善無畏(シュバカラシンハ)所持のいわゆる胎蔵図様、胎蔵旧図様があり、また金剛界系の五部心観がある。胎蔵現図曼荼羅は空海の伝来したものであるが、それより古い伝統に遡って密教を探求しようという努力の現われであった。

台密の美術が東密のそれに対してどのような展開を示したか。本来、天台宗は法華、浄土、禅などの複雑な要素がからみあっていた。だから、美術の方面でも密教以外のものがふくまれていたのであって、それらの相互影響や系統についてはなお究明すべき点が少なくない。それはまた鎌倉時代に成立した数多くの図像集が台密系と東密系とではどのような相違を示しているか、という問題とも関連があると思われる。

円仁は両界曼荼羅をはじめ多数の図像を請来したが、それらにもとづいて新しい造型活動がどのように行なわれたかは不明である。たださきにもみたように比叡山に常行三昧堂を建立した。そして、これは十一面観音や千手観音、不動明王などの諸尊像の制作とともに台密美術の発達をうながした。地方にその後建立された阿弥陀堂も、この常行三昧堂の様式をふまえたものであって、浄土教美術の一環として取扱われている。

また五台山の文殊信仰をわが国にもたらした円仁が比叡山に文殊菩薩を残したことが知られ、この文殊信仰は鎌倉時代に再興されたのであった。

東密美術が両部曼荼羅の組織をもって一貫しているのに対して、台密美術は大乗仏教的美術を根幹としているのは本来、台密が天台法華一乗を立場とするのによるものであった。

円珍は最澄の天台法華一乗の精神を発揚したのであって、密教への傾斜を認めがたいとする見解もあるようである。しかし、円珍の請来した美術作品をみても、現図曼荼羅への疑問に端を発して、より根源的な密教を求めようとした態度がよく現われている。

円珍は個人的には不動明王の信仰をもっていたようである。円珍作に帰せられる、さきにもあげた園城寺の黄不動像はかれの感得したものとして伝えられている。

東密系の不動明王が東寺講堂に安置するものなどを範型とし、経軌に記す表現を忠実にまもっているのに対して、台密系の黄不動はすでにかなり自由な表現をとっており、これはその後の台密系不動明王にみられる傾向で、それは逆に東密系の美術にも影響を与えた。

円珍は多数の粉本図像を請来した。録外の図像もかなり多く、それらは概して異本にもとづくものである点が特色で、円仁が従来、伝えられなかった図像の蒐集につとめたのと対比的である。

いずれにしても、円仁・円珍ともに空海の請来品をきわめて鋭く意識し、それを補足し補充する企図のもとに曼荼羅や多数の図像を蒐集したのであった。ことに円珍の『五部心観』は青竜寺の法全より譲《ゆず》られたものとみられている貴重なものである。

密教図像集

円珍請来の善無畏著『五部心観』十巻は訳著であるが、わが国における密教図像集の最初のものである。平安末期に東密の心覚（一一一七―一一八〇）は『別尊雑記《べっそんざっき》』五十七巻（または五十巻）を著した。また平安末期―鎌倉初期には覚禅（一一四三―一二一三以後）が『覚禅鈔』百四十四巻を著し、東密無比の大著と評される。さらに鎌倉末期に台密の承澄（一二〇五―一二八二）は『阿娑縛《あさば》抄（鈔）』二百二十八巻を著した。

これらは密教図像集である。この他にも注目すべきものがあるが、台密・東密ですぐれた図像集ができたのは注目すべきである。いずれにしても『五部心観』のような先駆的なものがあったからであるとみるべきであろう。そして美術史的にもこれらの図像集は評価されて然るべきである。

平安初期密教家

入唐八家のうち最澄、空海を除いた他の六人のうち円仁、円珍は天台で、他の常暁、円行、慧運、宗叡の四人は真言である。佐和博士によれば、これらの四人の真言家は両界曼荼羅図の異本は一幅も請来していないという。これは天台家に較べて著しい相違であり、空海が請来した曼荼羅図が絶対的に正しいものとみられていたのによるもののようである。

円仁、円珍の密教請来の企図するところが空海の存在を越えようとしたのと併せ考えてみると、東密の時代的な発展が期しえられない一因が、このようなところにひそんでいたとも思われる。

四人の真言家は別尊の図像を多数請来したから、空海以後には曼荼羅を中心とした信仰より別尊信仰の方に移行してゆく。これは国内の事情とも関連しているのであって、すなわち藤原貴族たちが加持祈祷に頼り、特定の尊像に対する信仰が盛んに行なわれるようになったがためである。

常暁がもたらした大元帥明王関係の尊像と曼荼羅などは鎮護国家のための祈願の対象であったから、それは醍醐小栗栖《おぐるす》の法琳《ほうりん》寺の他に、鎌倉末期に建立された信州の文永寺など、きわめて限られた範囲に流布したにすぎない。

慧運は随求《ずいぐ》菩薩、焔魔天曼荼羅図、如意輪曼荼羅図、阿弥陀九品曼荼羅図、愛染明王図などをもたらした。これらの別尊曼荼羅図は後世まで行なわれた。また円行請来の金剛童子、摩利《まり》支天《してん》、訶利帝母《かりていも》などは江戸時代に石仏として各地で盛んに制作されたように、後世にいたるまで民間信仰の対象となったものが数少なくない。

宗叡は両界曼荼羅系統の図像をはじめ理趣経曼荼羅図などを請来している。空海請来の曼荼羅に対する批判的態度がうかがわれるのは東密家としては異例であるが、かれは初め天台系の教学を学び、円珍の影響を受けたためではないかと推測されている。

要するに曼荼羅を中心とした体系的な密教美術が行なわれたのは空海に代表される平安初期の時代であって、美術史上、弘仁・貞観時代とよばれる時期を過ぎると、別尊信仰に移り変っていったのである。これは密教が純粋の教理にもとづく高い理念に裏づけられたシステムとしてよりも、むしろ現世利益だけを求める加持祈祷宗の性格が強く打出されるようになった結果にほかならない。

しかしまた、貴族を中心とする別尊信仰は鎌倉時代より江戸時代にかけてひろく行なわれた庶民信仰のオリジナルなものでもあった。

江戸時代に行なわれた地蔵、観音、不動、薬師などや天部の諸尊はすべて、密教における曼荼羅の別尊形態として民間に限りなく流布していったものであることを知らなければならない。

初期の東密系の彫刻美術はインド的な量感にあふれたものであったが、まもなく台密系のいわゆる日本的な森厳な表現を示した尊像が主流を占めるようになったようである。これは奈良時代の造型活動の復活ともみられている。また、藤原時代を迎えると、忿怒《ふんぬ》形の天部の諸尊が影をひそめ、優美典雅な阿弥陀、観音などの制作が行なわれるようになるのである。

東密系の美術がインド的な技法をきわめて濃厚に残しているのは、すでにふれたように密教がインド直伝のものであって、ほとんど造型化の面でも中国的な屈折がなされずして、わが国に伝わったのによるものであろう。

天台法華一乗は中国以来の伝統があり、大乗仏教を代表するものであったから、造型化の面でも、たとえばできるだけ等身大またはそれ以上の大きな身量で表現するといったように、大乗仏教的な美術を背景とするといわれている。

これに対して東密系の美術は何よりも即身成仏を実現するための観法の対象とされたから、たとえば絵画にしても出来る限り空間をつくらずに画面いっぱいに描き切るのを特色とするといわれる。

みずからの宗教体験を実修するための対象として造像、造画が行なわれるためには、何らかの意味で行者はかれ自身作者かディレクターでなければならなかった。しかるに藤原時代になると、職人としての仏師、仏画師が量産的な制作活動をはじめるようになる。

山岳信仰の美術や神道系の習合美術については、のちほどみることにしたい。

力の美をいかんなく発揮している忿怒形の密教像は鎮護国家の調伏を目的としたものであるが、優雅な阿弥陀浄土図や女性的な阿弥陀如来像、あるいは曼荼羅における観音部の諸尊の別尊像の制作のごときはすべて藤原貴族たちの現世利益的な信仰の所産である。

このように仏教の造型活動においても律令仏教から貴族仏教への移行をはっきりとよみ取ることができる。

浄土教美術の発達

阿弥陀堂の建立

密教系の美術ほどに内容は多彩でないが、平安中期以後に興起した浄土教美術は浄土信仰に裏づけられたもので、わが国の美術史における一つの大きな流れをなしている。

源信の『往生要集』に描かれた極楽浄土を現世に演出しようという現われが阿弥陀堂の建立となった。藤原道長（九六九―一〇二八）が建立した法成寺の無量寿院（阿弥陀堂）、藤原頼通（九九二―一〇七四）が建立した宇治平等院の鳳凰堂、藤原清衡（一〇五六―一一二八）が

藤原道長
覚運
迎講
来迎図
平等院・鳳凰堂

建立した平泉中尊寺の金色堂、大原の往生極楽院、豊後富貴寺の蕗大堂《ふきのおおどう》やその近くの田染の真《ま》木《き》大堂、岩城《いわき》白水の阿弥陀堂などが知られている。

これらは阿弥陀如来を本尊として安置し、また堂内壁面を浄土図で飾ったりしてある。こうした堂内で口称《くしょう》念仏をしながら浄土を観想するのは、台密的な念仏行の名残りをとどめているといえよう。それというのも、天台の源信が観想の念仏を説いた『観心略要集』などによるところがあったからであると思われる。

藤原道長（九六六―一〇二七）もまた熱心な念仏の信者であったが、それは口称のみならず観想をともなう念仏でもあったといわれている。

源信とならび称せられる覚運（九五三―一〇〇七）もまた、観想の念仏を説きすすめた。

衆生が阿弥陀如来の浄土に往生するのではなく、如来が臨終に際した念仏者のところへ来迎するという信仰は来迎図にたくみに表現されており、また迎講《むかえこう》のような民俗的な行事となった。迎講は弥陀や聖衆の仮面をかぶった者が行列をつらねて来迎のさまを演出するもので、なお全国の数ヵ所に残っている。阿弥陀如来は当初、坐像であったが、時代が下るとともに立像に変わり、一切衆生を迎え取る姿勢を示す。絵画も聖衆来迎図、たとえば高野山二十五菩薩来迎図あるいは山越弥陀図のような来迎型が従来の浄土変相図にとってかわるようになる。

このような浄土教美術の勃興と末法思想の台頭とは切り離すことができない。

永承七年（一〇五二）にわが国では末法の年に入ったと信じられた。このころに平等院の鳳凰堂が建立された。貴族の住宅である寝殿造りの様式を模した阿弥陀堂である。本尊は仏師定朝《じょうちょう》（？―一〇五七）の代表作で、こうした定朝風の彫刻は法界寺や浄瑠璃寺の阿弥陀如来像にもみられ、広隆寺の十二神将像や六波羅蜜寺の地蔵菩薩像のような密教像にも優美典雅な定朝風の和様彫刻の影響が顕著に認められる。

定朝にはじまる仏師とよばれる専門職は定朝の作品をもって範としたが、類型的様式に堕するにいたった。この系統の仏師で運慶・湛慶らが活動するのは、鎌倉時代になってからである。

臼杵石仏

九州の国東《くにさき》半島周辺には、約二百近い磨崖仏があるといわれる。その種類は多様で、大日如来、不動明王などの密教像も多い。これらのうちでも臼杵《うすき》の石仏はことに有名である。作者は大陸から渡来した仁聞《にんもん》だとされるが、もちろん一個人の手によるものではなく、またある一時期につくられたものでもない。この国東半島の磨崖の石仏は、近年、もう一つの平安文化として、とみに注目をあびている。

平安中期から末期にかけてはほとんど全国的に各地で仏寺の建立が行なわれるようになる。しかも、それらの多くは天台・真言系である。仏教の地域的なひろがりの時代的区別による研究はまだ総合的にはほとんど行なわれておらず、個別的な地方史研究にゆだねられているのが現状である。だが、地方寺院の多くはそれぞれの土地の豪族の手になったものが大半のようである。

写経・絵巻

藤原期の美術には貴族趣味による写経や絵巻などがある。

仏経を書写する、いわゆる写経の功徳は『法華経』などに説かれるところであるが、藤原期には競って豪華な装飾をこらした写経本がつくられた。それは信仰のためばかりではなく、む

平家納経
埋経
因果経
鳥獣戯画

しろ貴族の遊びの一種でもあった。有名なものに平清盛の平家納経がある。これは安芸《あき》の厳島《いつくしま》神社に奉納したもので、技術的にみても上代における装飾経の最高級の作品である。この種のものに、高野山に鳥羽帝皇后の美福門院（一一一七―一一六〇）が奉納した荒川一切経、さらには久能寺経や中尊寺の秀衡《ひでひら》経などがある。

仏経を書写し、それを経筒《きょうづつ》に収めて埋蔵するのを埋経《まいきょう》という。これは末法の時代における仏法の滅亡を恐れて竜華《りゅうげ》三会《さんね》の暁に弥勒《みろく》菩薩が下生《げしょう》するときまで、経巻を保存するという信仰動機をもったものである。寛弘四年（一〇〇七）道長が大和金峯山で埋経供養を行なった。幸いにして、この経巻は発見されて、現在国宝に指定されている。埋経遺跡は全国で報告されているものだけで三百箇所以上あるといわれている。近年、高野山奥ノ院で発見された『法華経』の埋経は損傷が全くないことで知られている。埋蔵された経典は主に『法華経』、『阿弥陀経』などであって、「朝《あさ》題目に、夕《ゆう》念仏」といわれた、いわゆる雑修《ぞうしゅ》的な信仰形態を物語っている。

京都上品《じょうぼん》蓮台寺の『過去現在因果経』にみられるような絵解きは中国仏教の所産だと思われるが、そうしたオリジナルなものから、竹取、伊勢、源氏などの王朝文学の絵巻が生まれた。そして、それは信貴山縁起絵巻や伴大納言絵詞のように絵巻を中心として、これに絵詞をそえるような「絵巻物」になり、または鳥羽《とば》僧正《そうじょう》覚猷《かくゆう》（一〇五三―一一四〇）に帰せられる鳥獣戯画のような詞をそえない純然たる絵巻物も作られるようになった。

これらは中世になると、高僧の絵伝、行状絵巻のたぐいの系譜をつくりあげてゆくのである。そして、これは絵を見れば分かるという布教の方便として、現代の視聴覚教育のさきがけをなしているものでもある。

▼平安貴族と仏教

平安時代は奈良時代からつづいた律令制が崩壊して新らたに藤原一族による専制化が行なわれたときであるから、仏教もいきおい貴族たちの政治活動と照応したかたちをとるにいたった。

藤原貴族たちは現世利益的な加持祈祷をたのみとして、かれらの政治的勢力の拡張をはかった。そして仏教界にも藤原一族の出身者が入りこみ、天台・真言は藤原氏によって占有されるようにすらなる。

寺領庄園

寺領寄進によって大寺は藤原氏とほとんど変りのないほどに貴族化されていった。天台宗では正暦四年（九九三）八月に円珍門下の者たちが比叡山を下って三井寺に移ってから山門と寺門との対立抗争が行なわれるようになった。また南都と比叡山との対立もつづく。これらは要するに、経済的な勢力争いを原因とするものである。

青蓮院門跡

天台宗は皇室との関係も深まり、皇族出身の仏者が住するいわゆる門跡《もんぜき》寺院では梨下《なしのもと》門跡、青蓮院《しょうれんいん》門跡が知られている。後者はのちに京都三条粟田口に移転したので、通称粟田の青蓮院で通っている。

大伝法院

高野山、東寺もまた広大な寺領庄園をもっており、とくに高野山には治安三年（一〇二三）の道長の登山、ついで永承三年（一〇四八）の頼通の登山参拝があってから、次第に庄園を拡張していった。院政期には覚鑁に帰依した鳥羽上皇は七箇庄を大伝法院に寄進している。

興福寺

いっぽうまた南都に眼を転ずると、興福寺がある。これは藤原一族の氏寺であるため庄園経済にささえられ、東大寺をはるかにしのぐものがあった。そして春日社までも支配した。延久二年（一〇七〇）の資財帳によると、本願施入田畠不輸免田畠、雑役免田畠二千三百五十七町歩余とある。ことに興福寺のうちの大乗院、一乗院は門跡寺院として隠然たる勢力をもち、大和の庄園の大半はこの二院が所有していた。ほかに島津庄八千町歩も一乗院が管轄するところであった。

こうした門跡寺院は皇族といえども入寺することができず、ほとんど摂関家の子弟で占められていた。

御願寺

本来、仏教の僧伽は私的所有の否定態をもって出発したものであるにもかかわらず、今や有力な寺院はほとんど全く貴族が私有化するにいたった。このような私的な寺院を御願寺《ごがんじ》といい、のちの江戸時代の武士による檀那寺もそうした名残りであろう。

貴族寺院

私的寺院で著名なものに法成寺（道長）、平等院（頼道）があり、また法性寺（忠平）、法興《ほこ》院（兼家）、世尊寺（伊尹《これただ》）、勧修寺（高藤）、極楽寺（基経）などがある。

時代思潮は阿弥陀信仰であるけれども、これらの寺院の本堂は必ずしも阿弥陀堂だけでなく、薬師堂、五大堂などの密教系の堂宇も建立されており、その意味では、密教的浄土教といえよう。

定額寺

律令制の時代には寺院の諸費用に国費をもってあてる定額寺とよばれるものがあった。定額寺の多くは勅願寺で、たとえば貞観寺（清和帝）、元慶寺（陽成帝）、醍醐寺（醍醐帝）、仁和寺（光孝帝）、四王院（文徳帝）、定心院（仁明帝）、延命院（朱雀帝）、大日院（村上帝）などが、それである。しかしながら、定額寺は本来、律令制下の寺院形態であったから、班田制がくずれて藤原氏の専制になると、いきおい藤原一族の経済的援助を受けるようになり、定額寺はかれらの私的寺院の性格をつよめるようになってきた。院政期における四円寺とか六勝寺のような一群の寺院のごときがそれである。したがって、これらの寺院は藤原氏の衰亡と命運をともにしたのであった。

怨霊鎮魂

貴族たちの信仰が往生浄土を願うものであったにせよ、現当二世の利益安穏という点からすれば、仏事供養の動機は怨霊《おんりょう》（「タタリ」）しずめにあった。平安時代の貴族たちの信仰意識を支配していたものは、じつに「タタリ」の思想であり、そうした「タタリ」を鎮めることにみずからの救済の道を見出したといえよう。そのような意味で仏教は陰陽道と結びつき、星まつり（北斗信仰）や庚申《こうしん》まつりも行なわれ、ほとんどすべての仏事、法会は怨霊鎮魂による罪障消滅、所願成就を期するものである。

また華美をきわめた仏事、法会の盛行はかれらの貴族趣味にかなったものでもあったのである。

各種の法要

ほとんど毎月、京都、奈良の大寺ではどこかで仏事、法会がいとなまれていた。永観二年（九八四）源為憲が著した『三宝絵詞』にはこうした年中行事がこと細かく書かれている。主なものに正月の修正会《しゅしょうえ》・御斎会《みさいえ》・真言院後七日御修法《ごしちにちみしゅほ》・二月の修二会《しゅにえ》、涅槃会《ねはんえ》、六月の盂蘭《うら》盆会《ぼんえ》、十月の興福寺維摩会《ゆいまえ》、十二月の仏名会《ぶつみょうえ》がある。

修正・修二は本来、悔過《けか》の行事に神道の「ハライ（祓い）」が混淆《こんこう》したものであり、盂蘭盆会にも古い民族行事であった「み魂迎え」の民俗が背景になっている。

このほか延暦寺、東寺の灌頂《かんじょう》、雨請いの大般若会、法華八講、法華三十講など、また大和長谷寺や京都の鞍馬《くらま》寺、清水寺などの参籠が貴族たちの間で流行していた。

仏事、法会の様式は密教の儀式儀礼が主要なものであり、円仁以来の天台声明《しょうみょう》がひろく行なわれていた。大原を発祥の地とする浄土教の念仏すなわち引声念仏も声明の影響の下に形成されたものであった。

仏教声楽

声明

讃

梵讃・漢讃

和讃

声明は経典の偈頌《げじゅ》などに一定の節をつけて唱えるものである。鎌倉仏教は儀式儀礼では真言に負うところが大であるのに対して、声明は天台のそれを継承したものであるといわれている。

仏徳を讃嘆したり特定の信仰を鼓吹する偈頌のたぐいを中国およびわが国では讃とよんでいる。讃はインドではとくに後期密教の時代にさかんにつくられた。サンスクリットで「ストートラ」とか「スタヴァ」とよばれる文学のジャンルが、これである。インドで「ストートラ」「スタヴァ」がどのような節曲《まわ》しで歌われたかは明らかでないが、中国でサンスクリットの偈頌を漢字で音写した梵讃、さらにはそれを漢訳した漢讃はある程度、インド伝来の歌いかたが残されていたと思われる。

これらの梵讃、漢讃に対して、七五調の和文で書かれた和讃が用いられるようになったのも、平安時代である。千観（九一八—九八四）の『極楽国阿弥陀和讃』や永観《ようかん》（一〇三三—一一一一）の『迎接讃舎利講式和讃』などが古いものとされている。これらは実際に仏事、法会の際に用いられたもので、和文であるだけに一般の参列者にはいっそう親しみ易いものであ

和文の讃嘆文
伽陀
講式
永観の阿弥陀講式

ったにちがいない。伊勢や源氏のような和文で書かれた文学作品の出現した時代に呼応したこうした和讃は、仏教大衆化への道を開いたものの一つとして注目されよう。

また和文の讃嘆文に教化《きょうげ》があり、七言の漢讃を伽陀《かだ》という。和文をまじえた伽陀をとくに訓伽陀とよんでいる。伽陀はインドでは「ガーター」とよばれ、偈頌すなわち韻文の一種であった。

講式もまた声明の一種で、漢文のままのものもあれば、漢文の訓み下し体を本文としたものもある。源信の二十五三昧講式や永観の阿弥陀講式が古いもので、前者は『往生要集』を要略してある。二十五三昧講式は鎌倉初期に高野山でも行なわれた。中世より近世にかけて講式の種類も非常に多くなり、数百種以上のものがつくられた。その大部分は密教系のものである。

和讃は当初、おそらく良源に帰せられる本覚讃のようなものにはじまった。本覚讃は『今昔物語集』などにも引用されているように、民衆に親しまれていたものであったようである。そして、千観の「極楽弥陀讃」や源信の「極楽六時讃」、「二十五菩薩讃」、「来迎讃」など浄土教系の讃で占められている。和讃の大部分は浄土教系のものである。

『梁塵秘抄』の今様《いまよう》のうちでも釈教歌は本来、和讃から発達した法文歌である。高僧を讃嘆した高僧和讃のたぐいや、今様の釈教歌は霊場、霊地をめぐる遊行の聖《ひじり》、廻国行者たちによって、運搬されてひろまっていった。おそらく今様のたぐいは多数あったものと思われる。

以上のような広義の声明はほとんどが天台系のもので、一口に天台声明とよばれるほどに天台宗の声明は盛んに行なわれていた。真言宗が密教的な儀式儀礼の方面で貴族仏教の主導権をにぎっていたにもかかわらず、真言声明はほとんど全く見るべきものがない。

▼庶民信仰

奈良仏教より鎌倉仏教への橋渡し的な役割りを果したのが、平安仏教である。ところで、平安仏教は貴族仏教だといわれるけれども、平安仏教がそのまますべて貴族仏教であったわけでなく、次第に一般民衆の間にも浸透し、地域的にも全国的なひろがりをもっていったのであった。すなわち仏教の民衆化は突如として鎌倉時代に出現したものでないということである。

また、鎌倉仏教を絶対視するあまり超歴史的な評価を与える場合もあるが、鎌倉仏教も歴史社会の所産である限り、封建制社会の制約からくる鎌倉仏教の限界も、今後明らかにされなければならない重要な課題であろう。

写経、埋経のたぐいは貴族の独占するところであり、また貴族たちの仏事、法会なども一般の人びとの参加しえないものであったが、しかし、年中行事には次第に民衆の参集も行なわれたにちがいない。ことに貴族たちの葬送儀礼がやがて、一般民衆の間に普及していったことは注目される。

空海は中級官人の依頼を受けてしばしば追善法会を行なっている。平安初期より皇族の間でも仏教による葬送が増えてきて、やがて貴族たちもこれにならうようになったといわれる。数多い空海の願文からみれば、官人貴族たちも仏教の葬送儀礼を行なっていた事実が知られる。

法華懺法による葬礼

台密の影響で一般に貴族たちの間には亡者の罪障消滅を祈るために法華懺法《せんぼう》による葬礼が行

土砂加持法

なわれていたようである。また天台の常行三昧も葬儀に用いられるようになり、臨終の際の念仏をすすめる阿弥陀信仰が主潮をなすにいたった。しかし、また一般民衆は平安中期ころより光明真言を用いる密教の土砂加持法による葬送を行なうようになった。密教の民衆化の初期の形態として注目すべきことであろう。土砂加持というのは光明真言一百八返《ぺん》をもって加持した土砂を埋葬者の上に散布すれば、亡者の罪障を滅ぼし、西方安楽国土に往生するというものであった。かくして密教は浄土教の信仰と結びつくことによって民衆の間にひろがったのである。

光明真言

光明真言は中世以降には民間密教として宗派を越えて信仰されるようになり、光明真言の仏塔も建立されるようになる。

葬送儀礼は古代からの日本人の他界観念に裏づけられ、罪障消滅、往生安楽国の仏教信仰にもとづいて貴賤の別なく一般にひろがっていった。じつに日本における庶民の仏教信仰は葬送儀礼にはじまるといってもよく、これは今日にいたるまで日本仏教の特色をなしているといえよう。よかれあしかれ、葬式仏教といわれるゆえんである。仏教民衆化のいとぐちは、ともかく、こうした葬送儀礼にあったわけである。

念仏信仰

口称念仏

また、民衆たちが仏教に近づく機縁をえたのは口称《くしょう》念仏の集いであった。念仏行者としての空也《くうや》についてはまえにのべたが、かれは市井にあって階級をこえて一般の大衆に唱名をすすめた。

空也の念仏は伝えるところによれば、さまざまの効験を発揮する咒的な念仏であったともいわれる。だが、かえってそれなるがゆえに目に一丁字なき庶民大衆に念仏をひろめ、人びとの

行円（皮聖人）

救いとなるような力をもち得たのであるといえる。

空也は代表的な人物であるが、聖《ひじり》とか沙弥《しゃみ》、あるいは優婆塞《うばそく》とよばれるようないわば半僧半俗の行者が鎌倉仏教の先駆をなしていることは興味あることといわなければならない。たとえば遊行の聖の一人である行円《ぎょうえん》（生没年不詳）は一条北に行願寺革堂《こうどう》を建立した。かれは仏像をいただき鹿皮をつけた異形《いぎょう》の行者であったので、世の人は皮聖人《かわのしょうにん》とか皮仙《かわせん》とよんだといわれる。念仏のための別所をいとなむ別所聖、遊行する遊行聖、勧進する勧進聖たちは反体制的な仏者で、いわば社会のアウトサイダーのごとき存在であったが、民衆とつねに接触していたので、民衆への仏教のよき伝達者であった。

かれら聖たちはのちには高野山や京都の大原などを根拠地として活動するようになる。

安行・康守

迎講はまえにもふれたように民衆たちの信仰集団である。講の成立は奈良時代にすでに知識《ちしき》結《ゆ》があった。行基の法会には聖、優婆塞、沙弥といった人びとが集合した。空海もしばしば法会を行なっているが、優婆塞出身の空海の場合、やはりそうした人びととの参加があったものと想像される。また、空海をとりまいて安行、康守といったような後世いうところの勧進聖的な人物が多数いたことは注意しなければならない。しかし、本格的な信仰集団が形成されたのは平安末期になってからである。その一つが迎講であった。弥陀来迎の信仰を民俗化した迎講は主に近畿地方を中心にして行なわれたといわれている。

雑修

地蔵講

民衆の信仰共同体ともいうべき講のうちでも比較的はやくより行なわれていたものの一つに地蔵講がある。地蔵信仰は平安初期に密教の移入とともに普及していったのであって、奈良時代にはまだなかったもののようであるから、地蔵講は密教の所産だとしなければならない。民間における地蔵菩薩の霊験譚は平安時代の説話文学のなかに数多く認められる。

観音信仰

地蔵菩薩についで庶民信仰をあつめたのは観音菩薩である。これらの慈悲の仏が庶民たちにひろまったのも、地蔵や観音は所願にしたがって誰にでも現世利益を与えてくれる救済主的な存在であったからである。『今昔物語集』や『日本往生極楽記』などに伝えられる限りない説話文学の世界は、そうした庶民仏教の実体が描かれている。

唱題成仏

庶民仏教の場合も念仏と法華が主体をなしている。法然が説いた専修念仏の思想はすでに良忍らにみられる。また平安末期には比叡山や南都でも唱題成仏の法華信仰が行なわれていた。そうした単純化ないし単一化された信仰形態は案外早く民衆の間に入りこみ、やがて来たるべき鎌倉新仏教興起の基盤となったと思われる。

しかしまた説話の世界をみると、抽象的な仏教の教義が説かれない代りに、現世利益、因果応報、他界思想などが雑多にひろがっていて、その信仰はいわゆる〝雑修《ぞうしゅ》〟的である。この点からすれば鎌倉時代の祖師たちの仏教は〝選択《せんちゃく》〟的であって、まさしく信仰の純粋性への傾斜が著しい。しかし、一般民衆の平均的な宗教感情からすれば、やはり現当二世の利益安楽を願うところの〝雑修〟的なものであったと思われる。

一般民衆のグループ活動が信仰共同体のかたちで形成されていったことは、わが国の思想史の上でも重視しなければならないであろう。

大衆教化

大衆にむかって仏法を説く説法師では懐円《かいえん》や静暹《じょうせん》の名が知られる。かれらのなかには半僧半

懐円・静暹

俗の者が多く、民衆の生活感情のなかに溶けこんで布教する人びとであった。

説法

説法は聴聞衆を対象とするから、本来、大衆的な性格をもったものである。これも当初は表白、唱導といった形式的なものからはじまっている。表白は法会を催すに当ってその趣旨を三宝ならびに大衆に告げるものである。唱導はそれに俗説をまじえたものであって、やがて唱導師は説法師ともよばれるようになる。今昔の説話なども広い意味では唱導の一種とみることができる。

『真言打聞集《しんごんうちぎきしゅう》』は覚鑁が空海の『十住心論』を注解したものであって、俗説をまじえてある。弟子の聖応《しょうおう》が書き留めたものであるが、覚鑁は聖、行人あるいは一般民衆にも真言念仏を唱導したので、こうした著作が残されたのであろう。この種のものに『法華修法一百座聞書』を抜《ばっ》萃《すい》した『大安寺百座法談』などがある。

唱導

唱導はいわゆる唱導聖によって行なわれ、階層の低い仏者たちではあるが、従来の貴族仏教とは異なったところのもの、すなわち大衆の救済を目ざした点に重要な意味をもっている。

また廻国し遊行する聖たちが霊場寺院を喧伝し、民衆の信仰をあつめた。比叡山や高野山は弥勒菩薩の下生の地として信仰され、また高野山は大師（空海）入定の所として民衆の素朴な信仰の中心となったのであった。

まとめ

以上みたように律令国家の崩壊によって班田制から庄園制へ、さらに次の鎌倉時代の封建制へと杜会体制が移行するのと照応して日本仏教の性格が変化してきたことが知られる。

かつて哲学者・科学史家の三枝博音（一八九二―一九六三）が日本仏教には非庶民性と庶民

性という二つの相反する性格があるので、そのいずれかを捉えれば他を見落してしまう恐れがあるといったことがある。確かにそうであって、平安仏教をいちずに貴族仏教というのはあまりにも図式的にすぎるといえよう。同様にまた鎌倉仏教は仏教の民衆化という点では平安仏教に較べてはるかにすすんだものであったけれども、新興仏教のうちでも禅などは当時の支配階級であった武士層にひろまり、農民大衆とはほとんど無縁に近いものであったことを知らなければならない。あるいはまた親鸞の書翰を読むことのできるほどの東国農民とは階級的にどのような人びとであったかも認知されなければならない。

しかし、それにしても、仏教が一部の者の占有物たるにとどまらず、一般大衆の生活感情を支配し、現当二世の利益安楽を与える活動は、平安中期から末期にかけてすでに胎動をはじめていたのである。

第四章 鎌倉仏教

▼鎌倉仏教の成立

鎌倉時代の仏教をわれわれは鎌倉仏教と通称する。鎌倉時代とは建久三年（一一九二）、源頼朝が鎌倉の地に幕府を開いて以来、元弘三年（一三三三）に北条高時が新田義貞らの攻撃を受けて鎌倉に滅亡するまでである。なお、守護、地頭《じとう》を置いた元暦二年（一一八五）まで遡らせる説もあるが、いずれにしても約一世紀半ほどの間である。

この時代は中国では南宋より元にかけてで、元はジンギス・カン帝国であるが、十三世紀初めには世界史に登場し、この世紀の半ばにはインドを除くほとんど全アジアに版図がひろがり、東ドイツにいたるヨーロッパまで侵略を受けたのであった。元軍の日本侵略は元寇《げんこう》で知られ、かろうじて、その危難をまぬがれることができた。

十三世紀初頭、インドではイスラム教徒が仏教を滅亡させるなど、アジアは大きく揺れ動いていたのである。

鎌倉仏教の母胎

わが国では平安貴族の専制支配下にあった荘園制が崩壊する過程において、藤原氏の摂関政治から院政に移行した。だが、それは貴族政治の形態が変容したのみで、貴族の専制には変わりがなかった。

貴族、皇室の内部矛盾に乗じて勃興した平氏一族もまた、かれらによって官職が独占され、藤原氏の貴族文化を踏襲した。

やがて武家が抬頭し、武士が社会の主役となる時代がやってくる。

平氏を倒した源氏によって、従来の京中心の貴族政治とは異なったところの東国を中心とする武家政治がはじまる。それは土地を媒介として鎌倉幕府の棟梁と地方武士である御家人との間に主従関係を形成するものである。守護または地頭に任ぜられた御家人を通じて地方民は鎌倉幕府の政治支配下におかれた。そして、それは地方武士ひいては地方民を安堵させるものであった。

だが、いっぽう、幕府は皇室、公家、大寺社の勢力をおさえることができずに、それらをそのまま温存させることになった。そして、北条氏の執権政治になってからは、地方武士階級の統制力は徐々に弱くなっていった。

地方武士や地方の農民などの存在が次第に浮かび上がってきた時代に、仏教もまたかれらを無視することはできなくなってきた。皇室や貴族階級以外の人びとの要求にどう答えるかというのが、鎌倉仏教に課せられた共通の課題であった。

鎌倉時代に勃興した諸宗派は天台宗の本拠地である比叡山から流れ出たのに対して、いっぽうの真言宗からは一つも宗派が生まれていない。この事実は、従来、史学、思想史の専門家の間でもほとんど全く取りあげられていないけれども、日本仏教展開の主軸をめぐっての大きな問題として注意を喚起したい。

本書の性格上、この問題を深く掘り下げてみることは留保したいが、真言宗の開祖、空海の十住心体系は全仏教の流れをふくんだ綜合仏教であり、完結した一つの体系をもっているけれども、天台宗の開祖、最澄の天台教学は円・密・禅・戒の四宗兼学をもって標榜し、いわば開かれた体系をもち、すでにそれ自体に発展の可能性をはらんでいたといえよう。

加えるに、比叡山は京都に近く、押し寄せる時代の荒波と絶えず接しているのに対し、高野山は僻遠の地にあって、時代の影響を受けるのが、きわめて緩慢であった。

鎌倉初期に高野山には禅、念仏、法華などが入ってきたが、高野山から新しい宗派が派生した例は一つもない。

平安末期の末法到来の声は、人びとに時代の終りという意識をもたせるような、戦乱、天災、飢饉、疫病が相ついで起こり、源平の争乱はいつ果てるともなく続いた。

末法の時代に対処するために、教団仏教は二つの態度を示した。その一つは仏法を正法の時代の姿にかえすために戒律運動を行ない、他は教団仏教から脱却して自由な隠遁あるいは遊行の生活をする。このうち、後者の、いわゆる聖《ひじり》たちのなかから時代の民衆の要請にこたえる新しい宗教運動を実践する者たちが現われる。

鎌倉仏教は一口にいえば他力門と自力門とに分けられる。こうした範疇《はんちゅう》は本来、浄土教の立場でなされたものではあるけれども、いずれも選び取った信仰、いわゆる選択の仏教である点に特色を認めることができる。選択仏教の誕生を可能ならしめたのは、天台、真言という綜合仏教の基盤があったからである。

鎌倉時代の新仏教の先駆をなしているのは、法然《ほうねん》の浄土宗である。念仏聖たちのはたらきによって、在来の観想的な欣求《ごんぐ》浄土の信仰は限られた貴族たちのものにすぎなかったのを、変革して、罪障に対する深い自覚を出発点とする民衆の信仰を確立するにいたる。

平安時代にも救済の教えとしては地蔵菩薩の信仰があったが、鎌倉時代になると、阿弥陀仏の信仰は庶民の救いとして、いっそう徹底したものとなる。

法然ははじめ叡山に学んだが、伝統的な天台教学に対しては批判的であり、新しく専修《せんじゅ》念仏の道を開いた。法然についた親鸞《しんらん》もひたすら念仏義をもとめ、さらにいっそう徹底した信心為本の浄土真宗の開祖となった。源信、法然、親鸞と浄土信仰は伝えられ、ことに親鸞は北陸や東国の地主、農民層にその信仰をひろめた。

日蓮《にちれん》は天台教学のうちより、『法華経』の信仰を選び取って、その絶対性を強調した。日蓮の開いた法華宗（日蓮宗）は密教や神道を取り入れたので、地方に信者を獲得することができた。唱題成仏も念仏信仰も地方民衆に浸透したのは土俗的な信仰と結びつくことができたからである。

栄西《ようさい》もまた叡山で伝統的な天台教学のうちの禅を学び、入宋《にっそう》して帰朝後、臨済禅を開いた。栄西のもとで修行した道元《どうげん》は同じく入宋して禅を学び、曹洞禅の祖と仰がれるにいたった。禅の系統は主として新時代の担い手である武士階級の間にもてはやされた。

やや時代は下るけれども、一遍は法然の流れを汲み、念仏踊りを民衆にひろめ、のちに時宗の祖と仰がれるにいたった。

このようにして鎌倉仏教は大別すると、浄土、禅、法華の三つの系統になる。

天台・真言に代表される平安仏教は綜合的な体系をもつ点に特色があるとすれば、非綜合的、分化的な性格をもつのが鎌倉仏教である。これを一言にしていえば、「選択の仏教」ということになろう。

新興の鎌倉諸宗派をもって日本仏教の代表とみなす見方は、かなり一般化している。鎌倉仏教を日本仏教の代表とするのは、わが国の仏教が鎌倉時代にいたって、漸《よう》く《や》一般民衆のものとなり得た意味において、そのようにいわれている。しかし、これに対しては批判がなくもない。

また仏教の統合原理が崩壊して、民衆化、土俗化の方向をたどった鎌倉仏教は、江戸時代から今日に及ぶ細分化された宗派仏教の方向をもたらす遠因をすでにふくんでいるのを看取することができるであろう。

▼末法の到来

末法到来の声を反映し、やがて戒律復興運動と伝統的な教団寺院から脱却した革新運動とが併行して行なわれるようになる。そこで、まず末法思想を概説しておくことにする。

仏教史観に正像末《しょうぞうまつ》の三時《さんじ》（正法・像法・末法）がある。正法というのは釈尊の説いた真正の教えが行なわれる期間、像法は読経、写経、堂塔建立などがなされ、仏法が次第に形式化してゆく期間、末法は全く仏法がすたれてしまう期間である。

最澄に帰せられる『末法灯明記《まっぽうとうみょうき》』には正法五百年、像法一千年、末法一万年とある。これは『大集月蔵分《だいしゅうがつぞうぶん》』の「法滅尽品《ほうめつじんぼん》」や『摩訶摩耶経《まかまや》』の所説と同じであって、念仏宗の先駆者の法然がこの『末法灯明記』を引用している。

中国では隋の開皇の頃に末法到来の思想が流行し、三階教という新興仏教が現われた。三階教とは仏法に三階ありとし、末法の期間には第三階の教えである普真普正法を修さねばならないと説く一派である。隋の信行が創始者で、『地蔵十輪経』の所説にもとづく。

正・像・末の三時の期間の数えかたは経典によって異説がある。円珍の『授菩薩戒儀』には正法一千年像法一千年とする。これは『大悲心経』にもとづくもので、皇円（?―一一六九）の『扶桑略記《ふそうりゃくき》』や『帝王編年記』も、この説を採り、わが国の永承七年（一〇五二）に末法の時代に入るとした。当時は藤原頼通のときで、藤原氏の全盛がすぎて、やがて没落にむかいはじめた頃であった。

藤原宗忠（一〇六二―一一四一）の『中右記』、九条兼実《かねざね》（一一四九―一二〇七）の『玉葉』などの日記には当時の比叡山の僧徒が乱暴狼籍の限りを尽くしているありさまを詳細に記録し、このような実状であるから、世はすでに末法であるといって嘆いている。事実、保元の乱、平治の乱が興り、天台の歌僧でもある慈円（一一五五―一二二五）は『愚管抄《ぐかんしょう》』で「日本国の乱逆」とまで極言したのである。

こうした末法到来の思想を基盤として鎌倉仏教が勃興したのであるが、それは南都系仏教の復興と、新仏教の興起という二つの形態をとって現われたのである。前者は末法の時代であればこそ正法を復興しなければならないというものであり、後者は末法万年、末世の時代を救うことのできる教え、もしくは世の末にふさわしい仏教の信仰を民衆にひろめなければならない、というものである。

▼新興諸宗派

鎌倉時代には念仏系の諸宗の成立と発展とがあり、禅宗系の臨済宗と曹洞宗、法華宗（日蓮宗）が新興諸宗派であることは知られるとおりである。

このうち、念仏系の諸宗派の起源にはすでにみたように、叡山における円仁の常行三昧による念仏行、あるいはより広範な階層にゆきわたっていた亡者追善のための阿弥陀信仰、観想的な浄土思想があり、また、良源や空也らの先駆的念仏行者、あるいは『往生要集』の著者の源信などの活動と相俟《あいま》って、念仏は次第に民間にひろがっていった。

こうした基盤にたって、鎌倉時代になると、法然によって浄土宗が、親鸞によって浄土真宗が開かれたのであった。

いずれの宗派であっても、本来、仏教である以上、禅を離れては存立しえないが、とくに禅の実践をかかげた宗派が鎌倉時代に現われた。栄西の臨済禅と道元の曹洞禅とが、それである。両者とも大陸の宋に渡り、中国仏教の禅をわが国に移入した。ただし、臨済禅と曹洞禅とは、その教義、実践内容において逕庭があるが、これについては以下に述べることにする。

法華宗（日蓮宗）は浄土教とともに、極めて日本的な宗派であって、『法華経』をもって唯一の所依の経典とするものである。

今日、一口に鎌倉仏教を仏教の民衆化というが、それは信仰階層の変遷からみた場合に確かにいい得ることであるが、しかし、平安仏教の天台・真言が全く姿を消したのではない。天台・真言も時代に即応した民衆化がすすめられたのであるし、また華厳、法相、三論、律などの奈良仏教もそれぞれに復興が行なわれたのを見落としてはならないであろう。

▼浄土宗

浄土宗は大きな仏教の流れからすれば、阿弥陀教もしくは浄土教の一つであって、いうまでもなく、阿弥陀如来の一仏信仰をもとめるものである。

南無阿弥陀仏の六字の名号といえば、日本人であれば今日では誰ひとり知らないものはないが、その信仰がどのように形成されてきたかをみてゆくことにしたい。

浄土宗の開祖は法然《ほうねん》（一一三三―一二一二）である。諱《いみな》を源空《げんくう》という。長承二年（一一三三）美作《みまさか》国久米郡に生まれた。父は漆間時国《うるまときくに》で、押領使《おうりょうし》という国衙《こくが》の官人で、母は秦氏だといわれている。父は法然の幼少の時、同輩との争いで殺された。十三歳で出家したのは父の遺言であるといわれるけれども、世の無常を痛感した動機は、他の多くの高僧の出家と変わりないように思われる。

一心称名・専修念仏

当時、日本仏教のメッカといえば比叡山であったから、出家した法然は比叡山に登り源光《げんこう》を師と仰ぎ、皇円《こうえん》について天台を学んだ。それから黒谷の別所に叡空《えいくう》（?―一一七九）を訪ね、ここで法然房を名のり、また叡空はかれに源空という名前を与えた。このころ、法然はまだ専《せん》修《じゅ》念仏者ではなく、円頓戒《えんどんかい》をまもる律師としての性格がつよい。しかし、すでに頭角を現わしはじめた法然は都の人士たちから黒谷上人とよばれて尊崇を受けた。そして、九条兼実《くじょうかねざね》、天台座主の明雲《みょううん》（一一一五―一一八三）のような名だたる人びと、僧俗を問わず、法然の門を叩き、等しく円頓戒を授かったのである。

円頓戒は比叡山を開いた伝教大師最澄が南都の四分律《しぶんりつ》（小乗律）に対して主唱した大乗戒であることは、すでに平安仏教の天台宗の項で述べたところである。

黒谷時代の法然は源信の『往生要集』を耽読したことと思われる。比叡山にいる間に一切経を三回読破したと伝えられるほどの法然であってみれば、なお更のことであろう。しかし、一切衆生がことごとく往生する道を求め、善導《ぜんどう》の『観経疏《かんぎょうしょ》』にふれたとき、「一心称名《いっしんしょうみょう》」（ひたすら阿弥陀仏の御名《みな》を唱えること、すなわち「なむあみだぶつ」）だけで救われるという金口によって奔然として回心《えしん》し、専修念仏の道を見出したのであった。承安五年（一一七五）、法然の四十三歳のときのことである。この年、黒谷を去って東山の吉水に移り、貴賤を問わず、階級の差別なく、すべてのものに向かって阿弥陀仏の救いを説きすすめ、専修念仏、称名念仏を宣言したのであった。

すべての人びとが救われる――救いのないとみられた下層の者に対して、これほど開放された教えは、かつてなかったから、期せずして源空のもとには多くの僧俗が集まった。その主な者は証空、弁長、隆寛、聖覚、親鸞たち、また熊谷直実《くまがいなおざね》のような武士、なかには遊女や一般民衆が、その教えをもとめて吉水に来たのである。

持戒堅固の者、あるいは造寺造塔をなしうる富貴な者、宗教的な素質のすぐれた者などだけに仏法による救いがあるならば、一般民衆は仏法と無関係なはずである。

これに対して、一念の称名という易行道《いぎょうどう》を説き、すべての民衆はことごとく救われるということから、専修念仏の行を選択するほかはない。この宗教的信念を吐露したのが、九条兼実の求めで、建久九年（一一九八）に著した『選択本願念仏集《せんちゃくほんがんねんぶつしゅう》』（略称、『選択集』）二巻である。これは往生の業因をただ念仏のみとするものである。

法然（正林寺蔵）

しかるに、このような非公認の浄土教の勃興は南都北嶺の僧徒の批判を蒙るにいたった。だが、法然は一日六万遍の念仏行をつづけた。

元久元年（一二〇四）、ついに叡山の僧徒たちは朝廷に念仏禁止、弾圧を願い出た。これに対して、法然は百九十人の念仏者の連署をもって起請文を差し出して、念仏義の立場を釈明したのであるが、朝廷の態度はきびしく、前後十五回にわたって弾圧が下ったのである。たとえば建永元年（一二〇六）より承元元年（一二〇七）にかけての奈良興福寺の僧徒が訴え出た大弾圧では、ついに安楽房らを死罪に処し、法然ら七名は流罪になった。法然の弟子親鸞は――後に浄土真宗の開祖になる――越後国へ流され、苦難の生活をおくることになる。

法然の入滅

法然は建暦元年（一二一一）十二月、兼実の援助によって京に帰還し、翌年入滅した。滅後に『選択本願念仏集』が弟子たちの編集で出版されたが、明恵は『摧邪輪《ざいじゃりん》』三巻を著し、浄土教の専修念仏を唱える『選択本願念仏集』は菩提心を否定し、聖道門《しょうどうもん》を群賊よばわりするものなどと手厳しく批判した。

浄土宗の五流

その後、浄土宗は鎮西流、西山流、長楽寺流、九品寺流、幸西の一派の五流に分かれて発展したが、鎮西、西山の二流が今日まで伝えられる。また法然滅後、専修念仏は東国へもひろまった。

▼浄土真宗

親鸞

浄土真宗の開祖・善信房親鸞《ぜんしんぼうしんらん》（一一七三―一二六二）は承安三年（一一七三）四月一日に京都に生まれた。父は日野有範。伯父に学者の宗業、後白河院の側臣の範綱がいた。九歳のとき、慈円について出家したということのみで、出家の動機や幼少時代のことは明らかでない。「恵《え》信尼《しんに》文書」によると、比叡山で二十年間も堂僧を勤めていたことが知られる。

堂僧というのは、身分の低い、雑役などを勤める僧のことである。ともかく、常行三昧堂で天台宗の伝統的な三昧行に明け暮れていたのであるが、建仁元年（一二〇一）、二十九歳のとき、京都六角堂に参籠したところ、聖徳太子が夢中に示現し、法然に会うことができた。そこで百日間、法然のところに通い、他力本願の信をえた、ということが「恵信尼文書」によって知られ、また後年の『教行信証《きょうぎょうしんしょう》』にも著されている。

さきにみたように源空の唱えた念仏義の弾圧に抗し、処罰された親鸞は藤井善信という罪名を冠せられて、遠く越後国国府に流されてしまった。親鸞はそこに住すること五年、みずから愚禿《ぐとく》親鸞と称し、また恵信尼を妻に迎えて、僧にあらず俗にあらざる生活がつづけられ、他力の信心を深めたのであった。

建暦元年（一二一一）、ようやく放免になったが、すでに師入滅のため、京に帰ることなく、そのまま常陸、下野、上野などを放浪しながら、他力念仏を農民層にひろめた。

親鸞（西本願寺蔵）

その後、聖覚（一一六七―一二三五）の著した『唯信鈔《ゆいしんしょう》』を読んで、みずからの信心を一書にまとめることを企図して、五十二歳のころ『顕浄土真実教行証文類』六巻の著述に着手した。これは通常『教行信証』とよばれるものであり、七十五歳ころに、ほぼ出来上ったが、なお若干の加筆はその後、生涯をかけて行なっているようである。

『教行信証』は教・行・信・証・真仏土・化身土の六巻よりなり、前五巻は真実の教門、第六巻は方便の教門である。後に、覚如は『教行信証大意』としてその注解を著し、後世まで多くの注解書があるように、浄土真宗の根本聖典とされるものである。

その内容は絶対他力の信心を浄土教の聖教類を典拠として論証した、信仰告白の書である。親鸞は越後から東国におもむいていた。そして坂東に二十年ほど滞在し、京都に還ったが、一処不住の生活をおくり、あるいは困難な生活状況のなかで、晩年にいたるまで、多くの著作をものしながら、他力本願の念仏義の光をつよめていった。

著作の主要なものに、『高僧和讃』『尊号真像銘文』『浄土文類聚鈔』『愚禿鈔《ぐとくしょう》』『三経往生文類』『唯信鈔文意』『一念多念鈔文類』『浄土和讃《わさん》』『正像末《しょうぞうまつ》和讃』などがある。弘長二年（一二六二）十一月二十八日、京都富小路の善法院で入寂。時年九十歳であった。文永九年（一二七二）に親鸞を葬った大谷本廟が造営され、これから以後、大谷本願寺がはじまるのである。明治九年（一八七六）、見真《けんしん》大師号を諡《おく》られる。

▼時　宗

時宗《じしゅう》は一遍《いっぺん》が開祖である。一遍（一二三九—一二八九）は法諱を智真《ちしん》といい、世に捨聖《すてひじり》とか遊行《ゆぎょう》上人と称せられる。時宗は古くは時衆と書くのが普通であった。一遍は四国伊予の河野七郎通広の二男として延応元年（一二三九）二月に生まれた。七歳出家説もあるが、十五歳で出家し、名を随縁《ずいえん》といった。比叡山に登って、初め天台の教学を学んでいたけれども、時機相応を念仏なりとして、下山し、筑紫太宰府の聖達《しょうだつ》（生没年不詳）の門に投じた。聖達は浄土宗西山《せいざん》派の祖として知られたひとである。後、随縁を智真と改める。聖達のもとに留まって念仏行に励むこと十二年に及んだ。

文永八年（一二七一）に信濃国善光寺に参詣し、そこで「二河白道図《にがびゃくどう》」を写している。それから再び郷国伊予に帰って三年間、称名念仏に専心した。そして、『阿弥陀経』をいただいて念仏を民衆にひろめるために、全国遊行の旅にのぼった。

今日伝わる『一遍上人絵伝』に描かれているように阿弥陀如来を本尊とし、所依の浄土三部経を所持し、従者として超一《ちょういち》、超二《ちょうに》、念仏、聖戒《しょうかい》の四人がしたがった。

諸国をめぐり歩くうちに、四国伊予菅生の岩屋観音に詣でたとき、仏前で世を捨て一所不住の身となって遊行をすることを誓願した。それから大坂四天王寺に詣り、あるいは高野山に登り、文永十一年（一二七四）夏に紀州熊野権現《くまのごんげん》の本宮《ほんぐう》証誠殿《しょうじょうでん》に参籠した。このとき、「六字名号一遍法《ろくじみょうごういっぺんほう》　十界依正一遍体《じっかいえしょういっぺんたい》　万行離念一遍証《まんぎょうりねんいっぺんしょう》　人中上々妙好華《にんちゅうじょうじょうみょうこうげ》」という一偈《げ》を感得した。そこで、一遍と改名し、勧進帳《かんじんちょう》と六字名号の下に「決定《けつじょう》往生・六十万人」と記した念仏の算《ふだ》を配り（賦算《ふさん》）ながら、十六年間も各国をめぐり歩いて、念仏を勧進したのであった。念仏賦算にある六十万人というのは、熊野で感得した偈頌《げじゅ》の各句の頭交字をつらねたものである。念仏の勧進帳

一遍（宝厳寺蔵）

には二十五万人の名を連ね、結縁の者はほとんどその数知れず、といわれた。

『一遍聖絵《ひじりえ》』によると、弘安二年（一二七九）信州善光寺に参詣し、信州佐久郡伴野《ともの》（現在の野沢町）で別時念仏をはじめたが、それは空也《くうや》のあとを継いだもので、踊り念仏といわれる。踊り念仏は、念仏称名をしているうちに法悦のあまり踊躍《ゆやく》するものである。各地には踊り念仏を行なうために、小屋掛け程度の建物である「踊り屋」というものまで設けられるに至った。もちろん、これに対して伝統的な宗派から批判がおこったのも当然であった。要するに、それは仏法を乱すというものであった。

一遍が京都の市屋道場にいたのも、あるいは加古の遺跡を訪ねて播磨《はりま》の印南野《いなみの》にいたのも、空也を慕ってのことであった。

晩年、自著のすべてを火中に投じ、「一代の聖教《しょうぎょう》、皆つきて南無阿弥陀仏となりはてぬ」といったといわれる。正応二年（一二八九）八月二十三日、摂津《せっつ》和田岬観音堂（真光寺）で示寂した。五十一歳。『一遍上人語録』、『播州問答集（播州法語集）』がある。明治十九年（一八八六）に円照《えんしょう》大師と諡名《おくりな》があった。

親鸞と同じように、ひたすら民衆に念仏を説きすすめ、ひろめた一遍は同行同信の者たちをすべて時衆《じしゅう》と呼んだ。今日、これは善導の「道俗時衆」とあるのによったものであろうとされているが、時は『無量寿経』に「臨命終時」とある「時」をとったものであると指摘される。時宗というのは江戸時代以来の宗名であるが、遊行宗ともいった。時宗第二世他阿《たあ》（真教《しんきょう》）（一二三七―一三一九）は建治三年（一二七七）に一遍の門下となり、ともに諸国を遊行して歩いた。著作に『他阿上人法語』『大鏡集』（歌集）がある。他阿は摂津真光寺を時衆道場とした。また京都七条に金光寺を建立し、相模《さがみ》藤沢に無量光寺の堂宇を建立した。
室町時代には時衆はますます盛んになり、十二派にも分かれた。そのうちでもとくに注目されるのは高野聖の一派に時衆聖があったことである。一遍が高野山に登って千手院に留まったことがあるところから、時衆聖は千手院聖ともよばれている。かれらは高野山内の寺院を復興、建立するときに全国をめぐり歩いて勧進した。その際、さまざまな芸能を興行したから、今日、時衆聖は芸能聖とも称する。

民俗的念仏

一定の教義にのっとった念仏行もさることながら、念仏は民間にひろがるにつれて、在来の固有の民族信仰などと結合して、さまざまな民俗信仰としての念仏を生んだ。それらは今日、三つの系統に分けている。第一は鎮魂咒術的な念仏で、大念仏、六斎念仏、百万遍念仏などがそれである。このうち、六斎念仏というのは彼岸、盆などに鉦鼓《しょうこ》をたたき節をつけて踊りながら念仏を唱えるものである。第二は農耕儀礼的な念仏で、これには日待念仏、彼岸念仏、天道念仏がある。第三は民俗芸能的な念仏で、念仏踊り、念仏狂言がある。いずれにしても民衆の生産活動に深く根ざした生活行事として一般に行なわれ、それらのあるものは今日にいたるまで伝えられている。

▼臨済宗

禅の伝来

すでにみたように奈良時代に道昭《どうしょう》、道璿《どうせん》によって禅が伝えられた。そして平安初期に最澄は四宗兼学のたてまえから禅を天台教学に取り入れた。しかし、最澄以後、平安時代には断続的に、義《ぎ》空《くう》、覚阿《かくあ》または能忍《のうにん》らが出た。とくに覚阿（一一四三―？）は承安元年（一一七一）全慶《ぜんけい》とともに入宋《にっそう》し、杭州霊隠寺慧遠《えおん》について臨済禅を学んだ。四年間留学の後、帰国、比叡山に籠って終生山を下ることがなかったといわれる。

　これらの禅者には禅の法灯の伝承あるいは発展はみられない。したがって、臨済禅の本格的な伝来は栄西の出現をまたなければならなかったのである。

栄西

栄西（寿福寺蔵）

わが国における臨済宗の開祖は栄西《ようさい》（「えいさい」とも　一一四一―一二一五）である。字は明庵《みょうあん》。永治元年（一一四一）四月二十日、備中吉備津に生まれた。俗姓は加陽氏と伝える。十四歳で出家して、比叡山に登り、台密を学び、一切経を読んだという。仁安三年（一一六八）、宋の商船に乗って九州博多を発ち、入宋した。天台山、育王山《いくおう》などをめぐり、この年、天台の章疏二十余部をわが国にもたらした。

　文治三年（一一八七）、禅をもとめて再度入宋。天台山万年寺を訪ねて虚庵懐敞《こあんえしょう》から臨済正宗の法灯を授かった。在宋五年にして建久二年（一一九一）に帰国。

建仁二年（一二〇二）、源頼家のもとめに応じて京都に建仁寺を建立した。寺内に真言院、

栄西門下とその法灯

止観院の二院を設けて台密禅の三宗兼学の道場とした。これによると、臨済禅を奉ずる栄西の立場においては禅法を中心にすえながらも、最澄以来の四宗兼学を旨とする天台教学の伝統が生きていることを示すものと思われる。

後、鎌倉に移って建保二年（一二一四）にその地の亀ヵ谷に寿福寺を開創し、ここを臨済禅の関東における拠点とした。翌年（一二一五）七月五日、寿福寺で示寂。世寿七十五歳。

著書に『興禅護国論』三巻、『日本仏法中興願文』『出家大綱』『出纏《しゅってん》大綱』『喫茶養生記』『一代経論総釈』各一巻。『興禅護国論』は禅の伝来、国家にとって禅法の必要なること、禅に対する非難への解答をのべたもの。また『喫茶養生記』一巻は建保二年（一二一四）に源実朝に差出したもので、茶の効用、採調の時季、天寿の薬用であることなどを説いており、文化史的にみて注目すべき著作であるといわなければならない。

栄西の弟子に明全、行勇、栄朝《ようちょう》、源祐らがある。このうち、退耕《たいこう》行勇《ぎょうゆう》（一一六三―一二四一）は北条政子の発願により、高野山金剛三昧院を開創した。また、北条泰時の発願により、鎌倉に浄妙寺と東勝寺を開創した。

円爾《えんに》と紹明《じょうみょう》とは京の臨済禅を代表する双璧の禅者として知られた。円爾（一二〇二―一二八〇）は栄朝の門下で、入宋し、径山《きんざん》の無準《ぶじゅん》について学び、在宋六年にして仁治二年（一二四一）に帰国して、東福寺を開山する。弘安三年（一二八〇）十月、七十九歳寂。謚号を聖一《しょういち》国師という。かれの門下に無関《むかん》普門、無住《むじゅう》一円らがある。無関は在宋十二年、帰国後、南禅寺初祖となる。無住（一二二六―一三一二）は尾張長母寺を再興し、伊勢蓮華寺に住した。

著書に『沙石集』十巻、『雑談集』十巻、『聖財集』三巻、『妻鏡』一巻などあり、いずれも平易な和文文学として知られ、通俗的に書かれた仏教的な説話集で、当時の一般民衆への布教を目的として著したものとして注目される。

南浦《なんぽ》紹明（一二三九―一三〇八）は入宋し、門下も多く、大灯《だいとう》国師として知られる宗峰妙《しゅうほうみょう》超《ちょう》（一二八三―一三三八頃）もその一人である。

蘭渓道隆《らんけいどうりゅう》、無学祖元《むがくそげん》は鎌倉における臨済禅の双璧ともいうべく、ともに帰化人で、大陸の禅風をわが国に移植したことで知られている。蘭渓（一二一三―一二七八）は西蜀《せいしょく》の人で、寛元四年（一二四六）に来日し、北条時頼に迎えられて、鎌倉に建長寺を建立して開山となる。また京都の建仁寺にも止住した。日蓮らの批難を受けたが、臨済禅の正統をわが国に伝えた功績は大である。時宗《ときむね》もまた帰依した。弘安元年（一二七八）、六十六歳寂。諡号は大覚禅師。大覚寺派の祖。門下も多いが、そのなかに仏灯国師として知られる約翁《やくおう》がいる。

祖元（一二二六―一二八六）は明州・慶元府の人で、弘安二年（一二七九）に時宗の招きで来朝し、建長寺に止住し、円覚寺の開山となる。弘安の役（一二八一）の頃、時宗の決断を指導したことで世に知られる。北条貞時もまた帰依した。弘安九年（一二八六）九月、六十歳寂。諡号は仏光禅師、円満常照国師。無学派の祖。門下に顕日、祖円があり、顕日の門より夢窓疎《むそうそ》石《せき》（一二七五―一三五一）が出た。疎石は足利尊氏の帰依を受け、天竜寺の開山となる。また天竜寺船による貿易を行なった。門下多く、五山文学の時代をつくりあげた（五山文学の項参照）。また造庭の指導をして、いずれも疎石の開山した京都西芳寺、天竜寺、鎌倉の瑞泉寺、甲斐の恵林《えりん》寺その他の庭園が残っている。観応二年（一三五一）九月、七十七歳寂。諡号は夢窓国師その他。著書に『夢中問答集』『臨川家訓』『語録』などがある。なお、疎石の禅風は密教を加味したものと評されている。

一山一寧《いっさんいちねい》（一二四七〜一三一七）は台州の人で、顕密を、後に臨済禅を学ぶ。元の成宗の命を受けて、正安元年（一二九九）にわが国に派遣された。建長、円覚寺に止住し、正和二年（一三一三）、後宇多上皇の勅命で京都南禅寺に住し、弟子の雪村友梅《せっそんゆうばい》（一二九〇—一三四六）と五山文学を興した。一寧はまた朱子学に通じ、門下から虎関師錬《こかんしれん》（一二七八—一三四六）が出た。夢窓疎石もまた一寧のもとで参禅した。これより一山派がはじまる。諡号は一山国師。門下には友梅の他、建仁寺の石梁《せきりょう》仁恭（一二六六—一三三四）がいる。友梅は入宋した。五山文学の雄として聞こえた。遺著に『岷峨集』『語録』がある。

虎関師錬は南禅寺の規庵祖円や一山一寧に学び、東福寺、南禅寺で著作にしたがった。『元亨釈書』三十巻は後醍醐帝に献上したもので、わが国における最初の高僧伝。他に『済北集』二十巻などがあり、唐宋八家に比せられたほどである。

▼曹洞宗

道元

わが国の曹洞宗の開祖である道元（一二〇〇—一二五三）は正治二年（一二〇〇）一月二日、内大臣久我通親の子として京都に生まれた。八歳で両親に死別し、建保元年（一二一三）十四歳のとき、比叡山の公円について出家した。翌年、京都建仁寺に入り栄西および栄西門下の

道元（宝慶寺蔵）

明全について参禅すること九年。栄西の没後、貞応二年（一二二三）三月、明全にしたがって入宋した。天童山に登り、一度下山したけれども径山で一代の禅者長翁如浄《にょじょう》が天童山にいることを聞き及んで、再び天童山に登って如浄から親しく面授を受けたのであった。如浄は洞山第十三世の正系を継いだ人である。安貞元年（一二二七）にして帰国。建仁寺に住し、後京都へ出たが、鎌倉にいた波多野義重のもとめにより越前国吉田郡志比庄に移り、その地に堂宇を建立して傘松峯《さんしょうほう》と称し、大仏寺としたが、寛元四年（一二四六）修禅道場として永平寺と改めた。永平は中国に仏法が東漸した初めの年号をとったものであり、わが国に禅が渡って最初の参禅道場であるという自負が感ぜられる。なお、以前に傘松峯といったのを、宝治二年（一二四八）に吉祥山と改めた。北条時頼（一二二七―一二六三）が鎌倉に一寺を建立することを依頼したが、固辞して永平寺に帰った。そこで、越前六条の地の寄進状を弟子玄明に托した。それを受け取った道元は、「陋《ろう》なる哉。這《この》漢一片の利心、八識田中に堕す。宛も油の麺に入るが如く永劫にも猟すべからず。又恐らくは辱を大法にのこさん」といって、玄明の法衣をぬがしめ、僧堂の単（板）を撤去させ、床下の土を七尺取り除かせた。

後嵯峨上皇から紫衣の下賜があったが、二度までも勅命を固辞した。同族の配慮もあって、漸く拝領したが、終生、着衣しなかったといわれる。

永平寺に止住して、只管打坐《しかんたざ》すること十年。建長五年（一二五三）、治病のため上京し、この年八月二十八日に俗弟覚念の邸で寂した。寿五十四歳。『正法眼蔵《しょうぼうげんぞう》』九十五巻は、没年までの十三年間に仮名まじりの和文で参禅の体験をつづり、門下に示教したもので、門下の懐弉《えじょう》、義雲（一二五二―一三三三）が編集した。『永平広録』十巻、『永平清規《しんぎ》』二巻、『学道用心集』一巻、『傘松道詠《さんしょうどうえい》』一巻などがある。明治十三年（一八八〇）、承陽《じょうよう》大師が諡《おくりな》された。

門下のうち、孤雲懐弉《えじょう》（一一九八―一二八〇）は道元侍坐の弟子で、永平寺第二世となる。道元の説法教示を集めた『正法眼蔵随聞記』一巻の編者である。懐弉の門下に義介、寂円、義演、義準らがいる。義介は第三世を継ぎ、加賀大乗寺の開山となる。正慶二年（一三三三）寂。諡号は道光普照国師。

道元をもってわが国における曹洞禅の初伝とするが、第二伝は北条貞時のもとめで延慶二年（一三〇九）、来日した東明《とうみょう》慧日《えにち》（一二七二―一三四〇）のそれである。慧日は主に建長寺に住した。語録に『東明和尚語録』。第三伝は正平六年（一三五一）に来日した東陵《とうりょう》永璵《えいよ》（一二八五―一三六五）のそれである。永璵は天竜、南禅両寺に住したが、以後、曹洞禅の振興はみられなかった。永璵には『東陵永璵語録』がある。

▼法華宗（日蓮宗）

法華宗（日蓮宗）は鎌倉諸宗のうちでも、もっとも遅くに成立し、法然が専修念仏を唱え

日蓮（池上本門寺蔵）

てからほぼ一世紀近くたって日蓮が出現した。日蓮（一二二二―一二八二）は、法華宗（日蓮宗――「日蓮宗」という宗名は明治期に成立したもので、古くは日蓮の教説を信奉する教団の総称は「法華宗」であった）の開祖である。かれは貞応元年（一二二二）二月十六日、安房国東条（小湊）の一漁家の子として生まれた。天福元年（一二三三）、十二歳にして同国清澄寺の道善について学び十六歳で出家して、蓮長《れんちょう》といった。目ざすところは日本第一の智者であった。最初は密教を学び、ついで二十一歳のとき鎌倉光明寺で浄土門を学んだ。寛元元年（一二四三）二十二歳にして比叡山に登り、天台密教を学んだ。しかしながら『法華経』と『大日経』とを同等とみる顕密一致の立場にあきたらず、二十五歳で下山した。それから奈良の諸大寺や高野山を遊歴し、建長五年（一二五三）に郷国に帰った。この年四月二十八日、清澄寺の山上で、はるか海上にさし昇る日輪にむかって、声高らかに南無妙法蓮華経を唱えた。ときに日蓮三十二歳であった。後の「波《は》木《き》井《い》殿《どの》御書」によると、これをもって本宗の開宗としている。

日蓮は「念仏は無間の業なり云々」といって、念仏宗に対抗して、唱題宗の立場をうち出したのである。以来、唱題をもって成仏の実践とし、念仏をはじめとするあらゆる宗旨を激しく攻撃したので、再三、再四、法難に会うことになる。この法難は本宗の形成展開に大きな意味をもつ。そのうち、たとえば、文永元年（一二六四）十一月の大難がある。日蓮は天津の工藤吉隆の邸宅へゆくため、東条の松原を過ぎようとしたとき、東条景信の襲撃を受け、日蓮は負傷し、弟子の鏡忍はついに殺害された（小松原法難）。

文永五年（一二六八）十月、日蓮は鎌倉幕府および建長寺などの諸寺に書を送った。その中には有名な「念仏者無間地獄業、禅宗天魔所為、真言亡国悪、律宗国賊妄説云々」という激越な言葉がみえる。文永八年（一二七一）九月、日蓮はついに捕縛され、片瀬竜ノ口で危く断罪に処せられることになった（竜口《りゅうこう》法難）が、罪一等を免ぜられ佐渡に配流されることにきまった。この年十月末、佐渡の塚原に遠流の身となり、翌年（一二七二）四月に一《いち》ノ谷《さわ》に移住、二年四ヵ月の刑期にしたがった。配流の間に、『開目抄《かいもくしょう》』『観心本尊抄《かんじんほんぞん》』『諸法実相抄《しょほうじっそう》』『佐渡御書』などを述作した。また一紙に南無妙法蓮華経と書いた、いわゆる「本化《ほんげ》の大曼荼羅《だいまんだら》」という十方勧請の本尊をつくった。これは寿量品《じゅりょうほん》虚空会《こくうえ》の儀相を表現したものとされる。

文永十一年（一二七四）三月に赦免《しゃめん》されて、日蓮は鎌倉へ帰ってきた。それより波木井実長のもとめで甲斐国身延《みのぶ》へいって、そこを法華経行者の根本道場にさだめた。在山八年にして弘安五年（一二八二）九月、武蔵国の池上宗仲邸に招かれた。池上氏がここに本門寺を建立したので、開堂の日に『立正安国論《りっしょうあんこくろん》』を講義した。十月十三日寂、六十一歳。著書『立正安国論』『報恩《ほうおん》抄』『撰時《せんじ》抄』『守護国家論』など各一巻がある。大正十一年（一九二二）、立正大師と諡号が下された。

「念仏無間、禅天魔、真言亡国、律国賊」という四箇格言にみる厳しい一者択一の思想は法華経行者としての日蓮の生涯に一貫し、それだけに多くの迫害も受けた。門下に日昭《にっしょう》、日朗《にちろう》、日興《にっこう》、日向《にこう》、日頂《にっちょう》、日持《にちじ》の六老僧をはじめ、十八中老と称する高僧たちがいる。六老僧が身延山を守護していたが、弘安八年（一二八五）に日興が下山し、富士の上野に移ったので、分派をみるにいたった。日持は異国布教を志ざし、永仁三年（一二九五）、東北地方の津軽から北海道（松前）に渡り、さらにサハリン（旧樺太《からふと》）をへて、アムール河沿岸地方（韃靼《だったん》国、沿海州）に入って、ゆくえ知らずといわれる。

▼奈良諸宗その他

華厳宗

高弁（明恵として知られる）

高山寺を建立

明恵《みょうえ》上人として知られる高弁《こうべん》（一一七三―一二三二）は紀伊国左内郡に伊藤重国の一子として生まれた。少年時代に両親に死別し、高雄山の上覚の門に入る。実尊、量雅らに学び、文治四年（一一八八）東大寺で受戒した。

建仁三年（一二〇三）に天竺《てんじく》（インド）行きを志したが、春日明神の夢告を受けて中止した。元久二年（一二〇五）春、再度、入竺を企図して準備したが、今度は罹病のために実現出来なかった。

建久元年（一一九〇）鳥羽上皇は京の栂尾山を下賜したので、ここに高山寺を建立した。高弁はまた建礼門院や北条泰時の帰依を受け、持戒堅固で、一世の師表と仰がれた。寛喜四年（一二三二）一月十九日、兜率往生《とそつおうじょう》を願って入滅した。六十歳。主要著書は『金師子章光顕鈔』二巻の他に、『華厳唯心義釈』二巻、『華厳信種義』一巻、『華厳修禅観照入解脱門義』二巻、

『摧邪輪《ざいじゃりん》』三巻、『四座講式』四巻、『夢記《ゆめのき》』一巻など七十余巻の他、『遺心和歌集』『印度行程記』などがある。『摧邪輪』は法然の念仏義を批判した著作として、あまねく知られている。

また唐本一切経を高山寺に収め、栂尾に茶を植えている。『あるべきやうわ』の仮名法語は弟子の喜海が筆録したもの。

高弁の門下に宗性《そうしょう》（一二〇二—一二七八）があり、凝然《ぎょうねん》（一二四〇—一三二一）は宗性の弟子である。

宗性（一二〇二—一二七八）は健仁二年（一二〇二）藤原隆兼の子として生まれた。東大寺に入り、華厳その他の宗学を広く学び、また貞慶の感化で弥勒信仰をもった。笠置山に参籠して『弥勒感応抄』五巻を著す。著作は一千巻と称されるが、東大寺に現蔵するものだけで二三〇部四五〇巻あるといわれる。とくに僧伝については建長元年（一二四九）に『日本高僧伝指示鈔』、同三年（一二五一）に『日本高僧伝要文抄』を著した。

高弁（明恵）

宗性の弟子に凝然がある。伊予国越智郡の出身で、仁治四年（一二四〇）に生まれる。華厳の他、諸宗義、声明、悉曇《しったん》にも通じた。宗性と同じく著述に専念し、生涯で一二七部一二〇〇巻余の書物を著わしたといわれている。この中には聖徳太子の三経義疏に対する注釈書一一〇巻がある。また歴史関係の著述も多く、『三国仏法伝通縁起』三巻、『仏法伝通章』十八巻、『諸宗伝通録』六巻、『八宗綱要』二巻、『華厳五教章通略記』五十二巻などがある。このうち『三国仏法伝通縁起』は仏教史のテキストとして、『八宗綱要』は仏教概論のテキストとして宗派を越えて明治時代までも用いられた。華厳教学の中興の祖と仰がれる。諡号は示観国師。

律宗

北京律　俊芿　泉涌寺　浄業　南京律

比叡山の大乗戒壇建立以来、律宗はさして目だった発展はなかったが、鎌倉時代になると、京都の北京律《ほっきょうりつ》、奈良の南京律《なんきょうりつ》として復興した。

俊芿《しゅんじょう》（月輪大師）と浄業が入宋し、中国の南山律宗を伝えた。

俊芿（一一六六―一二二七）は肥後の出身で、天台・真言を学び、のち戒学に心をかたむけ、正治元年（一一九九）に入宋した。そして了宏より南山律を受け、また台、密、禅をも兼学し、建暦元年（一二一一）に帰朝した。京都東山の仙遊寺に住し、皇室貴族の帰依を受け、北条泰時の戒師になる。嘉禄二年（一二二六）仙遊寺を泉涌寺と改めた。俊芿は四明知礼の天台教学をわが国に伝え、貞慶、慈円らがそれを受け継いだ。著作に『仏法宗旨論』『坐禅事儀』『念仏三昧方法』などがある。明治になって月輪大師の諡号をおくられた。

浄業《じょうごう》（一一八七―一二五九）は、号を曇照という。山城の出身で、園城寺で天台・密教を学び、建保二年（一二一四）入宋。鉄翁守一より南山律を伝え、安貞二年（一二二八、一説には承久二年）に帰国する。帰国後、京都に戒光寺を建立した。天福元年（一二三三）再度、入宋。仁治二年（一二四一）に帰国してから、九州太宰府に西林寺を建立し、のち京都に東林寺を建立した。

北京律に対して南都を中心とした戒律を南京律という。南京律を開いたのは奈良中の川の実《じつ》範《ばん》（？—一一四四）で、藤原顕実の子である。実範は初め法相を、のち天台、真言を学び、中の川に即身院を建立し、戒律復興につとめる。また南都に戒律を興した。法相の貞慶（笠置山の解脱上人）もまた実範より戒学を受け継いでいる。

晩年、山城光明山で念仏生活に入った。著作に『戒壇式』『大経要義抄』『浄土往生論』などがある。

覚盛《かくじょう》（一一九四—一二四九）は貞慶の門下で、高弁より華厳を学び、戒律復興につとめた。勅命を受けて唐招提寺に住し、鑑真の再来と仰がれた。著書に『梵網述迹』『表無表章文集』などがある。後醍醐帝は大悲菩薩の諡号をおくった。

叡尊（西大寺蔵）

叡尊《えいぞん》（一二〇一—一二九〇）は大和の出身。醍醐、高野山に密教を学び、また覚盛の弟子となる。西大寺戒如より律を受け、のち西大寺を再建復興し、戒律の民衆化をはかった。

叡尊の律を真言律宗とよぶのは、戒学と密教とを融合させたからである。

弘長二年（一二六二）幕命で関東に下り、北条時頼の帰依を受けた。それより西大寺に帰って非人に銭米を与え、授戒した。また奈良般若寺の北に癩《らい》病者を救済するための施設をつくった。皇室の帰依も受け、弘安四年（一二八一）七月、蒙古襲来のとき

忍性

癩病院

極楽寺開山

は後宇多帝の勅命で、石清水《いわしみず》八幡宮に敵国降伏の祈願をした。

叡尊はまた一般庶民に殺生禁断を説き、弘安七年（一二八四）に宇治橋を補修するとともに、この川で網代漁をするのを廃した。後伏見帝は興正菩薩の謚号をおくった。叡尊の弟子、定舜《じょうしゅん》（？—一二四四）が入宋してもたらした律宗三大部を叡尊は諸寺に分置せしめ、戒学再興のよすがとした。

叡尊に劣らず貧民、病人の救済活動につとめたのは、その門下の忍性《にんしょう》（一二一七—一三〇三）である。忍性は大和の出身。師、叡尊とともに西大寺に住し、律および密教を学んで戒律復興につとめた。また施薬院を建立して病人を救済し、悲田院を建てて非人乞食の救済に従った。奈良般若坂の北山に北山十八間戸とよばれる癩病院を建てて救癩事業に献身したことは、あまりにも著名である。

建長四年（一二五二）、忍性は関東に下り、常陸清涼院に約十年間滞留した。この間に関東方面に律をひろめた。

弘長元年（一二六一）、時頼の招きで鎌倉光泉寺に住し、また長時の帰依を受け極楽寺の開山になった。折しも日蓮は「律国賊」と非難した。そして文永八年（一二七一）の旱魃のとき、祈雨修法をおこなった忍性をそしったため、諸寺の告訴により、ついに日蓮は佐渡流罪となったのであって、この事についてはすでに述べたとおりである。

忍性の社会活動は捨子の養育にも及んだ。東大寺、四天王寺に住したが、晩年には鎌倉の極楽寺に再入住し、寺内に療病院、施薬院、悲田院、福田院、癩宿舎などを建てた。また永仁六

馬病舎

年（一二九八）には坂下に馬病舎まで建てて動物愛護につとめた。桑谷の病舎では二十年間に四万六千八百人の病人を救ったので、世に医王如来とよばれて、尊崇されたほどである。

忍性の多方面にわたる社会活動は枚挙にいとまない程であるが、記録によると、寺院建立八三、架橋一八九、道路開設七一ヵ所、掘井戸三三ヵ所、殺生禁断六三ヵ所である、という。醍醐帝は忍性菩薩の称号を諡《おく》った。忍性の事跡は『性公大徳講』に記されている。

その後の南都仏教

覚盛、叡尊、忍性らの復興した律は、前述のように密教と融合したもので、かれらは密教の理念にもとづき実際の社会活動を通じて広範な庶民の信仰を集めたのであった。したがって、その伝統は後世まで伝えられた。

この他の奈良諸宗は学問研究の面で、いくたのすぐれた仏者が現われたが、新時代に即応する教団としての発展をみることなく、室町時代以降は仏教史の表面に現われることはほとんどなくなった。

三論宗

平安末期に真言宗の小野流の祖、聖宝が三論宗を興《おこ》したことはすでに述べた。京都大通寺開祖である真空《しんくう》（一二〇四―一二六八）、智舜（生没年不詳）が出たが、鎌倉時代には真言宗に摂取された。

法相宗

貞慶

興福寺を中心とする法相宗は鎌倉時代に現われた解脱上人貞慶《じょうけい》（一一五五―一二一三）をもって中興の祖とする。貞慶は久寿二年（一一五五）に生まれた。興福寺で法相を学び、また中の川の実範より律を学んだ。建久三年（一一九二）三十八歳のとき山城国笠置寺に入って修行に専念した。持戒堅固にして弥勒信仰をもち、建久七年（一一九六）に「弥勒講式」をつくる。また釈迦如来をまつり釈迦念仏を唱えた。元久二年（一二〇五）に法然の浄土門の専修念仏を攻撃した。著作に『愚昧発心集』『成唯識論尋思抄』など。

この宗派では、永超《えいちょう》（一〇一四—一〇九五）が『東域伝燈目録』を、蔵俊（一一〇四—一一八〇）が安元二年（一一七六）に『法相宗章疏目録』を、また覚憲（一一三一—一二一二）が承安三年（一一七三）に『三国伝燈記』三巻（下巻のみ現存）を著した。とくに覚憲の著作は宗性、凝然に影響を与えた点で、先駆的な存在といえよう。

かれらはいずれも歴史意識にめざめ、復古主義の立場に立ったものといえるが、鎌倉という時代の転換期に対応した姿勢でもあった。

▼天台・真言

天台宗

天台宗は平安時代に行なわれていた五時八教《ごじはっきょう》に対し、四重興廃《しじゅうこうはい》の教判を立てて、新しい時代に対応した。四重興廃というのは釈迦一代教法を昔・迹・本・観の四重の勝劣を説くもので、昔は法華経以前の諸経をさし、方便教とするもの、迹は法華経前十四品、本は後十四品、観は止観で、昔より観への向上は、要するに実践的な仏教をめざし、法華経の絶対性を打ち出したものである。

回峰行

また、この頃から比叡山に籠山《ろうざん》して回峰行《かいほうぎょう》が実修されるようになった。

総じて、この時代の天台教学が著しく浄土教化したことは、真言宗において高野山浄土の信仰が浄土教の影響で形成されたこととあわせ考えてよい。

鎌倉時代の新興諸宗派に対し、比叡山は念仏、禅、日蓮を問わず、弾圧を加えたが、これも高野山と比較すれば、全く対照的であるといってよい。高野山はいずれもこれらの諸宗派を迎え入れる立場をとっている。これに連関して、次に高野聖の活動を中心としてみなければならない。

真言宗

高野聖

中世の高野山を語る場合には、何よりも高野聖《ひじり》の存在に注目すべきであろう。

平安末期、覚鑁《かくばん》がを唱えたことは、すでに述べた通りであるが、室町時代に宥快《ゆうかい》らが念仏弾圧を行なうまで、高野山では高野聖による念仏の隆盛をみた。高野聖はまた伽藍の復興などの勧進をし、高野山の霊場なることを説き、納骨建墓を勧めるなど、広範な活動にしたがった。そして、中世における庶民の念仏信仰普及の先駆者となった。

高野聖は蓮花谷《れんげだに》聖（明遍《みょうへん》聖あるいは八葉《はちよう》聖ともいう）、萱堂《かやどう》聖、千手院《せんじゅいん》聖（時衆聖）が主なものである。ただし、如寂の『高野山往生伝』では小田原の教懐（一〇〇一―一〇九三）を高野聖の最初の人物として挙げている。初期の高野聖としては、聖心《しょうしん》、重源、明遍などが有名である。聖心（仏厳房）は九条兼実の帰依を受け、安元二年（一一七六）十一月に『十念極楽易往集』を提示した。真言念仏（秘密念仏）の立場から即身成仏と往生成仏の二本立ての成仏論を説く点は覚鑁と同じである。聖心のことは中山忠親の日記『山槐記』にもみえる。

重源《ちょうげん》（一一二一―一二〇六）は高野山新別所に住し、また一般には東大寺大仏殿復興の勧進をつとめた人物として知られている。著作に『南無阿弥陀仏作善集』があり、専修念仏を行なった。これによって高野山にはの他に、別系の念仏がひろがる基礎が出来上がった。

明遍（一一四二―一二二四）は藤原通憲の子。東大寺で出家した三論系の人であったが、のち高野山に登って専修念仏にしたがった。明遍は法然の弟子と伝えられるが、確証はない。弟子の静遍《じょうへん》もまた師の専修念仏をいっそうひろめた。

真言念仏は道範の『秘密念仏鈔』三巻などにみられるように、高野山の学侶方に伝えられ、この伝統は新義真言宗に伝えられ、江戸時代の末まで存続する。

▼鎌倉文化と仏教

社会活動

叡尊、忍性らの社会活動についてはすでに述べたが、なお、この他に重源をこの時代にめざましい社会活動をおこなった代表的仏者としてあげることができる。

重源

重源（一一二一―一二〇六）の事跡は自著『南無阿弥陀仏作善集』一巻に書かれている。それによると、重源は死刑四十人を放免したり、交通の便を計ったという。また備前国の国府に大湯屋《とうおく》を、その他播磨別所に常湯、鎮西廟田《はかた》に湯屋を設けた。湯屋というのは公衆浴場のことである。さらに周防《すおう》・長門《ながと》両国の飢饉を救済するなど、多方面の活動を行なった。

文芸活動

この時代に仮名混りの文体の文学作品が数多く現われたのは注目される。仏教が民衆に浸透していった場合に、平易な仮名書きが用いられたことは首肯されよう。

法然の起請文、親鸞、日蓮らの消息、親鸞、一遍らの諸和讃、道元の『正法眼蔵』九十五巻などはいずれも従来の漢文を離れた、仮名混りの文体であるが、文学作品の多くもまた仮名で書かれている。

物語では、『宝物集』『発心集』『撰集抄』などがあり、隠者の文学に、『閑居友』『一言芳談』などがある。また仏教説話に住心の『私聚百因縁集』、無住の『沙石集』『聖財集』『妻鏡』など。浄土文学というべきものに『三部仮名鈔』があり、栄海《えいかい》（一二七八—一三四七）の『真言伝』は伝記文学である。この他、各宗の祖師の行状記、絵伝など、また明遍の『遺心集』、慈円（一一五五—一二二五）の『拾玉集』、西行の『山家集』、『往生法師集』など、仏者の歌集も少なくない。なお、鎌倉幕府が編集した史書『吾妻鏡』は幕府関係の史料を排列したもので、直接仏教に関係がないが、鎌倉仏教についての多くの史料が含まれている。

鎌倉時代には専門の仏書以外に仏者らによって多数の文芸に関する著作がつくられ、いずれも時代を代表する作品として、今日に至るまで伝えられている。その主要なものを年代順に列挙すると、次の通りである。

治承二年（一一七八）平康頼『宝物集』
文治三年（一一八七）如寂『高野山往生伝』
承久二年（一二二〇）慈円『愚管抄』
建長四年（一二五二）『十訓抄』
建長六年（一二五四）橘成季『古今著聞集』
正嘉元年（一二五七）『私聚百因縁集』
弘安六年（一二八三）無住『沙石集』
永仁二年（一二九四）覚如『親鸞聖人絵伝』

同　三年（一二九五）藤原有房『野守鏡』
正安元年（一二九九）無住『聖財集』
　聖戒等『一遍上人絵詞』
同　二年（一三〇〇）土佐吉光『法然上人絵伝』
同　三年（一三〇一）覚如『拾遺古徳伝』
元亨二年（一三二二）虎関師錬『元亨釈書』

学校制度

この時代には諸山大寺はいずれも仏者の教育機関としての役割りを果たしていたことはいうまでもない。

教王常住院

記録に残るものの一例では京都大覚寺内に設けられた後宇多法皇建立の教王常住院がある。これは仏者養成の学校で三十人を定員とし、在学年限三年と定められ、学校の科目は金剛頂、胎蔵、声明の三科目が課せられた。この学校は相当長い間、経営されたようである。

金沢文庫

また武蔵国金沢（現在の横浜市金沢区所在）の称名寺に設けられた文庫は通称、金沢文庫とよばれ、清原教隆を学問の師と仰いだ北条（金沢《かねざわ》）実時（一二二四―一二七六）のとき以来、顕時、貞時に至る北条氏三代にわたって内外典を問わず厖大な図書の蒐集《しゅうしゅう》が行なわれた。称名寺附属の文庫で、開山は審海《しんかい》である。北条氏滅亡後は称名寺歴代の住持が管理に当たった。実際の教育活動は明らかでないが、その文化的意義は高く評価され、現存する蔵書数だけでも三万冊以上といわれる。

民衆教化

鎌倉幕府を開いた源頼朝、二代頼家、三代実朝らはいずれも仏教の篤信者であったが、また鎌倉初期であったので、諸尊を信仰するところのいわゆる雑信雑修であった。
北条時政や熊谷直実らにみられるような浄土信仰は中期以後には一般化するが、武士階級を主とする禅の普及は一般にいわれているほどのものでなく、鎌倉末期から室町時代にかけて盛んになってくる。

山伏・修験者

この時代には山伏《やまぶし》、修験者《しゅげんじゃ》といわれる者の存在が注目される。台密では三井《みい》の園城寺《おんじょうじ》末の京都聖護院《しょうごいん》配下の修験があって、熊野詣での案内（先達）、信仰の誘いなど、熊野を中心として活動し、東密系では醍醐寺三宝院系の修験が吉野、金峯、大峯山などを舞台に活動している。天台、真言では平安時代に貴族たちを対象に祈祷を行ない、いわゆる祈祷僧、験《けん》ある者（験者）が尊重され、山伏、民間信仰を適宜とり入れた天台、真言の修験者が増えていった。かれらは「験」を得るために山野に起き伏して修行をつづけ、あるいは遊行、遍歴を行なったので、「異類異形の法師」として畏敬された。また諸国の事情にも通じ、多くの情報を手にしていたので、武家のなかにはかれらを利用する者もいた。

遊行往来の人びとの中で山伏（山臥）とよばれる修行者は本来、真言の法をおさめた密教の験者だったが、全国を巡行し、現世利益の祈祷、まじないをしたり、ときには施療をしたりして、庶民大衆と深く結びついていった。先達というのは、験ある修行者をさしたが、のちには特定の信仰の山に入るときのグループの指導者をさし、在俗の者が先達をつとめるようになった。

聖、法師などとよばれる下層の仏者たちは村々の教化を行ない、絵解《えとき》法師とよばれるような絵解きを教化の手段とするもの、琵琶を弾じながら『平家物語』などを吟ずる盲法師、盲僧など、また比丘尼の活動などが、この時代の仏教を多彩なものにした。

平安時代より続いてきた灌仏会、最勝会、大般若会、涅槃会、放生会《ほうじょうえ》などの各種の法会、また十八日の観音講、二十四日の地蔵講、あるいは西林寺、四天王寺、当麻寺などの迎講《むかえこう》のような講の興行がある。叡尊、明恵らの名だたる高僧たちのさまざまな講式の作成も講と関係のあることはもちろんであって、新旧の宗派を問わず、広範の人びとの間に仏教が浸透するために、民衆教化がすすめられたのであった。

芸術

わが国における封建性社会の確立期に当る鎌倉時代は社会の急激な変化にともなって、芸術方面でもおのずから性格の異なったものが現われるようになった。

仏像の制作

仏教芸術の分野では、まず仏像仏画の制作がある。鎌倉の仏教芸術の象徴的存在ともいうべきは運慶であって、鎌倉様式を別称、運慶様式と名づけているのでも、そのことが知られよう。

鎌倉の仏像は一般的な印象をいうと、藤原末期の貴族を対象とした力のない像とちがい、若々しい力にみちている。運慶《うんけい》（?―一二二三）作の円成寺《えんじょうじ》大日如来は、そういう意味で鎌倉様式の特色がよく現われている一例とされる。

七条仏所

従来、京都仏所として明円《みょうえん》（?―一一九九頃）らの円派、院覚（生没年不詳）らの院派が権威をもっており、それぞれ伝統的な風を伝えていたのであるが、新たに七条仏所が時代の仏像制作の旗手となった。

運慶の父は康慶《こうけい》（生没年不詳）、その弟子に快慶《かいけい》（生没年不詳）、定慶《じょうけい》があるので、かれら二人は運慶とは兄弟弟子である。また運慶の子、湛慶《たんけい》（一一七三―一二五六）、康勝《こうしょう》（生没年不詳）、康弁《こうべん》（生没年不詳）らの一門が栄えた。

写実主義的で力強い東大寺南大門の仁王像をはじめ、京都三十三間堂の千体仏、秋篠寺の伎《ぎ》芸天《げいてん》、梵天像、興福寺の無着《むじゃく》、世親《せしん》像、高野山の八大童子像その他、運慶一門の手になる仏体は枚挙しがたいほどである。鎌倉延命寺、信香寺の裸地蔵、鎌倉鶴岡《つるがおか》八幡宮の裸弁才天など、この時代には裸形像が流行した。

東大寺大仏も鎌倉時代に重源の勧進で修補されている。また寛元元年（一二四三）に木像で建立された鎌倉の大仏は建長四年（一二五二）に現存の十一メートルの大仏に改鋳した。室町時代までは大仏殿もあった。

仏画

本来、初期の平安密教をみても知られるように、仏像、仏画の制作は観法を実修する仏者自身の作業であったが、鎌倉時代には専門の仏師の手に制作がゆだねられるようになった。いずれかといえば、鎌倉時代に新しく興起した新宗派は、仏像をさほど必要としなかったので、中期以後には七条仏所はあまりふるわなくなった。

この時代の仏画は「鳥獣戯画図」で知られる覚猷《かくゆう》、定智《じょうち》（生没年不詳）、深賢《じんけん》（生没年不詳）、あるいは中期の醍醐の信海《しんかい》（生没年不詳）など、いずれも密教系の仏者の手になるものが多く、初期の詫間勝賀（生没年不詳）のような専門家も現われるようになった。神護寺の源頼朝、平重盛像は、藤原隆信（一一四二―一二〇五）の作とされる。隆信はまた承安三年（一一七三）最勝院に「建春門院平野社御行図」を描いたので知られる。

いっぽう、浄土教の流行とともに浄土曼荼羅、浄土聖衆来迎図なども多数つくられるようになり、なかでも京都禅林寺、金戒光明寺の山越阿弥陀仏、あるいは元寇のときに描かれた走り不動など特異なものがあり、経典儀軌を離れて作者が信仰的立場にたって自由に制作するというのも、この時代の自由信仰の風潮の反映であろう。

弥陀来迎の諸尊はきわめて現実的に表現され、従来法界定印の座像であったものが、施無畏印の阿弥陀立像に変わり、来迎のスピード感がたくみに表現されている。

絵巻物が数多くつくられたのも、鎌倉美術の特色である。

仏教の布教教化の手段として語りとしての説話があった。平安初期の『日本霊異記』などはそうした仏教説話の先駆的な作品である。こうした説話に絵を挿入した「絵巻」という様式は本来、中国仏教で用いた「絵解き」から来ているものであって、平安時代に遡る「信貴山縁起絵巻」はわが国における絵巻の最高最古の作品である。鎌倉時代には「一遍上人絵伝」「法然上人絵伝」などが現われ、祖師の行状を通じて信仰を一般庶民に普及するために使用されたものがあるが、実用より次第に美術的鑑賞へと移っていたようである。そして、仏教以外でも歴史的大事件を記録しておくことを目的としてつくられたもの、たとえば「平治物語絵巻」「蒙古襲来絵詞」などがつくられたのであった。

禅宗の渡来とともに、宋画が輸入され、中国風の絵画が描かれるようになる。頂相《ちんぞう》という肖像画もまた最初は禅宗の渡来にともなって伝わったもので、中国で禅師が自賛して印可のときに弟子に授与したのに由来する。京都東福寺の無準像など多数の頂相が描かれた。また室町時代にかけて祖師像の木彫にも影響を与えた。工芸品としての武具、刀剣、甲冑などにも梵字や仏教的デザインで工夫をこらしたものがある。

奈良時代の七堂伽藍、平安時代の山岳仏教の建築様式、藤原期の浄土教の建築様式など、仏教の教理、信仰と建物の様式は不可分の関係にある。鎌倉初期には天竺様式がまず行なわれた。治承四年（一一八〇）十二月二十八日、源三位頼政の謀反に南都が加担したとのかどで、平《たいらの》重衡《しげひら》の軍が東大寺大仏殿に放火し、一夜にして灰燼に帰した。勧進職に任ぜられた重源の尽力によって頼朝の援助の下に文治二年（一一八六）に再建され、この年にはまた朝廷の援助で興福寺が再建された。建仁三年（一二〇三）にはまた東大寺南大門が完成した。

大仏殿および南大門、あるいは地方では東京都村山の正福寺仏殿その他にみられる様式は、南中国の建築の影響を受けた天竺様で、少ない材料で大きな建物を建てる建築法で、三度も入宋した重源が宋からもち帰ったものであった。重源は建築だけでも醍醐寺、高野山、播磨、摂津、伊賀、備中、周防などに各、別所三十九、別所以外十一、修覆三十四、結縁二十棟にのぼる多数の建物を手がけ、山陽、南海道など勧進でめぐった地方には数えきれないほどの堂舎を建てている。（『南無阿弥陀仏作善集』参照）。天竺様はその後まもなくすたれ、唐様が用いられ、これが鎌倉建築の主流になる。たとえば弘安八年（一二八五）に建立された鎌倉の円覚寺舎利殿などがそれで、細い部材を多数組みあわせている点が和様と異なっている。

▼鎌倉仏教のむすび

末法意識

平安末期から鎌倉初頭にかけて戦乱、天変地異、流行病、飢饉などが打ちつづいた。折しも、世は仏法が衰微しやがて消滅するであろうという悲観的な末法思想がひろがって、末法末世観が人びとを強く支配するようになった。音たてて崩れ去るおごれる平家の滅亡を目のあたりにしては地上の権力のはかなさをいやというほど、人びとは思い知らされたでもあろう。

末法――ことによれば仏法が滅びるかも知れないという深刻な時代の危機意識が活力にみちあふれた新しい宗派を次つぎに生んだのである。

一切の仏教を聖道門と浄土門とに区別するのは浄土教の立場からであるが、従来の伝統的な仏教を自力の聖道門であるとして、これに対する絶対他力を打ち出したのは親鸞であった。そのために、法然、親鸞ともに比叡山側の反対にあって流罪に処せられるという悲運にあった。日蓮もまた法華信仰の純粋性を強調して他宗派のすべてを攻撃し、非難の対象としたために、同じく流罪に処せられた。

栄西、道元は大陸の宋の禅風をわが国に伝えて一派を開いた。迫害こそ蒙らなかったけれども、その道はもとより平坦ではなかった。

時宗の一遍は空也の聖跡をしたう遊行の旅をつづけ、念仏をより広い民衆層に定着させた。

これらの新宗派の活動のうちでも浄土信仰、念仏思想は伝統的な諸宗派にとっても無視しえないものとなり、多くの逆影響を受けるに至ったことは、すでにしばしばのべたとおりである。

ともかく、こうした一連の新興諸宗派の興起する一方で、末法の世にあって、正法の時代にかえさなければならないとする復古主義の抬頭がみられる。それは奈良仏教の諸宗や天台・真言の諸宗のなかから現われたものであった。それらの活動を通じていい得ることは、戒律運動を行ない、同時に民衆救済の実際的な社会活動を行なっていることである。叡尊、忍性を双璧とする多数の仏者がいる。観念的な救済でなく具体的現実的な救済を行なった意味で、新興諸宗派よりもかれらを高く評価する場合もある（渡辺照宏著『日本の仏教』岩波新書）。

聖道門と浄土門との二元を対立させて、いずれを選び取るか、ということが鎌倉仏教の基本的態度である。これを一口にいえば選択思想である。

選択は「せんたく」でなく「せんちゃく」と読ませている。いずれにしても選び取ること、には変わりない。法然の著作『選択本願念仏集』の題名はいみじくも選択仏教としての鎌倉仏教の本質をよく表現している。法然の場合、何を選択するかといえば、本願念仏、すなわち専修念仏であった。栄西の看話禅《かんなぜん》、道元の黙照禅《もくしょうぜん》、日蓮の唱題はいずれも仏教的価値体系における価値の選択であり、そこには決断が問われ、信の一念の確立が認められる。そこに一貫して認められるのは異次元の価値の排除と否定とである。

信仰形態の純粋性の点で、鎌倉仏教の利点が認められるが、日本仏教の流れを通観する立場からみると、最澄、空海の綜合仏教が分裂分化したのが、鎌倉仏教であった。

鎌倉仏教は比叡山から流れ出したのであって、天台教学を前提としているというのが、在来の一般的な見方である。現実的には確かにそうである。しかし、構造論的にみると、空海の三密成仏に包摂されるといえよう。道元の只管打坐は身密に、法然の専修念仏、日蓮の唱題成仏は口密に、親鸞の信心為本は意密にそれぞれ収められ、一密成仏の構造をもっている。そういう意味においても、鎌倉仏教はあくまでも排除否定の論理による選択の仏教であったのである。

残された問題点

しかし、全く異なった価値体系の融合がなかったかというと、そうではない。たとえば鎌倉時代に出来上がった神仏習合、本地垂迹説《ほんじすいじゃくせつ》などは、そのよい例である。また日蓮や一遍にみられるように、神道——広い意味での民族の固有信仰とよぶのが適当と思われる——と結びつくことによって、それぞれ法華信仰、念仏信仰を社会の大衆層にひろめてゆくことが出来たことなども注意を払ってよいであろう。

鎌倉時代に活躍した伝統的な仏教側の人びと、ことに南都系の仏者の多くが密教を学んだ経歴をもっていることと、鎌倉時代の新興諸宗派のうち真宗以外の諸派がいちように、何らかの密教的影響を受け、ことに中期以後、密教化してゆくことも、従来、ほとんど、専門史家の不問に付しているることであるが、今後の課題として残されているものの一つである。

なお、日本仏教は鎌倉仏教以外にはなく、日本仏教の代表者は親鸞、日蓮、道元のみといった、鎌倉仏教に対する過大評価は徐々に是正してゆかなければならないであろう。

第五章 室町仏教

▼過渡期の仏教

いうまでもなく室町時代は、足利氏が政権をとって京都室町に幕府を置いた時代の呼称である。

元中九年（明徳三年、一三九二）に後小松帝が即位したときより、天正元年（一五七三）足利義昭（一五六八―一五七三）が織田信長に追放されるまでの約三世紀間をいうが、応仁の乱以後を戦国時代ともいっている。

鎌倉仏教は古代の律令制社会が崩壊し、封建制社会に移行した時代の要請によって形成、発展したのであって、一般に民衆的な性格がつよく、諸般の分野にわたって活発な宗教活動が行なわれた。すでにみたように、その宗教活動に刺戟を与えた動機は末法という時代の危機意識であった。

天台・真言あるいは奈良仏教を離れて独自の諸宗派が成立したのも、政権の主体が貴族から武士階級に移り変わったというのにも帰因していたといえよう。

しかし、鎌倉諸宗派も教団として発展するにしたがって、在来の密教を無視することはできず、より現実的に民衆化をはかるためには、おのずから密教化の方向をたどらざるを得なかった。鎌倉仏教の密教化は日本仏教史上の重要な課題であるが、現在、まだこの分野の研究はあまり進んでいない。ただ一つい得ることは、密教を貴族専有の仏教であるとみるのは誤りであって、咒的な密教は一般民衆にいたるまでの宗教意識を支配していたということである。

室町時代になると、全般的に、各宗ともいっそう密教化の傾向をたどっていった。

室町時代の仏教を通観すると、平安、鎌倉のそれのように、時代的に際立った特色がないので、「室町仏教」とは実際は称しがたいようである。教団としては各宗派とも世俗的な意味では教団拡大、発展の方向にむかったが、思想的にはほとんど発展がみられないといってよい。

平安、鎌倉の諸宗派を問わず、この時代には地方寺院が建立され、全国的な拡がりを示すようになる。有力な地方寺院はいわゆる中世型の大寺領を依然として保有していた。地域的には臨済宗は京都、鎌倉を中心に、曹洞宗は北陸地方にひろがった。また日蓮宗は関東、東海、浄土宗は関東を中心に、浄土真宗は北陸、関東に宗教活動を行ない、各宗とも徐々に地方寺院の数が増加していった。

民衆化という点からすれば、鎌倉仏教よりも室町時代の仏教のほうが遙かに進んだといえよう。とくに民衆の生活のなかに仏教がさまざまな文化形態をとって浸透したことは、いままでの時代に見られなかったところであり、学問、文芸、美術、教育などの面に多くの影響を与えながら、仏教それ自体は世俗化の一途をたどる。

諸寺社に対する信長の焼打ち、秀吉の武装解除をへて、戦国時代が終焉《しゅうえん》を告げるとともに、大寺領を所有する中世型の寺院は解体し、地方ごとにさらに多くの小中寺院が建立されるようになる。

▼諸宗派の一般的動向

さきに鎌倉時代に栄西が開いた臨済宗は京都の五山（天竜寺・相国寺・建仁寺・東福寺・万寿寺）および鎌倉の五山（建長寺・円覚寺・寿福寺・浄智寺・浄妙寺）を根拠地とし、京都南禅寺は別格として五山の上に置いた。そして、これらの配下に十刹その他の末寺がある。この五山の制度は南宋の禅林制（杭州臨安府の万寿寺、明州慶元府の広利寺・同景徳寺・杭州臨安府の霊隠寺、同光孝寺）を移入したものであって、至徳三年（一三八六）、足利義満が京と鎌倉とにそれぞれ五山を定めたが、この禅林制を設けるにあたって義満を指導し功のあったのは、夢窓疎石《むそうそせき》であった。疎石は伊勢に生まれ、天台・真言を学び、のちに、来朝した一山一寧《いっさんいちねい》らに禅を学んだ人である。著作は『夢中問答集』『夢窓国師語録』など。

夢窓疎石（瑞泉寺蔵）

京都の大徳寺の開山は宗峰妙超（一二八二―一三三七）で、のちに一休宗純（一三九四―一四八一）が出た。この寺院は堺の商人たちの帰依もあり、茶道もまた盛んに行なわれた。同じく妙心寺の開山は関山慧玄（一二七七―一三六〇）である。妙心寺派からは武田信玄に迎えられた甲斐恵林寺の快川《かいせん》紹喜（？―一五八二）が出た。

曹洞宗

越前の永平寺は道元以後、とくに目新しい展開はない。瑩山紹瑾《けいざんじょうきん》（一二六四―一三二五）は能登に永光寺《ようこうじ》、総持寺を開き、それぞれ明峰《めいほう》派、峨山《がざん》派となったが、後者が勢力を占め、のちに永平寺とならび称される総持寺となるのである。

地方の有力寺院としては加賀の仏陀寺、越前の竜沢寺ならびに禅林寺、慈眼寺、遠江の大洞院、丹波の永沢寺《ようたくじ》、相模の最乗寺、薩摩の福昌寺などがある。地方発展の基礎となったのは越前の永平寺、能登の総持寺、永光寺、加賀の大乗寺、肥後の大慈寺などである。このうち、大慈寺は道元門下の寒巌を開山とし、これより寒巌派の法系がはじまる。

法華宗（日蓮宗）

日蓮が示寂したのち、身延山久遠寺を日向《にこう》（一二五三―一三一四）が継ぎ、また日興《にっこう》（一二四六―一三三三）は駿河大石寺および北山本門寺を建立した。また日朗《にちろう》（一二四五―一三二〇）は鎌倉妙本寺を開いた。日朗門下の日像《にちぞう》（一二六九―一三四二）は京都に妙顕寺を創建し、妙満寺、妙覚寺、立本《りゅうほん》寺などはこの法系である。さらに尼ヵ崎の本興寺、京都の本能寺、越後の本成寺などは地方の有力寺院として知られた。

日静《にちじょう》（一二二二―一三〇一）は足利尊氏の招きを受け、また鎌倉の本圀寺を京都に移転した。房州の中山法華経寺には日祝《にっしゅく》（一四二七―一五一三）、日親《にっしん》（一四〇七―一四八八）らが出た。

法華宗と浄土真宗の衝突

日祝は細川勝益の帰依を受けて頂妙寺を建立、日親は山陽、九州、北陸地方までの布教に力をいたし、京都の本法寺をはじめ三十六ヵ寺院を建立したといわれている。

このように法華宗（日蓮宗）は有勢になったので、ときの権力者のなかには真宗門徒の一向一揆を弾圧するために、法華宗（日蓮宗）信徒を利用する者も現われた。たとえば、六角定頼《ろっかくさだより》、木沢長政は天文元年（一五三二）八月、法華宗徒の協力を得て真宗門徒の根拠地である山科本願寺を攻撃し、これを焼き打ちした。さらに翌二年（一五三三）五月には大坂石山本願寺を法華宗徒は攻撃したが、本願寺方の細川氏が和議を申し出た。

一方また、比叡山では天正五年（一五七七）七月に山徒たちが京都内外にある法華宗（日蓮宗）寺院を二十一箇寺も焼き打ちにした。これは法華宗徒が「法華宗」を名のるのを中止させようとした暴挙によるものであった。

これらの一連の事件を天文法華の乱といっており、これを契機に京都の法華宗は衰微した。

浄土宗

浄土宗は各地において多くの流派が現われたが、この宗派の主流と目されるのは鎮西派である。鎮西《ちんぜい》派《は》の然阿《ねんあ》良忠《りょうちゅう》（一一九九―一二八七）は鎌倉に光明寺を建立し、関東地方の布教の拠点にした。また良忠は後嵯峨、後宇多両帝に念仏義を説くなど、皇室貴顕への接近をはかった。この良忠の法系は発展して名越、白旗、藤田、三条、一条、木幡の諸流が分かれ、さらに白旗派からは聖冏《しょうげい》、聖聡《しょうそう》らが出て、この派は栄えた。

このうち聖冏（一三四一―一四二〇）は常陸の出身で、関東方面にこの宗派の布教につとめ、武蔵国小石川に伝通院を建立したことで知られる。

聖聡（一三六六―一四四〇）は聖冏の弟子で、下総の出身。明徳四年（一三九三）、武蔵国豊島郡貝塚に増上寺を建立した。増上寺はこの宗派の根本道場として栄え、さらにまたのちには関東十八檀林が学問所として設けられて、関東地方に浄土宗は根を下してゆく。

一方また京都にあっては、良忠以来、一条、白旗、鎮西、西山などの各派はいずれも皇室への接近をはかり、宗勢の基礎を徐々につくりあげていった。

浄土真宗

親鸞亡きあと、関東では浄土真宗が一般農民の間に浸透していった。有力な門徒は高田、鹿島および横曽根の地にそれぞれあった。

南北朝には、高田派が関東で勢力を占めるにいたる。高田派というのは親鸞の弟子真仏《しんぶつ》（一二〇九―一二五八）の系統である。すなわち下野国芳賀郡高田の専修寺は寛正五年（一四六四）に真慧《しんね》が伊勢国一身田にこれを移し、後土御門《ごつちみかど》帝の祈願寺となった。真慧（?―一五一二）亡きのち、弟子の真智《しんち》（一五〇四―一五八五）は越前国坂井郡熊坂に専修寺を建立した。

了源（一二九四―一三三五）は山科にあった興正寺を元徳二年（一三三〇）に京都東山渋谷に移し、寺名を仏光寺と改めた。のちに門跡寺院となる。この仏光寺は高田派の系統の一派である。なお、興正寺は親鸞の弟子源海（一二二一―一二七八）が親鸞の帰洛を記念して建立したものであった。

また越前には専照寺、証誠寺、証照寺という、いわゆる越前三門徒があり、いずれも高田派の分派である。近江国野洲《やす》郡木部の錦織寺は存覚のとき木辺派の本寺となった。

親鸞の曽孫にあたる覚如（一二七〇―一三五一）のとき大谷本廟を中心とした本願寺が成立し、この一派は北陸方面に門徒がひろがっていった。ことに第八代の蓮如（一四一五―一四九九）は北陸をめぐって布教につとめたため、門徒は増加し、著しく教線が拡大された。

このようにして真宗門徒は大きな勢力を占めるにいたったので、寛正六年（一四六五）、比叡山の僧徒はついに本願寺を破却するの暴挙に出た。しかし、蓮如は難をのがれて近江に移り、さらに関東より北陸へゆき、文明三年（一四七一）に吉崎に本願寺を建立し、ここを門徒の中心道場とした。この頃、京都ではすでに応仁の乱がはじまっていた。

加賀の守護、富樫《とがし》政親《まさちか》（一一四五―一四八八）は専修寺一派の土地を支配していたため（文明七年（一四七五）八月、専修寺派を支援し、吉崎本願寺を攻撃してこれを焼き打ちにした。

蓮如（光善寺蔵）

そこで蓮如は再び難を避けて転出し、文明十一年（一四七九）に京都山科に本願寺を建立した。

一方、政親は長享二年（一四八八）に吉崎本願寺門徒の一向一揆と一戦を交え、高尾城に敗れた。

一向一揆というのは真宗門徒を主力とする農民層の反抗勢力であって、一向宗というのは他宗の者がよんだ宗名である。

高尾城が落ちたのち、加賀一国は一世紀ほどの長い間、本願寺領となり、土豪や坊主という道場主、農民による合議制の一国支配となったのは、わが国の史上でも全く珍しい例だといわなければならない。封建領土への被支配層の抗争が宗教戦争のかたちをとったものといえよう。

さらに、蓮如は明応五年（一四九六）に大坂石山に本願寺の別院を建立し、仏光寺、証誠寺、錦織寺を本願寺一派に収めたので、真宗は本願寺派と専修寺派とが二大勢力となって発展してゆくのである。蓮如はのちに浄土真宗中興の祖と仰がれる。著作は『御文』『正信偈大意』など。

本願寺は証如にいたって近畿地方の真宗の一向一揆と法華一揆との間に戦火を交え、山科本願寺を天文元年（一五三二）に焼失したので、証如（一五一六—一五五四）は根拠地を大坂石山の別院に移し、これを石山本願寺と称した。この石山本願寺は証如の子、顕如（一五四三—一五九二）の時に隆盛にむかった。この頃、一向一揆の戦いは各地で行なわれた。たとえば永禄六年（一五六三）、有勢な三河一揆は徳川家康に対抗した。一方また元亀元年（一五七〇）に織田信長は石山本願寺を攻撃したが、難攻不落のまま、翌年（一五七一）、伊勢長島に起った一揆を鎮圧し、また引続いて北陸の一揆をとりしずめた。そこで、さらに天正四年（一五七六）に真宗門徒の一揆の最後の拠点である石山を攻撃した。しかし、石山の一揆は容易に陥ちず、正親町帝のとりはからいもあって、ついに和議を結んで、戦火をおさめた。

顕如は紀伊鷺ノ森にいたが、信長没後は各地を転々として移住し、天正十三年（一五八五）豊臣秀吉が京都の堀川七条の土地を顕如に寄進したので、ここに本願寺を建立した。

真宗の蓮如と同時代を生きた天台の真盛《しんぜい》（一四四三—一四九五）は戒と念仏とをあわせて戒称二門の教学を樹立し、天台念仏を実践した一派の代表的な人物として知られている。また南北朝時代の天台の円観も念仏行に専念した。

いずれにしても、この時代の天台宗は著しく浄土教的な色彩を帯びているのが特徴的である。

真言の文観《もんかん》（弘真《こうしん》）（一二七八—一三五七）は天台の円観とともに後醍醐帝の信任を得ていたが、北条氏呪咀《じゅそ》のかどで硫黄島に流された。のち赦免される。『理趣経秘註』など、著述一千巻と称せられるが、一般には立川流の大成者として知られる。立川流は鳥羽帝の頃、武蔵国立川で仁寛がはじめたもので、密教系の婬祀邪教と目されているが、近年では文観は単なる邪教の大成者としてでなく、評価が変わってきているようである。

また、足利尊氏の帰依を受けた賢俊がいる。

真言宗の東寺には、三宝といわれる頼宝《らいほう》（一二七九—一三三〇）・杲宝《ごうほう》（一三〇六—一三六二）・賢宝《けんぽう》（一三三三—一三九八）が出た。杲宝は『東宝記』を著し、東寺の史実、有《ゆう》職《そく》故実《こじつ》などを明らかにした。頼宝は『真言本母集』の著作があり、東密の教学の顕揚につとめた。また賢宝には『理趣釈秘要鈔』などがある。

紀州根来の頼瑜《らいゆ》（一二二六—一三〇四）は高野山大伝法院、東大寺、興福寺などで学び、醍醐寺、仁和寺で密教を研鑽する。文永三年（一二六六）に大伝法院学頭となって、大伝法院の再興にもかかわる。中性院を創建して中性院流の祖となる。弘安七年（一二八四）大伝法院湯屋の件で金剛峯寺側と争い、正応元年（一二八八）に大伝法院、密厳院を根来に移転した。著作は『真俗雑記問答鈔』三十巻の他、膨大な量にのぼる。弟子に聖忠(生没年不詳)、聖雲(一二七一—一三一四)、聖尋（生没年不詳）などがある。また根来の教学を代表する者に聖憲（一三〇七

―一三九二）がいる。天正十三年（一五八五）の秀吉の根来攻めにより学徒は四散し、小池坊の専誉《せんよ》（一五三〇―一六〇四）は大和長谷寺に、智積院玄宥《ちしゃくいんげんゆう》（一五二九―一六〇五）は京都東山智積院にそれぞれ移住し、以後、新義真言宗はそれぞれ豊山、智山に分かれた。

高野山では宝性院の宥快（一三四五―一四一六）と無量寿院の長覚（一三四〇―一四一六）とが出た。そして、それぞれ宝門派の祖と寿門派の祖となる。宥快は高野山の教学を宣揚し、『宝鏡鈔』を著わして立川流を排撃し、高野山から称名念仏と鉦叩きを追放した。世に「応永の大成」といわれた。

また東密の法流は野沢《やたく》十二流といわれたのが、この時代には、さらに三十六流に分かれ、密教の事相の伝承は細微を極めるにいたった。

▼仏教の世俗化・仏教と学芸

室町時代には仏教の民衆化が行なわれる反面、わが国における宗教の世俗化がはじまった最初の時代ともいえる。

この時代に編集された辞典『節用集』に「売僧《まいす》」の語を掲げてあるように、僧徒にして「仏を売り、仏法を商う俗僧」『下学集』とあり、僧侶にして行商をする者、たとえば一部の高野聖などが横行するようになった世相を物語っている。『日葡辞書』に「マイスヲイウ」とあるのは、うそいつわりをいうことの意味に解しているほどである。また、室町時代に頻発した一揆はもとより仏教本来のものではないが、民衆の反権力的エネルギーが宗教戦争のかたちをとったものといえよう。

経済活動

商工業にたずさわる者の同業組合である「座」の専売権を特定の寺院が保護し、その代償として「座」の年貢を収めなければならず、あるいは寺領内の「座」から市場税を取る寺院もあった。頼母子《たのもし》は無尽銭、無尽などともよばれ、『高野山文書』にもあるように、本来は寺院僧侶の間において発達し、やがて民間にひろまった金融機関であり、為替《かわし》などの経済活動も本来は寺院からはじまったものであった。

教育事情

仏教の世俗化は、一面において寺院における教育活動をうながした。一般庶民や武士階級の教育は仏者の手で行なわれた。教育機関としての寺院は村校とか小学などとよばれた。これがのちの寺子屋となって普及する。

宋希璟『老松堂日本行録』によれば二十歳以下の者は多く寺で教育を受ける、とある。教科書には『実語教』「往来物」などがある。『実語教』は俗に弘法大師作といわれ、平安末期より行なわれたテキストで、経書の格言的なものを集成してある。最古の「往来物」は『和泉往来』(高野山西南院所蔵)で、その他、玄恵の『庭訓《ていきん》往来』安然の『童子教』一条兼良の作と伝える『尺素往来』などがある。往来物は年間の各月における書翰往復の様式で日常的な知識を説いたもの。種類も多いが、その多くは仏者の手によって書かれたものである。これらはのちに江戸時代の全期を通じて寺子屋の教科書としても使用される。

一般庶民向けの辞典もこの時代に編集された。文安元年(一四四四)の『下学集』、また『節用集』(黒本本、易林本、饅頭屋本)などがあり、ことに『節用集』は国語辞典の代名詞のようになる。

教育制度

天文十八年（一五四九）に来朝したフランシスコ・ザビエル（一五〇六―一五五二）の書翰によれば、京都に一つの大学、五つの学林があるという。五つの学林というのは禅宗の五山をさす。この他に五つのアカデミーとして、高野山、根来山、比叡山、オーミヤ（近江三井寺）、坂東（足利学校）をあげている。このうち、坂東足利学校は永享十一年（一四三九）、上杉憲《のり》実《ざね》（一四一〇―一四六六）が鎌倉円覚寺より快元（?―一四六九）を迎えて復興した。歴代の校主は仏者で、学生の大部分も仏者であったが、その一部は一般庶民の子弟も参加した。九華瑞璵（一五〇〇―一五七八）が校主のときは学徒三千といわれるほどに隆盛であった。

いずれにしても、わが国における近世の学校教育が寺院活動の一端として発達したものであることは特筆すべきであろう。

神道と仏教

神道は固有の神祇《じんぎ》信仰とは別箇のものであって、その教理、儀礼はほとんど鎌倉時代に形成され、しかもとくに密教家の影響を受けたものであることが認識されなければならない。

仏教に対して第二義的なものであることは伊勢神宮に対する信仰が両部神道《りょうぶしんとう》（伊勢神道）にささえられたものであることによってもよく知られる。その根本理念は内宮《ないくう》を胎蔵（界）曼荼羅、外宮《げくう》を金剛界曼荼羅に見立て、両部不二の原理によって両宮を関係づけている。

空海に帰せられる『天地麗気記《てんちれいきき》』五巻その他によって両部神道の本地垂迹説をたてている。本地は仏、垂迹は神である。これは天台教学に説く本門と迹門《しゃくもん》にもとづく。本門とは真実の仏として久遠成道の本仏の本地（本源）を顕わす面であり、迹門とは仮りに本地の仏がこの世に姿を現じ、衆生救済のために本地より迹を垂れたものとする面であって、『法華経』巻五、如来寿量品に釈尊が本迹を説くのに根拠が求められる。さらにそれはインドの権化（アヴァターラ）の思想に淵源するといえよう。

両部神道は平安末期頃より真言宗において現われたが、完成したのは鎌倉時代である。これに対して天台系の山王一実神道《さんのういちじつしんとう》（山王神道）が体系的な神道として発展した。

これらはいずれも神仏習合の思想をつくりあげ、民衆の間に神仏一体観を育てていったのである。

▼宋文化と仏教

宋代の絵画の影響を受けて禅僧の間に水墨画が流行したが、その方面では画僧の吉山明兆《きちざんみんちょう》（一三五二―一四三一）、大巧如拙《じょせつ》（一六六〇―一七二六）らが知られ、さらに天章周文（生没年不詳）より雪舟等楊（一四二〇―一五〇六）に至って完成の域に達した。

これらの水墨画は禅の枯淡な悟境と一脈通ずるものがあるが、のちには江戸時代の俳画、戯画となって展開する。

禅宗祖師の肖像画である頂相《ちんぞう》はやはり宋からの輸入で、鎌倉時代の美術ですでにふれたのであるが、もとは印可（免許）を与える際に制作し、師がみずから画賛を書いて附法のしるしに弟子に与えた。こうした画賛は室町時代には水墨画などにも応用されるようになり、日本画の一つのパターンになっていく。

大徳寺・大仙院の庭園

浄土教的な寝殿造りの影響を受けて足利義満の金閣、義政の銀閣など、いわゆる楼閣建築がみられる。それらは必ず池のある庭を前景とするが、浄土観を表現したものであり、同時に石組みの作庭は禅的な理念に裏づけられている。

庭園の発達は、この時代の文化の様相を伝える一つであって、京都の天竜寺、竜安寺《りょうあんじ》などの石庭、西芳寺の庭苔、大徳寺内の大仙院の庭園をはじめ、地方寺院には個性的な庭園が数多く作られた。のちには作庭を職とする者が現われたが、本来は立石僧といって仏者の仕事であった。その方面で知られた相阿弥（？―一五二五）、善阿弥（一三八六―一四八二）らの立石僧はおそらく時衆系の人物であろうとされている。

室町時代の特色ある作庭文化が主として浄土、禅系統の仏者たちによってつくられたのは注目すべきであろう。

五山文学

応仁以後、乱世にあって、ひとり鎌倉（建長寺・円覚寺・寿福寺・浄智寺・浄妙寺）、京都（天竜寺・相国寺・建仁寺・東福寺・万寿寺――南禅寺は一格上位）の臨済宗各五山《ござん》を中心とした禅家の間では宋元の詩文や程朱の学の研鑽がすすめられ、これらがのちの江戸時代のわが国における学問研究の大きな基礎となったのである。

大陸における宋、元の禅林における文学の研究、詩文愛好の風趣を受けたわが国の京都、鎌倉の五山では、禅修行ひとすじに打ちこむよりは、むしろ文学を学ぶ傾向が強まってきた。これら両五山を中心として勃興した学問研究を総称して、今日、五山文学とよびならわしている。これらはもとより最初から詩文の制作に専念したのではなく、禅の悟境を詩文に託して表現するのにはじまり、やがて作詩作文そのものに打ちこむようになったのである。

五山文学の祖ともいうべき人物は、さきにものべた一山一寧で、かれは『一山国師語録』一巻を残しているが、その門下の雪村友梅《せっそんゆうばい》は元に二十年の間留学し、元徳元年（一三二九）に帰朝した。元にいたとき『岷峨集《びんが》』を発表し、かの地の文人たちから高い評価を受けた。

そののち、義堂周信（一三二五―一三八八）、絶海中津（一三三六―一四〇五）らが輩出、ともにかれらは疎石の門下であった。そのうち、鎌倉にいた義堂周信は足利義満（一三五八―一四〇八）に迎えられて、建仁、南禅両寺に入り、絶海中津と双璧で一世を風靡する五山文学の旗手となった。著作に『空華集《くうげ》』『空華日用工夫略集』『義堂和尚語録』などがある。絶海は応安元年（一三六八）明に渡り、かの地の文学を伝えた。著作に『蕉堅藁《しょうけんこう》』『絶海和尚語録』がある。

この他、『善隣国宝記《ぜんりんこくほうき》』の著者の瑞渓周鳳《ずいけいしゅうほう》（一三九一―一四七三）や『続翠詩集』の江西竜派《こうぜい》（一三七五―一四四六）が知られ、また室町中期には岐陽方秀（一三六一―一四二四）、桂庵玄樹（一四二七―一五〇八）が宋学のうちでも朱子学の大家として知られた。桂庵は明に渡りて朱子学を究め、帰朝後、肥後の菊地氏、薩摩の島津氏の招聘を受け、それぞれの地方に朱子学をひろめた。

また、五山文学で知られる禅家に横川景三《おうせんけいざん》（一四二九—一四九三）、希世霊彦（一四〇四—一四八九）、天隠竜沢（一四二二—一五〇〇）、景徐周麟（一四四〇—一五一八）などがいる。中期以後は衰微の一途をたどった。

五山では仏教以外に儒学、老荘などの道家の思想、その他、史書の研究が行なわれ、五山版の出版は仏教以外の外典《げてん》もふくまれている。従来いわれるように、もとより五山文学そのものは禅の本流ではないが、それは江戸時代に至るまでのわが国の文学一般はいうまでもなく、能楽、和歌、連歌、書道、水墨画、茶道、花道などの中世文芸に直接、間接にさまざまな影響を及ぼしている。

▼室町文化

南北朝時代の頓阿《とんあ》（一二八九—一三七二）は『草庵集』『続草庵集』などの著者として知られ、また兼好は『徒然草』の著者として知られる。頓阿、兼好、浄弁、慶運はともに和歌四天王といわれた。当代の歌人はいずれも仏者であるか、仏教の影響を深く受け、和歌即仏教という見方に立っている。

能楽・謡曲

能楽は室町初期に観阿弥清次（一三三三—一三八四）とその子の世阿弥元清（一三六三—一四四三～五）との二代にわたって完成されたものであり、謡曲の多くを作り、また『風姿花伝』

『花鏡』などで知られる世阿弥（一三六三？―一四四三？）は一休について禅を学んだ。その著作『十六部集』には『碧巌録』『証道歌』『臨済録』『景徳伝灯録』などの禅籍よりの引用が多く、また謡曲にも『碧巌録』の引用が認められる。能楽の根本精神といわれる「幽玄」の思想も『臨済録』に見られるものにもとづいている。

連歌

連歌はのちに俳諧に発展するものであって、一首の上、下句をそれぞれ二人で詠み合う。南北朝時代に行なわれ、室町時代に盛んになった。二条良基（一三二〇―一三八八）は延文元年（一三五六）に『菟玖波《つくば》集』という連歌集を著した。そして、この良基以後、梵灯庵、今川了俊たちをへて、応仁の乱を迎えたころになると、心敬《しんきょう》（一四〇六―一四七五）、宗祇（一四二一―一五〇二）が現われ、連歌は漸く文学としてのジャンルを確立した。心敬には『ささめごと』の著作があり、幽玄の思想は禅の生死一如の悟境として理解されている。幽玄という点では連歌も能楽ももとめるところはきわめて求道的な姿勢を示している。幽玄はのちに近世文芸の底流をなす「わび」「さび」となって展開する。宗砌《そうぜい》（？―一四五五）の弟子、宗祇は『新撰菟玖波集』を編集した。

茶道

平安初期に最澄が空海に茶を贈り、空海が最澄に砂糖を贈答したことが知られている（空海『性霊集』）。茶は当時、貴重な飲料として、ごく一部の人びとの間に用いられていた。栄西が『喫茶養生記』を書き、茶の木をわが国に伝えて以来、禅宗の間で次第に飲用されるようになり、南北朝時代には闘茶が行なわれた。これは茶の品定めをするのであって、もはや遊びとしての茶となってしまった。しかし、足利義政（一四三五―一四九〇）の時に茶湯を禅的な求道の資とするようになり、義政は相阿弥のすすめがあって茶会を開いた。このとき、招かれたのが村田珠光（一四二三―一五〇二）で、かれは一休について参禅したり能阿弥に師事したひとであった。

珠光の門下に宗陳、宗悟があり、その茶道は武野紹鷗《じょうおう》（?―一五五五）に伝わった。紹鷗はもと泉州堺の商人で、一閑居士、大黒庵などともいう。かれのときに茶道の「わび」「さび」の精神を確立したといわれる。紹鷗より茶道を受けたのが同じく堺出身の千利休（一五二二―一五九一）である。名は宗易、利休は号である。利休はいわゆる「侘茶《わびちゃ》」を完成し、茶道がここに出来上り、千家流の祖と仰がれている。利休の茶道の極意は一言にしてこれをいえば「無一物の境界」であるといわれる。信長、秀吉に伝えたが、秀吉の逆鱗にふれて自刃した。遺著『南坊録』がある。

花道

花道のはじまりは仏前に供華する作法にあり、密教的色彩の濃いものであるが、室町中期より立花というものが行なわれるようになった。立花（立華）は池坊専好二代（一五七五―一六五八）が大成したもので、七つ道具を使用して花を生ける作法様式で、立花供養は仏事として行なわれた。花道の開祖は京都の頂法寺池ノ坊（通称、六角堂）の専慶（生没年不詳）にはじまる。ここは西国第十八番の霊場札所でもあったので、花道は一般民衆の間に急速にひろまっていったといわれる。専応（一四八二―一五四三）の著『池坊専応口伝《くでん》』には花道の至極とするところは仏教の悟達にありといっているのも、本来、仏華供養に端を発したのが、花道であったと思えば、当然なことといえよう。

このようにして、この時代には仏教が民衆の生活のなかに、さまざまな形態をとって浸透していったのであった。したがって、世俗化というのは教団側についてみた場合の批判であって、社会情勢からすれば、ある意味で鎌倉時代よりもさらに仏教の民衆化が進められた社会ともいえるであろう。

しかし、近世における宗教の世俗化は世界的な趨勢であり、この問題は、本書の埒外に属するので、言及を留保したい。

第六章　近世（江戸期）の仏教

寺領の解体

比叡山・高野山攻撃

▼中世寺領の解体

中世には比叡山、高野山、東大寺、興福寺、東寺その他の京都・奈良を中心とする大寺院、その他、地方寺院も根来寺など広大な寺領荘園を所有していたが、応仁の乱の頃をさかいに、次第に封建領主の収奪によって衰微していった。加うるに信長は永禄十一年（一五六八）以後、武力をもって全国を支配するために、反抗する諸寺社を焼打ちにするといった徹底的な破壊工作を行なったのである。

元亀二年（一五七一）に信長は比叡山を焼き打ちした。その直接の理由は、山徒が近江の浅井氏に与《くみ》したというものであった。信長は対仏教の政策上、キリスト教を保護し、京都と安土には壮麗な教会の建立を許可した。

天正四年（一五七六）、石山の本願寺を攻撃したことはすでに述べたところである。さらに天正九年（一五八一）高野山を包囲攻撃したが、翌十年（一五八二）京都本能寺で信長は明智光秀に殺害されたので、高野山は危難をかろうじてまぬがれた。

信長のあとを受けた秀吉は寺領の検地、没収をすすめ、諸大寺の武装解除を行なうとともに、反面、高野山、比叡山、本願寺の復興、京都方広寺の建立にもつとめ、近世的封建組織に寺院を組みこませることに成功した。

信長、秀吉の治天下は短命に終わり、ついで徳川氏の江戸時代に移行する。

▼江戸幕府と仏教

江戸幕府の宗教政策は、現代仏教の基本的な性格づけをなしたという点で、注目すべきものがある。幕府の宗教政策は対仏教と対キリスト教との二つがあり、前者は封建制後期の社会のなかに仏教を組み入れ、後者は徹底的な弾圧をもってのぞむという態度をもって終始一貫したといえる。

いつの時代でも宗教は何らかの意味で政治と関わりをもっている。明治以後は維新以来、第二次大戦でわが国が敗戦を迎えるまでは天皇中心主義、いわば天皇教の下での仏教という位置づけと、意義が附与されていた。戦後、仏教のあゆみは徐々に変容してはいるが、なお、本質的には江戸時代の仏教の延長線上にあるといってよい。これは後期封建制社会の時代が三世紀の長きにわたり、明治以後、現在まで一世紀がすぎたにすぎないという、時代の時間的な流れの長短にもよるものであり、慣習的な宗教の体質が一朝一夕にして改革されるものではないことのよい例である。そうした意味においても、現代仏教の伝統的な性格を理解するために江戸仏教は今後、いっそう究明されなければならないであろう。

江戸仏教は、寺檀関係の成立、教学研究、江戸庶民文化と仏教、黄檗宗の伝来、儒教と仏教、学問と仏教、廃仏への傾斜などを主なるテーマとして叙述してゆくことにしたい。

寺院統制

信長は延暦寺、本願寺その他の有力寺院の権力を除去した。秀吉はその後を受けて根来寺《ねごろじ》を攻撃し、高野山の武装解除を行なった。また全国の寺領を没収した上で、朱印地として再交付し、みずからの支配権力の中に寺院勢力を再編成のかたちで摂取した。

秀吉は木食応其《もくじきおうご》（一五三五―一六〇六）に高野山の伽藍復興と青巌寺の創建を命じるとともに、天正十四年（一五八六）より京都方広寺の建立に着手した。これらは寺院統制を行なうとともに、一方では権力を誇示したものである。

家康は関ヵ原合戦の翌慶長六年（一六〇一）にまず高野山に法度を下し、警戒と統制とをあわせ行なった。戦国時代以後高野山は生き残った唯一の本山だったからである。

慶長八年（一六〇三）に江戸に開幕した。そして慶長十三年（一六〇八）より元和二年（一六一六）にかけて寺院法度をしばしば下し、寛文五年（一六六五）七月に諸宗寺院の法度を重ねて下したのであった。その趣旨とするところは諸法式の遵守、異議を説かないこと、本末関係を乱さないこと、建物の修理を簡素化すること、寺領の売買をしないことなどである。これらの諸法度に共通していえることは諸宗を封建制に組みこませることであって、とくに新義禁止、本末制厳守にみられるように、各宗をタテ割りにしたまま平均化した点に特色がみられる。

時宗、融通念仏宗、禅宗の一派の普化宗などは教化が全国的に及ぶ点で、とくに厳しい宗派統制を受けた。

寛永十二年（一六三五）に寺社奉行《じしゃぶぎょう》を設け、また触頭、輪番などをおいて寺社の取り締まりに当たることになった。またこの年、海外渡航を禁止し、キリスト教を弾圧して、いわゆる切《キリ》支丹《シタン》禁制の政策を実施した。そこで、ついに寛永十四年（一六三七）天草四郎の率いるキリスト教徒が反乱を起し、島原の乱が勃発した。幕府は踏絵《ふみえ》によって信者の摘発につとめるとともに、寺檀（檀家）制度をつくって、キリスト教に対する防衛策を講じた。しかし、そうしたなかにあっても、ひそかにキリスト教を信仰する者たちがおり、「かくれ切支丹」とよばれる。キリスト教と仏教との衝突はのちにみることにしたい。

宗旨人別帳

幕府は寺請証文《てらうけしょうもん》によって、いずれかの檀那寺《だんなでら》に所属することを証明させるとともに「宗旨《しゅうし》人別帳《にんべつちょう》」を各寺院に作成させた。寛文十一年（一六七一）のことである。

このようにして、キリスト教を防止するために設けた寺檀制度ではあるが、それは寺院それじたいの活動にも制限を加える結果となった。すなわち、江戸仏教は定型化し、飛躍的な発展を望み得ないのみならず、むしろ停滞状態におちいってしまったことは否定することができない。

崇伝・天海

幕府の宗教政策に積極的に協力し、その意味では功績のあった者に、臨済宗の崇伝《すうでん》（一五六九—一六三三）と天台宗の天海《てんかい》（一五三六—一六四三）とがある。

崇伝は一色秀勝の子。初め京都南禅寺に住し、のち駿府に金地院《こんちいん》を開いた。江戸に移住し、その才腕を買われて幕政に参画するにいたり、多くの寺院法度の作制、発布に力を尽くした。天海は初め川越喜多院に住したが、家康に信頼され、寛永寺の建立、慶長十八年(一六一三)日光山の経営に当り、家康没後の翌元和三年(一六一七)には日光に家康を東照大権現《とうしょうだいごんげん》としてまつった。また秀忠、家光にも顧問格として仕え、幕政に意見具申した。明暦元年(一六五五)天台座主につき、幕府権力とつながりをもった。

天海(一五三六―一六四三)は比叡山で学び、天台宗中興の祖とされる。のち家康、秀忠、家光の三代の幕政に参画する。武蔵国川越喜多院、日光輪王寺を復興する。寛永二年(一六二五)に江戸寛永寺を創建。わが国最初の板本による大蔵経を企てて死後に刊行された。号は南光坊、諡号は慈眼大師。

江戸時代の寺院形態を明らかにするためには、本末《ほんまつ》制度をみなければならない。その目ざすところは本末(本寺と末寺)との関係に寺院を固定させ、新義を禁じ分裂を防ぐため――たとえば、文禄三年(一五九四)に秀吉が全国の諸寺に戒律を厳重にして学問に専念すべし、と命じているのは、すでに宗教活動の固定化を計ったものである――であったけれども、その由来するところは戦国時代におけるような一向一揆の再発を極度に警戒したためであったことは確かである。

本末帳の作成は寛永九年(一六三二)、元禄五年(一六九二)に全国的に実施され、その後も、再三実施された。これは寺院および仏者を封建的な上下の身分関係に固定させて宗教的エネルギーを宗団内部に閉塞させるのを意図したものであった。

一例をあげると、寺院のヒエラルキーに、本山、本寺、中本寺、直末、孫末があるといった具合である。そして、本山、本寺は末寺に対して諸種の権利をもって、これを取り締まった。また寺格や僧階も詳しく制定されたが、これは各宗各様であって必ずしも一定しない。さらに

寺社奉行

幕府は寛永十二年(一六三五)に寺社奉行所を設けた。これは寺社に関する行政裁判ならびに仏者神官を取り締まる役目を果たした。各宗はいずれも江戸に触頭なるものを置き、幕府の寺社奉行所と連絡をとった。

各藩には寺社奉行所と、地方的な小触頭、その下に数ヵ寺ごとの組寺(あるいは結衆ともいう)組織があった。農村部落の共同の堂宇は無住でも村で管理するが、原則として無住寺は認められなかった。

寺檀制度

寺檀《じだん》制度(檀家制度)は何ぴとも、いずれかの檀那寺に所属しなければならず、その場合、在家の者を檀那と呼んだ。この制度は今日の寺院制度の基礎をなすものである。寛永十四年(一六三七)に島原の乱があって後は切支丹の取り締まりがいっそう強化され、幕府はその対

宗門改

策として宗門改《しゅうもんあらため》なるものを考案した。寛永十七年(一六四〇)にまず宗門改役を置き、ついで寛文四年(一六六四)になると、以後諸藩にも宗門改役が置かれるにいたった。

いわゆる宗門改には二種ある。

第一、寺請制。これは人体の移動が行なわれる場合、いずれかの寺の檀那であることを証明した寺請証文なるものを寺で発行するように定められている。いわば一種の身分証明書である。人体の移住、住居の移転などは封建的な社会秩序を維持するうえにおいては、細心の注意を必

である。

要としたためであり、同時に潜在するキリスト教徒の摘発のためにも有効な手段であったから

第二、宗旨人別帳。現在の戸籍簿に相当するものと思えばよい。各戸の家族構成、人名、年齢、異動などを各戸毎に記載し、それぞれの檀那寺の印形をもらったうえで、藩の宗門改役に差し出す。この場合、必ず控一通が必要であった。

これは寛文十一年（一六七一）に制度として実施されたが、地域によっては寛文三年（一六六三）頃から開始された。これがいわゆる宗門改とよばれているものである。安永六年（一七七七）以後には地域毎に諸宗一帳であったのを一寺一帳として、檀那寺保管を原則とするようになり、はっきりと戸籍簿の役目を果たすようになった。

すべての住民は例外なく、こうした宗門改を通じて、いずれかの寺院と必ず関係をもち、檀家制度が確立された。

江戸時代以前、戦国の世に中世型の荘園制が崩壊し、郷村制に移行してゆくなかで、地方寺院は墓地管理権をもつようになるが、檀那寺はそうした意味で、いっぽうでは墓守的な性格がおのずから附与されていったのである。

幕府が各宗に対して行なった統制の主なものを年代順に示すと、次のとおりである。

慶長　六年（一六〇一）家康、高野山に法度を下す。

同　十三年（一六〇八）比叡山に法度を下す。

同　十四年（一六〇九）園城寺、東寺、醍醐寺、高野山学侶方、関東真言宗古義諸山、相

応其

模国大山寺に法度を下す。
同　十五年（一六一〇）高野山、石山寺に法度を下す。
同　十七年（一六一二）曹洞宗、興福寺、長谷寺に法度を下す。
元和　元年（一六一五）諸宗本寺本山の諸法度を定める。
同　二年（一六一六）身延山に法度を下す。
同　三年（一六一七）高野山、五山十刹に重ねて法度を下す。
寛永　七年（一六三〇）新寺建立を禁止する。
同　十二年（一六三五）諸藩に寺社奉行を置き、寺社の取り締まりを行なう。
寛文　五年（一六六五）諸宗寺院に法度を下す。
同　八年（一六六八）新寺建立を禁止する。
元禄　五年（一六九二）とくに高野山の寺院再興、新寺建立を禁止する。
宝暦十二年（一七六二）改宗、新寺建立などを禁止する。

江戸時代の寺院統制の一例として、高野山の場合を取りあげてみよう。
天正十三年（一五八五）秀吉は紀州根来寺を焼き打ちにして、ついで高野山攻撃の準備に移ったが、応其の勧告によって中止した。慶長六年（一六〇一）家康は高野山に法度を下し、統制がはじまった。高野山は学侶、行人にそれぞれ一万石ずつが与えられたので、勢力は伯仲し、慶長十一年（一六〇六）学侶、行人は相争うにいたった。行人方の代表、応其は慶長十三年（一六〇八）に示寂した。

正保二年（一六四五）幕府は高野山学侶と行人との訴訟を裁断した。また、幕府は慶安二年（一六四九）学侶、諸院、衆徒、行人にそれぞれ法度を下した。しかし、学侶と行人との内部対立は激しさを増してきたので、元禄五年（一六九二）幕府は学侶、行人の抗争を裁断し、聖寺を取り潰し、行人、聖一千余人を山外に追放した。これを元禄聖断とよんでいる。そして、これまでの寺院の再興、新寺の建立を厳禁した。

要するに、山内の勢力を二分し、抗争を通して、適宜、勢力削減を計ったといえよう。

▼諸宗の学問（宗学）

すでに中世には日蓮宗と浄土宗とは談義所、檀林とよばれる学徒養成の機関をもっていた。これは鎌倉時代に興起した諸宗が時代民衆の現実的要請に答えて現われたので、確たる教学的裏づけをもっていなかったから、その意味で学問研究による教学の樹立をせまられたためであると思われる。

江戸初期になると、日蓮宗は関東八檀林、京都六檀林その他を設け、浄土宗では江戸五檀林、田舎十三檀林のあわせて関東十八檀林その他の教育機関を設けた。天台宗もまた真言宗も浄土宗の刺戟を受けて関東十檀林をつくるようになった。

この他、在来の教育機関としては比叡山、高野山をはじめ臨済宗の京都・鎌倉の各五山、曹洞宗の永平・総持両寺、真言宗の長谷寺・智積院、真宗の東西本願寺・専修寺・仏光寺、あるいは黄檗宗の万福寺などはいずれも宗学研究の中心的な機関であった。

在学年数、学生数もそれぞれまちまちであるが、一例として智積院は元禄、享保の頃には学徒二千と称せられ、東本願寺高倉学寮では天保九年（一八三八）に一八四七人という記録が残っている。

これらの中には仏典のみならず、儒学、国文学、天文学、数学までも学科目に含まれているところもあった。江戸時代の都鄙の仏者が有識階級であったのは、そうした宗学研究機関に学んだ者が多かったからである。

幕府は寺院統制を厳重に行なうとともに、他方、各宗の学問すなわち宗学を保護奨励したため、宗を単位とする仏教の学問研究が発達した。

宗乗といえば自宗の教学のことであり、余乗は自宗以外の教学をさすが、そうした呼称にも江戸時代の仏教研究の性格がうかがわれよう。各宗の本山諸大寺、地方の有力寺院ではいずれも宗学研究がすすめられ、学徒を教育する機関が設置された。

宗学は定型化されたので、異議を唱えることは禁止され、また他宗と論争することも禁じられていた。たとえば日蓮宗の不受不施派《ふじゅふせ》はこれを弾圧した。また真宗の異安心というものがある。これはいわゆる「西の三業惑乱、東の頓成事件」といわれるものであって、浄教寺智洞は密教に類した三業成仏を唱え、また能登長光寺の頓成は機（宗教的素質）の深信を自力とする説を主張したが、いずれも幕府はこれを禁止した。天台では妙立、霊空らの安楽派の一派は小乗四分律を大乗円頓戒《えんどんかい》と融合させようと企てたためにこの派は比叡山の山家《さんげ》派と対立するにいたった（安楽騒動）。しかし、幕府は明和二年（一七六五）に、ついに安楽派一派の僧徒を脱衣追放するにいたった。

このようにして、一方で学問（宗学）を奨励しながら、他方では他宗との論争いわゆる宗論をしたり、教学上の異議もしくは新義を唱えた者は処断し、あるいは所説を禁止するなど、幕府はつとめて封建的な秩序を保持するのに腐心の文治政策をとった。したがって、江戸時代の仏教は全般的にみると創造的な新しい教学活動をおのずから喪失していったのである。

江戸時代の仏教が定型化し、したがって無力化した原因の大半は、ここに存する。

反面、宗学それじたいは微に入り細を穿った研究がおこなわれ、各宗ともに多数の学匠を輩出した。

たとえば、天台では華厳学者の鳳潭《ほうたん》ら、古義真言では義演《ぎえん》ら、新義真言では智山の運敞《うんしょう》、豊山の亮汰《りょうたい》ら、あるいは真言の浄厳《じょうごん》、慈雲《じうん》、浄土では、存応《ぞんのう》、義山《ぎざん》ら、東本願寺系では慧空《えくう》ら、西本願寺系では知空《ちくう》ら、臨済では沢庵《たくあん》、愚堂《ぐどう》、愚堂の系統の盤珪《ばんけい》、白隠《はくいん》ら、曹洞の万安《ばんなん》、月舟《げっしゅう》、卍山《まんざん》、天桂《てんけい》ら、日蓮では日重《にちじゅう》、日乾《にちけん》、日遠《にちおん》らが、いずれも自宗の教学研究に功のあった人びとである。

江戸時代の後半になると、神道・国学からの仏教批判がおこなわれ、また儒学からの仏教批判もあって多難をきわめた。しかし、その多くは仏教の現象面のみを捉えた皮相的もしくは感情的な議論が多く、かつて江戸初期にキリスト教と仏教との間で取り交わされた宗教論のような宗教の本質を衝くようなものはみられない。

平田篤胤《あつたね》（一七七六—一八四三）は国学の立場から『出定笑語』とその附録『神敵二宗論』

を著し、これに対して仏教側からも二、三の反論書が出た。林羅山（一五八三―一六五七）の『本朝神社考』に対し、寂本（一六三一―一七〇一）は『神社考邪排仏教論』『神社邪誣《じゃふ》論』をもって答えている。

富永仲基《なかもと》（一七一五―一七四六）は仏教そのものの批判ではないが、批判的な仏教史『出定後語』を著し、こうした客観的な史観に対して文雄は『非出定後語』をもって教団仏教側の態度を示した。

仏教側が他の宗教や思想を批判することがほとんどなかったのは宗論禁制によるものであったが、逆に仏教以外の立場から仏教の批判や非難が起った場合には、これに応じて反論するというのが一般であるが、仏教側の発言は受身であり、したがって積極的発言に乏しいのは、当然であるかも知れない。他に、神、仏、儒の三教の調和一致をめざしたものに大我（一七〇九―一七八二）の『三教鼎足《ていそく》論』があり、この思想は明治になって対キリスト教的な弁論となって復活する。また慈雲は神道を密教的に理解し、「雲伝神道《うんでんしんとう》」の一派を開いた。

▼宗派仏教の確立

天台宗

天海

家康の御意見番をつとめたのは天台宗の天海である。天海は寛永二年（一六二五）に江戸上野の地に寛永寺を建立し、浅草の浅草寺も輪王寺の配下に置かれ、天海は日光の中禅寺も再建した。一切経の出版は世に天海版と称せられた。天海没後に完成し、全六千三百二十三巻ある。また、天海は喜多院、宗光寺、長楽寺など多くの天台寺院を復興するとともに一実神道《いちじつしんとう》をひろめた。この時代に天台宗は関東十談林を設けた。

妙立

妙立《みょうりゅう》（一六三七―一六九〇）は台密禅を捨て小乗律を採用し、天台教学は宋の四明知礼のそれにしたがい、安楽律を唱えたが、異端として追放されるにいたった。妙立の弟子、霊空（一六五二―一七三九）は安楽院で、安楽律を説き、安永元年（一七七二）に公認された。

安楽律に反対する側の代表に三井寺の敬光（一七四〇―一七九五）があった。

真言宗

天正十三年（一五八五）秀吉が紀州根来寺を攻撃したことによって、真言宗新義派はさらに分かれて大和長谷寺の専誉一派と京都智積院の玄宥一派になり、それぞれ現在の豊山派、智山派になる。

智積院には運敞《うんしょう》（一六一四―一六九三）豊山には亮汰《りょうたい》（一六二二―一六八〇）ら多数の学匠を輩出した。運敞、号は泊如。京都智積院の日誉、元寿らにつく。奈良、比叡山に遊学。江戸圓福寺などの住持をへて、寛文元年に智積院能化《のうけ》第七世につく。教学を大いに振興し、学山智山の名声を天下に高からしめた。亮汰は字、浄泉また俊彦。園城寺、高野山、伊勢真常院などに遊学する。また大和長谷寺の尊慶に師事。仁和寺華厳院などの住持をつとめ延宝八年（一六八〇）長谷寺能化第十一世。著作『科註住心品』『般若理趣経純秘鈔』など多数。

浄厳

なお、江戸仏教の真言関係の学匠として浄厳《じょうごん》と慈雲尊者飲光《じうんそんじゃおんこう》および契沖《けいちゅう》に指を屈しなければならないであろう。浄厳（一六三九―一七〇二）は河内国の出身。高野山に学び、密教のみならず、書画詩文にすぐれた。元禄四年（一六九一）綱吉の帰依を受け、江戸湯島に律の根本道場として霊雲寺を建立した。ここで浄厳は九万人もの人びとに結縁灌頂を授けたといわれる。著書に

『悉曇三密鈔』『華梵対翻』など多数ある。浄厳の学問活動は慈雲と同じように大坂、堺の商人階級の援助があった。

契沖

契沖（一六四〇—一七〇七）は『万葉代匠記』二十巻を著し、国学研究の先駆をなした。かれもまた悉曇を浄厳について学んだことを記しておきたい。

慈雲

慈雲（一七一八—一八〇四）は大坂の出身。慈雲は字で、法号は飲光《おんこう》。世に慈雲尊者と尊称される。山岡鉄舟は「日本の小釈迦」といった。儒学を伊藤東涯に、禅を信州佐久の大梅について学び、二十七歳のとき、河内高井田の長栄寺に住し、これより正法律を唱えて釈尊に帰ることをモットーとした。四十一歳、生駒山中にこもり雙竜庵をむすんだ。寛政九年（一七九七）河内葛城山中の高貴寺を正法律の根本道場と定め、また民衆教化のため『十善法語』十巻をはじめ多数の仮名法語や『梵学津梁《ぼんがくしんりょう》』一千巻などを著した。晩年、京都阿弥陀寺に移住して文化元年（一八〇四）八十七歳で示寂。

浄土宗

この時代に浄土宗が他宗に較べて著しく発展したのは、徳川家の厚い保護があったからである。初期には増上寺の源誉存応《げんよぞんのう》（一五四六—一六二〇）知恩院の満誉尊照《まんよそんしょう》（一五六二—一六二〇）が代表的な人物として知られる。このうち、存応の弟子では呑竜然誉《どんりゅうねんよ》（一五五六—一六二三）が上野国新田に大光寺を建立し、また祐天愚心（一六三七—一七一八）は綱吉の生母、桂昌院《けいしょういん》の帰依を受けた。

尊照の同門には霊巌寺を建立した霊巌《れいがん》（一五五四—一六四一）琉球（現在の沖縄）に桂林寺を建立した良定（一五五二—一六四一）、貧民救済につとめた貞極（一六七七—一七五六）、宝永三年（一七〇六）に一切経を校訂した君澂《くんちょう》（一六四五―一七一一）などがいる。
また、浄土律の復興者としては敬首（一六八四―一七四八）、関通（一六九六―一七七〇）、普寂（一七〇七―一七八一）がいる。

浄土真宗

家康は慶長七年（一六〇二）、教如（一五五八―一六一四）に烏丸七条の地を与えたので東本願寺を建立し、ここに本願寺は分裂し、東は大谷派、西は本願寺派となった。これは家康が高野山などに対して行なった政策と同じで、巨大な宗団の弱体化をはかったものにほかならない。

西本願寺は寛永十六年（一六三九）に学黌《がっこう》を設立し、宗学研究を盛んにした。宗学では異義、異安心を唱えることを厳しく禁止したが、江戸時代における本宗の大きな宗論に三業惑乱がある。三業惑乱は三業帰命ともいう。これは寛政九年（一七九七）に智洞（一七三六―一八〇五）が「本願を信ずる心より極楽往生を願う心を主とし、心のみならず、形（身）の上でも礼拝し、口で名号を唱えるべき」ことを主張したもので、いわば弥陀信仰の密教的な理解ともいうべきものである。しかし、これは真宗義からすれば邪説とみなされたので、幕府は文化二年（一八〇五）に、ついに智洞を処罰した。

東本願寺も宗学の発達とともに異説異議を唱える者が出てきたが、これらはすべて異端邪説とされ、その都度、幕府はこれに干渉し、関係者を処罰した。

なお、親鸞の教義をいただく真宗は、これまでに一向宗、本願寺宗あるいは門徒宗などとよばれていた。そこで安永三年（一七七四）浄土真宗と称することを幕府に申し出たけれども、増上寺の反対によって実現をみず、明治五年（一八七二）になって、漸く真宗の公称が許可されたのである。

法華宗（日蓮宗）

信長が比叡山を焼き打ちにしてより後、山徒のなかには法華宗（日蓮宗）に改宗する者が多く現われた。また京都と関東の各地には、談林が設けられた。談林というのは、この派の宗学を研究する機関である。

日奥

江戸時代における日蓮宗で特筆すべきは、不受不施派《ふじゅふせは》の弾圧である。もと受不施派と不受不施派との二つの流れがあった。後者の先駆者は京都妙覚寺の日奥《にちおう》（一五六五—一六三〇）で、そのあとを受けたのは日講《にっこう》（一六二六—一六九八）である。不受というのは日蓮信者以外の者からの布施を受けないこと、不施とは他宗に供養せず、また他宗の信者に布施しないことである。

徳川家康はこれを危険思想とみなして、慶長五年（一六〇〇）にまず日奥を流罪に処し、対馬へ移した。さらに寛永七年（一六三〇）にはこの派の日奥、日樹、日賢、日弘《にちぐ》らを流罪にした。また寛文六年（一六六六）には日講らを日向佐土原へ流した。さらに貞享四年（一六八七）には日庭らを流罪にした。寛政七年（一七九五）には上総、下総で不受不施派の信仰を奉ずるのを禁止した。これは主として農民を対象としたものである。

天保九年（一八三八）には不受不施派を弾圧し大検挙が行なわれた。

このようにして、この派は江戸時代を通じてほとんど全く受難の歴史であるといってよいほどである。

臨済宗

禅宗のうち臨済宗では大徳寺の沢庵宗彭《たくあんそうほう》（一五七三—一六四五）と妙心寺の愚堂東寔《しょく》

白隠（松蔭寺蔵）

（一五七七―一六六一）が江戸初期の代表的な人物である。沢庵は初め諸宗法度を批判したので、ついに奥州出羽の上ノ山に流された。のち罪を許されて江戸に帰り、家光の帰依を受けて品川に東海寺を建てた。柳生但馬守宗矩《むねのり》に与えた『不動智神妙録』は剣禅一如の精神を説いたものである。法語に『東海夜話』がある。また愚堂は、後水尾上皇、家光などの帰依を受けた。かれの弟子至道無難《しどうぶなん》の門下に正受《しょうじゅ》老人《ろうじん》すなわち道鏡慧端《どうきょうえたん》（一六四二―一七二一）がいる。かれは故郷の信州飯山に正受庵をむすんで、終生、ここで修行したが、白隠慧鶴（一六八五―一七六八）は正受庵を訪ねて参禅した。

白隠は駿河の出身。越後高田の性徹につき、改めて慧端に師事した。のち駿河の竜沢寺を開き、松蔭寺に引退して、後進の指導に当たった。近世の禅僧のうちの第一人者と称されている人物であった。『夜船閑話《やせんかんな》』『遠羅天釜《おらてがま》』など多数の仮名法語がある。

盤珪永琢《ばんけいようたく》（一六二二―一六九三）は備前三友寺の牧翁祖牛の法を嗣ぎ、明の来日僧道者超元に師事。播磨浜田に竜門寺を創建する。誰でも不生不滅の仏心があるという不生禅を説き、『正眼仮名法語』『盤珪禅師法語』などを著した。諡号は大法正眼国師。

白隠の鵠林派の他に、古月禅材（一六六七―一七五〇）は古月派を開いた。妙心寺派には

『禅林象器箋《ぜんりんしょうきせん》』を著した無著道忠（一六五三—一七四四）、『延宝伝灯録』『本朝高僧伝』の著者、卍元師蛮《しばん》（一六二六—一七一〇）がいる。『延宝伝灯録』は四十一巻あり、延宝六年（一六七八）に完成した禅宗史で『景徳伝灯録』に準じてわが国における禅師、居士一千余人の伝記その他を収録したものである。また『本朝高僧伝』は七十五巻あり、元禄十五年（一七〇二）に完成した。これは各宗の名徳一千六百余人の伝記である。のちに道契（一八一六—一八七六）はこれを受けて『続本朝高僧伝』を著した。

なお、禅林の僧伝には延宝三年（一六七五）に著した宋からの来日僧の高泉性潡《こうせんしょうとん》（一六三三—一六九五）の『扶桑禅林僧宝伝』『東国高僧伝』がある。

曹洞宗

北陸の加賀大乗寺の月舟宗胡《げっしゅうそうこ》（一六一八—一六九六）は、弟子の卍山道白《まんざんどうはく》（一六三六—一七一五）とともに曹洞門の改革をおこなったが、これは幕府の権力の下になされたものであった。同じく宗風を粛正したものに天桂伝尊《てんけいでんそん》（一六四八—一七三五）、指月慧印《しげつえいん》（？—一七六四）、面山瑞方《めんざんずいほう》（一六八三—一七六九）らがおり、天桂は『海水一滴』『正法眼蔵辨註』を、面山は『正法眼蔵渉典録』などを著した。

良寛

江戸吉祥寺には栴檀林《せんだんりん》という学林が設けられた。月舟の法統に大愚良寛《たいぐりょうかん》（一七五八—一八三一）がいる。越後国出雲崎の出身。諸国をめぐり文化元年（一八〇四）四十八歳のとき故郷に帰り、国上山《くがみやま》の五合庵に十四年間こもって参禅、以後十年間は国上山麓の乙子神社境内に、七十歳からは一信者の家内にいて七十五歳で示寂した。ことに詩歌、書道にすぐれていた。「かたみとて何残すらん春は花夏時鳥《ほととぎす》秋はもみぢば」が辞世の歌である。

▼黄檗宗の伝来

長崎は鎖国時代のわが国における唯一の対外交易の窓口として、僅かにオランダ、中国などの文化が流入して来ていた。明末清初の中国の動乱を避けて江戸初期に多くの仏者または文人墨客が長崎に到来した。そして興福、福済、崇福の諸寺が建立され、それらは「唐寺《からでら》」とよばれた。

明僧として渡来した者のうち、南山道者超玄（生没年不詳）が慶安三年（一六五〇）に来朝し、盤珪永琢《ばんけいようたく》（一六二二―一六九三）に師事し、崇福寺に止住した。盤珪は不生禅を説き、『盤珪禅師語録』がある。

隠元

隠元隆琦《いんげんりゅうき》（一五九二―一六七三）は明の福州福清の出身。二十九歳のとき黄檗山に登って出家し、四十七歳にして費隠通容の弟子となったが、費隠は臨済宗楊岐派の無準師範の法灯を伝えていた。隠元は黄檗山を復興し、中興と仰がれたが、承応三年（一六五四）長崎に来朝した。はじめ興福、崇福両寺に住したが、妙心寺の竜渓性潜（一六〇二―一六七〇）のもとめで摂津国富田の普門寺に住し、のち寛文元年（一六六一）に山城国宇治に黄檗山万福寺を開き、日本黄檗宗の開祖となった。著書に『黄檗語録』がある。諡号は大光普照国師。

仏書の出版

▼庶民活動の種々相

仏書の開版はすでに鎌倉時代に奈良の春日版のように組織的な出版があり、その影響を受けて金剛三昧院行勇の門下の覚智（?—一二四八）が高野山で開版した高野版は江戸時代まで続いた。また室町時代になると京都、鎌倉の五山版や知恩院の開版、地方寺院における開版が行なわれた。木版印刷の技術の発達にともなって江戸時代には急激に仏書の開版が増加した。寛文、元禄その他度々増補された書籍目録によると、京都、江戸の仏書林が出版した仏書の種類、数量は厖大なものである。従来有力な大寺院が出版事業をしていたのが、専門の仏書林で開版されるようになったわけである。その目録によると、各宗ともに数百部の仏典を開版しており、民衆を対象とした仮名法語一七六部、掛物並びに図一二七点（元禄書籍目録）を数えるほどである。

次には江戸時代の仏書出版で特筆すべきは大蔵経の出版である。

鎌倉時代の正安年間（一二九九—一三〇二）に後宇多帝の勅願で智真が大蔵経出版を企てたが、僅少の開版だけで完成しなかった。伊勢の宗存は慶長十八年（一六一三）一月、大蔵経開版を発願して十八年間存続したが、ついに完成しなかった。残存本より推定して四十三巻ほど世に出ただけのようである。ついで寛永十四年（一六三七）、天台の天海は家光の援助を受けて大蔵経開版を開始し、十一年間つづけて天海没後の慶安元年（一六四八）に完成した。六三二三巻ある。開版部数は僅少であるが、世に天海版とよばれる。

黄檗の鉄眼道光（一六三〇―一六八二）は弟子の宝州道聰の協力をえて寛文八年（一六六八）に開版をはじめた。天和元年（一六八一）、ついに六七七一巻を完成した。世に鉄眼版または黄檗版という、黄檗の宝蔵院に六万余の整校印刷の板木を現存する。

要するに江戸時代には三種の大蔵経が出版されたのであって、そのうちでも鉄眼版は個人で企画した大事業が成功した例として珍しい。京都には仏教書専門の仏書林があった。

民衆の仏教信仰

江戸時代における庶民生活と仏教とのかかわり合い、すなわち庶民仏教の形態については、まだまとまった研究がなされていないので、詳細な体系的な叙述は十分に出来ない。

幕府の寺院統制による最大の産物は、何といっても檀家制度である。これは一定の菩提寺と檀那との決定的な結合を前提とするもので、原則的にいって個人の信教の自由を奪ったものといえよう。しかし、その反面、檀家制度が徹底したために、すべての者が仏教とかかわりをもつようになった。これが江戸仏教の大きな特色である。葬送、年忌法要、その他の仏教行事などの慣習的なものにおいて、人は誰でも寺院と結びつき、また民間信仰、民間習俗とも関係を深めていった。

仏教の本来の立場からすれば、そうした形態の仏教は非本質的なものと評されるが、民衆側からすれば、そうしたかたちで仏教を受容したのはまぎれもない事実で、その意味で、仏教は過去のあらゆる時代におけるよりも、より民衆化、多様化、あるいは生活化がすすんだといえよう。

年中行事には、祖先崇拝にねざした盂蘭盆会《うらぼんえ》、彼岸会《ひがんえ》のほか、涅槃会、灌仏会など、きわめて多い。

四国八十八ヵ所霊場、西国三十三番札所など、および全国各地にそれらを模した霊場寺院が設けられて巡礼が行なわれ、あるいは参詣のための講組織があった。

参詣寺院の開帳、縁日もまた庶民を仏教に結びつけたのである。

念仏、十三仏信仰、光明真言信仰なども民間信仰化し、全国の村々の辻などには数限りなく多くの石仏がまつられるようになったのであった。

仮名法語

江戸時代の仏教は幕府の保護奨励もあって、宗学の顕著な発達を遂げたのであるが、民衆教化の面では前の時代よりも、いっそう庶民の日常生活と密着したものとなった。

たとえば、日常的な世俗倫理を説いた平易な仮名まじりの文体でつづった「仮名法語」が各宗とも、数多くつくられたのが、その好例の一つである。たとえば次のような法語がよく読まれた。

天台宗では実観の『対問法語』、真言宗では慈雲の『十善法語』『人となる道』その他の短篇法語、懐円の『真言安心小鏡』、学如の『対賓法語』、法忍の『悟道法語』、浄土宗では徳本の『徳本行者法語』『粉引歌』、浄土真宗では仰誓の『孝行粉引歌』、徳竜の『五倫弁義記』、信暁の『白摺粉引歌』(『念仏上人粉引歌』)、日蓮宗では知足庵の『一心常安』、元政の『釈氏二十四孝』、日輝の『初心要義抄』、臨済宗では沢庵の『東海夜話』、盤珪の『正眼仮名法語』、白隠の『夜船閑話』『辺鄙以知吾《へびいちご》』『遠羅天釜《おらてがま》』『さし藻草』などの他『大道ちょぼくれ』『施行歌』『お多福女郎粉引歌』などの俚謡《りよう》がある。曹洞宗では三河武士で家康に仕え関ヶ原合戦後出家して三河に恩真寺を開いた鈴木正三《しょうさん》（一五七九―一六五五）の『万民徳用』『麓草分』『盲安杖』『破《は》吉利支丹《きりしたん》』、語録の『驢鞍橋《ろあんきょう》』などの他『念仏草紙』『二人比丘尼』などの草子物があり、同じく天桂伝尊（一六四八―一七三五）の『渡世船歌』など多彩多様であるが、ことに同じく如雲尊海（一六〇八―一六八三）の『不二《ふに》法門』のような石門心学に曹洞禅の影響を与えたものもある。

世俗倫理

仏教と世俗倫理との結合は、儒教側から仏教は非現実的な教えであるという批判が出されたのに刺戟されたとみるむきがある。同時にまたそれは積極的に五倫五常などを説く儒教、とくに朱子学的倫理と仏教の四恩十善の宗教倫理とを融合させる意図もあったと思われる。平易な仏教的世俗倫理も各宗の異なった教義、信仰に裏打ちされているのが、この時代の仮名法語の大きた特徴として指摘することができよう。

戒律復興

江戸時代の仏教は全般的にみると通俗化の傾向にむかい、また幕府の統制を受けて活動が低調化したといわれている。しかし、なかには戒律復興運動を積極的におしすすめた仏者たちもいる。天台宗の安楽律、真言宗の正法律はすでに述べたが、日蓮宗は元政の法華律、浄土宗には四分律を中心とする浄土律が創唱された。真言は明忍、浄厳、慈雲から明治の雲照におよび、浄土は霊潭らより明治の行誡におよぶ。

江戸中期の元禄、享保時代、あるいは後期の化政時代のような文化の爛熟期に戒律運動が起こり、また排仏論者に対する僧風刷新の意図の下に戒律復興が行なわれたのであった。

五山文学が江戸時代における儒学をはじめとする諸学勃興の先駆となり、とくに江戸儒学の基礎をなしたことは、さきに述べたところである。また、わが国における教育機関の最初は寺院であり、庶民教育の担い手が仏者であったこともものべた。ところで、江戸時代になると、仏者の他に村の有識者階級である医師、神主、武家などが教師となって村童を教えた。生徒を寺子といい、入学を寺入り、学校を寺子屋、略して寺屋、寺などというのも、もとは寺院が学校であった名残りである。寺小屋の師匠を関東では手習師匠とよんだ。江戸中期には全国で一万五千の寺子屋があったというが、実数はこの二、三倍もあったとみられている。教科書は『実語教』『童子教』などのような仏教的なものから『商売往来』『庭訓往来』などの往来物、四書五経などの儒典、国文の古典など広範囲にわたり、いわゆる「読み、書き、そろばん」の教育である。明治の文明開化によって一挙に近代化が始まったのも、江戸時代からの普通教育の普及によるものであって、これだけでも仏教寺院の果たした時代的役割りは計り知れないものがある。

江戸時代には、回国行者《かいこくぎょうじゃ》で作仏聖《さぶつひじり》とよばれる仏師が幾人かいる。代表的な人に円空《えんくう》と木食行道《もくじきぎょうどう》とをあげなければならない。

円空（一六三二―一七一五）。通称、今釈迦、窟上人。若いとき、大峰山などで修行する。寛文四年（一六六四）頃から仏像などを制作しながら全国を遊行した。遠くは北海道までゆく。生涯かけて十二万体の仏躰をつくることを誓願したといわれる。現在、岐阜県、愛知県を中心に全国的に数多い作仏が発見されている。いわゆる円空仏で、ナタ彫りである。元禄初年（一六八八頃）に郷里の美濃に弥勒寺を再興した。

行道（一七一八―一八一〇）。号は木食。木食行道、木食五行、五行菩薩、木食明満上人、明満上人などと尊称される。甲斐丸畑の伊藤家出身。木食観海より木食戒を受けて回国を発願する。各地の廃寺を復興したり、仏像を造顕して奉納する。真言密教に念仏を習合して、教えをひろめる。仏躰などは木食仏といい、また民俗学者の五来重《ごらいしげる》は微笑《みしょう》仏と名づけた。作仏での円空仏と双璧である。全国各地、北は北海道（えぞ）から南は薩摩まで足跡あまねく、二回も四国霊場を巡拝し、故郷に四国堂を建立した。

▼江戸仏教のまとめ

徳川三百年にわたる治世下にあっては、封建的社会秩序をいかに維持、存続させるか、ということが幕府の最大の関心事があり、いわば封建制社会の死活問題であった。したがって、一般庶民の生活と不可分の関係にあり、国教的な位置を占めていた仏教の宗派の規制、寺院活動の統制を通じて、庶民大衆を権力的に支配したのである。

鎖国政策をとった幕府は、キリスト教に対しては仮借なき徹底的な弾圧を加える一方、仏教寺院もまた厳しい統制下におかれた。すでにみたように新寺建立の禁止から宗論、異安心の禁制にいたるまで、幕府の腐心は容易ならざるものがあった。

そして一方、宗学の研究奨励をしたのでドグマ的な教権が出来上がり、また著しく宗派仏教的色彩を強め、さらには仏教者の宗教的エネルギーは社会に向かわずに、閉鎖的なものとならざるを得なかった。これすなわち幕藩権力の射《ねら》いとするところでもあった。

各宗はすべてタテ割りにされ、本末関係のヒエラルキーが確立された。諸大寺本山に対しては、たとえば本願寺を東西に分割したり、高野山の学侶と行人・聖とを二分対立せしめるなどの政策をとったので、大宗団のエネルギーが内部分裂し、社会的には不発に終わるように仕向けられた、といえよう。

江戸仏教の最も大きな遺産は寺檀制度である。これは本来、切支丹禁制の手段として制定された制度であったが、結果的には逆に寺院活動そのものに制限を加え、不活発なものにしてしまった。そして、寺檀制度は家制度そのものに根ざしていたので個人の自由な信仰の選択を事実上不可能にしてしまい、その本質的な構造——家の信仰形態——は今日に至るまでほぼ温存されているといえる。

やがて、明治初年の廃仏毀釈は三百年にわたる教団仏教の堕眠を一挙にゆり動かすことになるが、明治政府はこれによって神仏判然、神仏分離を実行し、国教的な仏教を天皇制の配下に従属させて信教自由の名の下に教育の場から仏教を完全に追放し、教団活動そのものが国民生活の中で大きく後退するのを余儀なくされるのである。

しかし、三世紀近くつづいた寺檀制度は一朝一夕にして解体するものではなく、基本的には現代まで制度として残存することになる。

外国の識者からの日本人の無宗教性がしばしば指摘される。われわれ日本人は一生のうちに寺院とか仏教と何らかの関係を全く持たないひとは恐らくないにもかかわらず、個人の信仰が問われる場合には、主体的な近代信仰は総体的にみると、きわめて稀薄である。これが日本人の宗教に対する無関心な態度、外部からみた場合の無宗教性として受け取られるのであろう。これも江戸時代の惰性的な習俗化された仏教の後遺症ともいえる。

反面また、仏教的な心情や思惟ないし思想をわれわれ国民の多くが無意識のうちにもっているのは、あれほど一般庶民の生活のなかに浸透した江戸仏教の大きな功に帰せられよう。

第七章

近代の仏教①——明治期

廃仏毀釈

▼明治の仏教

明治初年の廃仏毀釈《はいぶつきしゃく》は、仏教を信仰していた庶民大衆にとって驚天動地の大事件であり、日本仏教は史上、まさに未曾有《みぞう》の危機に直面したのであった。

それは表向きは神仏習合を廃止し、神仏判然を期するのを目的としたものである。が、実際には国教的位置にあった仏教を滅亡させ、神道の国教化政策をおしすすめることによって、天皇制を復権し、明治絶対主義政権を確立する企図の下に行なわれたものであった。

廃仏は一朝一夕にして成ったものではなく、すでに江戸時代から徐々に進行していたのである。寛文六年（一六六六）に岡山藩、水戸藩では寺院の整理を行ない、その後、水戸藩は天保三年（一八三二）に再度、寺院を統廃合した。慶応元年（一八六五）になると、全国にさきがけて薩摩藩は廃仏毀釈を行ない、同三年（一八六七）には津和野藩が廃仏毀釈を行なっている。

江戸時代の廃仏毀釈は、経済的な面と思想的な面とに分けて考えられる。経済的な面というのは藩財政の逼迫《ひっぱく》によるもので、幕府が全国に新寺建立の禁止をしばしば触れているのも、主として経済的な事情によるものであった。思想的な面というのは国学の勃興による国粋主義的な立場からの仏教攻撃であり、これは仏教そのものの破壊――破仏――を狙ったものである。

国学一派の代表に平田篤胤《あつたね》（一七七六―一八四三）がある。篤胤は本居宣長の没後の門下で、神代文字日文《ひふみ》の存在を主張し、古典研究に専念するとともに仏教を忌避して大いに非難した。しかし、それは感情論的なものにすぎなかった。著書は『古史徴』『古道大意』『出定笑語』などがある。かれの多くの門下が明治の廃仏毀釈の理論的指導者となったのであった。

明治元年（一八六八）三月二十八日の神仏分離令発布によって神仏混淆《こんこう》が禁止された。勢いのおもむくところ廃仏毀釈の嵐となって全国に吹き荒れ、神社附属の神宮寺などの破却、仏像その他一切の什宝の破壊、焼却などの暴挙となった。このために、激怒した庶民たちは各地で一揆を起こし、流血の惨事をもみるに至った。

▼近代化への途――その多様性

長い二百数十年におよぶ封建制社会の夢より醒め、仏教界を再建することが、明治の教団仏教の緊急事であったことはいうまでもない。仏教は幕府権力の末端機構を受けもち、政治に完全に従属していた。今や、幕府が倒れ明治新政府の世となったので、仏教の自主独立をめざすために、二つの道がとられなければならなかった。一つは仏教の本義にのっとり、僧風を刷新することであった。これを旧弊一洗とか僧弊一洗と称した。このために各宗から名僧といわれる仏者を輩出した。もう一つは新時代に仏教をいかに対処させるかという問題である。これはとくに明治二十年前後（一八八七―）に抬頭した国家主義への対応と仏教革新運動となって展開し、後者からは仏教思想の近代化の課題が派生する。新時代の国家主義への仏教の隷属が明治国家権力の要請であり、それに従ったところに仏教が近代社会に生きのびる姿勢をとらせたのである。その意味で、江戸仏教と同じく自主性の欠除した明治仏教は多難な途をたどらざるをえなかった。

明治五年（一八七二）に大教院、教部省が設置され、大教院では教導職の養成が行なわれ、また教則三条というものが発布された。これは神道の下に諸宗教を統一しようとする明治政府の政策を実施したものである。

この年（一八七二）に西本願寺の島地黙雷《しまじもくらい》（一八三八―一九一一）、赤松連城《あかまつれんじょう》（一八四一―一九一九）、東本願寺の石川舜台《しゅんだい》（一八四二―一九三一）らが渡欧し、翌年帰国した。欧州のキリスト教の実情を親しく視察してきたかれらは政教分離、信教自由こそ近代宗教の本質であると主張し、ついに八年（一八七五）に大教院分離運動が功を奏し、大教院の解散、転宗転派の自由が認められるようになった。そこで最初に真宗が大教院より分離独立した。

島地黙雷は大洲鉄然《おおずてつねん》（一八三四―一九〇二）とともに浄土真宗本願寺派の改革に参加。ヨーロッパ視察ののち、政府に信教の自由、政教分離を提言し、神道国教化をすすめる大教院を解散に追いこむ。教育、社会事業にもつくし、大教院行政に反対した。同じく本願寺派の鉄然は戊辰戦争のとき、真武隊、護国団をつくって幕府軍と戦った人である。

赤松連城は黙雷と教団の改革をすすめ、明治五年（一八七二）、宗門出身者としてはじめてのイギリス留学をする。帰国後、宗門の教育機関を整備し仏教大学（現龍谷大学）の綜理（学長）などをつとめた。著作に『真宗本義』（英文）『仏教史』など。

石川舜台は東本願寺の高倉学寮に学ぶ。明治五年に大谷光瑩《こうえい》らと欧米を視察する。帰国後、教団組織、学制の近代化をすすめ、中国、朝鮮で布教した。著作に『真宗安心論《あんじんろん》』『大経講話』などがある。

明治の後半期には近代思想家たちによる仏教の再評価、仏教思想の近代化、あるいは仏教者による近代的信仰の確立が行なわれるけれども、なお、明治の教団仏教の多くは国民生活の下部層につながっていた。

幕末の勤王僧《きんのう》の活動は護国即護法の信念にたったものであったが、明治になると、保守伝統派は廃仏論に対する護法論を打ち出して護国扶宗を標榜した。それは同時に明治絶対主義政権が神道を手厚く保護し神道を国教とする立場にたって仏教を排除しながらも、一方、明治政権に役立つように仏教を再編成したのに呼応したものといえよう。

明治の教団仏教の大勢は仏教国益《こくえき》をもって宗教活動を展開し、政府の富国強兵策に応じた。

明治十年代から二十年代にかけて各種の仏教結社が出来た。大内青巒《せいらん》の明教社、黙雷の白蓮社、黙雷・連城の令知会、福田行誡《ぎょうかい》らの能潤会、釈雲照《うんしょう》の目白十善会などがそれである。

また仏教の啓蒙雑誌としては明治七年（一八七四）の青巒の「明教新誌」「江湖新聞」、明治二十二年（一八八九）の釈雲照の「十善宝窟《じゅうぜんほうくつ》」などがある。

このうちで大内青巒（一八四五―一九一八）は仏教学者、在家居士。出家してのち原坦山（一八一九―一八九二）、儒者、砲術家の大槻磐渓（一八〇一―一八七八）などに師事。還俗して在家主義をとなえて明治七年（一八七四）に「報四叢談」、翌年には「明義新誌」などを創刊する。大正三年（一九一三）東洋大学学長。また明教社の創設者である。

福田行誡（一八六七―一九五四）は江戸小石川伝通院で出家。慧澄らに師事する。両国回向院住職。廃仏毀釈のとき諸宗同盟会の盟主となって活躍。芝増上寺法主、京都知恩院門主、浄土宗管長。「縮刷大蔵経」の刊行に尽力する。「とにかく平日なぐさみのように読書すべし」（僧侶たちへの遺書）。

釈雲照

釈雲照（一八二七―一九〇九）は天保七年（一八六三）に出家してから高野山で密教を学ぶ。廃仏毀釈に反対し、戒律主義を主張して仏教復興につとめる。明治二十年（一八八七）東京に目白僧団を創設して戒律の復興につくす。また十善会、夫人正法会を起こす。「十善宝窟」の他に「法の母」などの仏教雑誌を発刊。明治三十二年（一八九九）京都仁和寺門跡になる。著作に『仏教題意』『十善大意』など。

明治二十三年（一八九〇）に教育勅語が発布になり、国民精神の振興、国民道徳の昂揚がさけばれた。

こうした明治政府の動きとともに明治二十年代初頭には国粋主義運動が起こり、ナショナリズムの動向は仏教界にも影響を及ぼしていった。そして、やがて明治二十七、八年（一八九四—九五）の日清戦争となったのであった。

在家仏教の勃興は明治前期の仏教復興と国家主義の結合とによっておしすすめられた。代表的な人物に大内青巒、山岡鉄舟《てっしゅう》、鳥尾得庵《とりおとくあん》、三浦梧楼《ごろう》、河瀬秀治《ひではる》、島田蕃根《みつね》らがいる。

大内青巒は明治二十二年（一八八九）に尊皇奉仏大同団を結成した。この年に帝国憲法が発布され、条文として信教自由がうたわれたが、これは神道優位の下の信教の自由にすぎなかった。

山岡鉄舟（一八三六—一八八八）は剣術家、官僚。剣を千葉周作に学ぶ。幕府講武所で教える。戊辰《ぼしん》戦争のとき勝海舟の使者として西郷隆盛と会い、江戸開城のため勝・西郷会談の道をひらいた。維新後、政府の諸役をつとめ、明治天皇の侍従となる。勝海舟、高橋泥舟《でいしゅう》とともに幕末三舟といわれる。仏教の篤信者としても知られ、諸寺を建立した。

鳥尾得庵（一八四七—一九〇五）は号で、本名は鳥尾小弥太《こやた》。軍人、政治家、仏教の篤信者。もと長門《ながと》の萩藩士。明治十三年（一八八〇）陸軍中将で退任。のち機関誌「保守新論」を発刊する。枢密顧問官、貴族院議員など。

三浦梧楼（一八四七？—一九二六）は軍人、政治家。仏教の篤信者。長門萩藩の奇兵隊出身。陸軍中将に昇進し、学習院院長をへて、明治二十八年（一八九五）朝鮮公使。後年、政界で活躍。貴族院議員、枢密顧問官をつとめる。著作『観樹将軍回顧録』など。

河瀬秀治（一八四〇—一九二八）は官僚、実業家、仏教の篤信者。内外の博覧会開催に尽瘁する。のち「中外物価新報」（現「日本経済新聞」）を創刊する。実業界で活躍、また岡倉天心らと日本美術を振興する。

島田蕃根は明治十六年（一八八三）より『縮刷大蔵経』（全八五六二巻）の出版を行なった。

なお、明治―昭和期の教化運動家、居士仏教を代表する加藤咄堂《せつどう》（一八七〇―一九四九）を逸することができない。英吉利法律学校卒業後、「天台学」を学び、また井上円了の『仏教活論』の思想的影響を受ける。のち社会教化活動をすすめ著述と講演で仏教を宣揚した。大正三年（一九二四）に中央教会団体連合会を結成。雑誌「新修養」（のち「精神」と改題）、「こころ」「三宝」など刊行。

井上円了

井上円了《えんりょう》は哲学会を創始した。また哲学館（現在の東洋大学）の創立者でもあり、学問的に仏教近代化の路線を敷いた。明治十九年（一八八六）の『真理金針』、明治二十年（一八八七）の『仏教活論』など、ひろく江湖に迎えられ、著述は一二二部を数えるといわれる。『仏教活論』は西洋哲学と仏教とを対比した最初の著作として注目される。

新興仏教

新興仏教運動には明治十七年（一八八四）に設立した田中智学《ちがく》（一八六一―一九三九）の立正安国会（のちの国柱会）、大道長安《だいどうちょうあん》（一八四三―一九〇四）の救世《ぐぜ》教などがある。これらは破邪顕正《はじゃけんしょう》を主張した。田中の独自の日蓮主義は高山樗牛《たかやまちょぎゅう》らに影響を与えた。大道の救世教は明治十九年（一八八六）長野で説いた観音信仰にはじまる。折から教育勅語とキリスト教との矛盾による教育と宗教との衝突、内村鑑三《かんぞう》の御真影不敬事件が起こり、井上哲次郎は国家主義の立場から『教育と宗教の衝突』を明治二十六年（一八九三）に著した。

精神主義運動

清沢満之

日清戦争には各宗こぞって協力し、従軍布教や銃後の活動に従事した。そのなかにあって、古河勇（老川）（一八七一―一八九九）は自由主義の立場から新仏教運動をすすめて雑誌「仏教」を創刊。明治二十七年（一八九四）一月、「仏教」に「懐疑時代に入れり」という論文を発表して世人に衝撃を与えた。

三十年代から明治末期（一八九七―一九一二）にかけては仏教思想の近代化、近代信仰の確立期である。近代信仰の確立では清沢満之《まんし》（一八六三―一九〇三）の精神主義運動が一段とつよい光芒を放っている。満之は明治三十三年（一九〇〇）に東京本郷に浩々洞《こうこうどう》をおいて精神主義運動を展開し、雑誌「精神界」を明治三十四年（一九〇一）に創刊した。明治三十六年（一九〇三）に満之は亡くなった。これは親鸞の信仰によって近代人の苦悩にこたえたもので、信仰仏教を明治期において樹立した意義は大きい。満之は真宗大谷派の学僧。「教会時報」を発行し、東本願寺の教学を主とする宗門改革をすすめた。著書に『清沢満之全集』八巻など。

清沢満之

精神主義運動以後、近角《ちかずみ》常《じょう》観《かん》（一八七〇―一九四一）は求道学舎を創立し、雑誌「求道」を発刊した。満之の門下に暁烏《あけがらす》敏《はや》（一八七七―一九五四）がいる。「精神界」の編集に参画する。大正十年（一九二一）に「香草社」を設立して精神主義を推進した。また伊藤証信《しょうしん》（一八七六―一九六三）の無我愛《むがあい》運動がある。明治三十八年（一九〇五）に伊藤は無我苑《えん》を開き、雑誌『無我の愛』を創刊した。マルクス経済学者として知られる河上肇も、一時、入信した。伊藤はのちに幸徳秋水《こうとくしゅうすい》の大逆事件を弁護して投獄される。明治三十二年（一八九九）に境野黄洋《さかいのこうよう》、高島米峰《べいほう》、杉村楚人冠《そじんかん》らは仏教清徒同志会（のちの新仏教徒同志会）をつくった。これは僧俗を問わず、また宗派仏教の立場でなく、仏教一般より近代社会にたちむかう態度を明らかにした。仏教を政治権力から分離し、護国即護法論、仏教国益論をまっこうから否定した。そして自由討究と個人の自由な近代的信仰の確立をめざした。明治三十三年（一九〇〇）に雑誌「新仏教」が創刊された。

境野黄洋（一八七一―一九三三）は仏教学者。青年期に村上専精《せんしょう》らの雑誌「仏教史材」を刊行。高島米峰らと雑誌「新仏教」を編集した。とくに中国仏教の研究で業績を残した。著作『支那仏教史綱』『支那仏教精神史』など。大正七年（一九一八）東洋大学学長。

高島米峰（一八七五―一九四九）は仏教運動家。鶴声堂書店、丙午出版社を創設して哲学、宗教関係の書籍を出版する。雑誌「新仏教」を発刊して、教団否定などを提唱して仏教革新運動を展開した。社会的には禁酒禁煙、公娼廃止などにも関わり、昭和十八年（一九四三）東洋大学学長。

杉村楚人冠（一八七二―一九四五）はジャーナリスト、随想家。昭和十五年（一九四〇）に東京朝日新聞社ロンドン特派員。帰国後、「アサヒグラフ」の創刊などに関わる。随筆『へちまの皮』など。若年の頃、仏教革新運動にも参画した。

高山樗牛

西田幾多郎

近代社会経済史上からみると、二十世紀初頭は階級分化の展開の時期といわれ、インテリの誕生期でもあり、これに照応して仏教界にも求道的な姿勢がもとめられた。近代思想家たちによる仏教の再評価は、キリスト教的傾向をもつ大西祝《はじめ》、綱島梁川《つなしまりょうせん》、木下尚江《きのしたなおえ》、またキリスト者の内村鑑三らによってもなされた。

日蓮主義者に文学者、高山樗牛《ちょぎゅう》があって文筆活動によって法華信仰をひろめた。明治四十四年（一九一一）に西田幾多郎は『善の研究』を著し、親友の鈴木大拙は英語による禅の世界的普及をはじめた。

高山樗牛（一八七一―一九〇二）は文学者、評論家。若くして小説『滝口入道』で知られる。その後、雑誌「太陽」の主幹となる。日本主義だったが、ニーチェの思想的影響を受ける。晩年は日蓮に深く傾倒した。著作に『美的生活を論ず』など。

西田幾多郎《きたろう》（一八七〇―一九四〇）は哲学者、京都帝大教授。明治四十四年刊行の『善の研究』は、主客未分の純粋経験をキーワードとしたものである。場所の論理、行為的直観、絶対矛盾的自己同一などの概念により西田哲学といわれる独自の体系をきずく。死の間近にして「場所的論理と宗教的直観」を完成させた。著作はほかに『働くものから見るものへ』『自覚に於ける直観と反省』『哲学の根本問題』『西田幾多郎全集』など。

鈴木大拙《だいせつ》（一八七〇―一九六六）は明治―昭和時代の仏教学者。鎌倉円覚寺の今北洪川、釈宗演に師事。明治三十年渡米、『大乗起信論』の英訳、『大乗仏教概論』の英文出版。仏教や禅思想をひろく世界に紹介する。著作は『禅と日本文化』『日本的霊性』『鈴木大拙全集』など。

明治三十六年（一九〇三）に大谷光瑞《おおたにこうずい》の中央アジア探検隊の帰国があり、また、この年、明治三十二年（一八九九）にチベットに入った河口慧海《えかい》が帰国している。明治期に幾人かチベットに入国したことは注目すべきである。光瑞（一八七六—一九四八）は西本願寺第二十二世、探検家。明治三十五年（一九〇二）大谷探検隊を率いて中央アジア、インドを探検した。のちに中国で農園を経営し大アジア主義を提唱した。

河口慧海（一八六六—一九四五）は仏教学者、探検家。黄檗宗《おうばくしゅう》。明治三十三年（一九〇〇）仏教の原典探索の研究のためインドからチベットに密入国した。日本人ではじめて首都に入国。明治三十八年（一九〇五）再度チベットに入りナルタン版チベット大蔵経などの文献を蒐集《しゅうしゅう》した。チベットの仏教、文化などをわが国に紹介した。のち還俗して在家仏教を説いた。著作は『西蔵《さいぞう》旅行記』『西蔵文典』など。

なお、この他にチベット入国を志したり入国した人がいる。橘瑞超（一八九〇—一九六八）は大谷光瑞の弟子で仏教学者。明治四十一年（一九〇八）から四年間、第二次・第三次大谷探検隊に参加して楼蘭、敦煌の仏教遺跡を踏査した。帰国後はウイグル文字を研究し解読した。能海寛《のうみゆたか》（一八六八—一九〇一）は仏教学者。チベット入国を志して出発した。が中国雲南省大理府からチベットに入るとの音信を最後に消息不明となった。近年伝記などが出版され、その行跡が再評価されるに至った。

寺本婉雅《てらもとえんが》（一八七二—一九四〇）は仏教学者。明治三十四年（一九〇一）にチベットに入国してラサの僧院でチベット仏教を学ぶ。帰国後、チベット仏教研究の道をひらく。『北京版チベット大蔵経』をもたらしたことでも知られる。著作は『西蔵語文法』、訳書に『于闐国史』など。

青木文教《ぶんきょう》（一八八六—一九五六）はチベット学者。大谷光瑞の推挽でチベットのダライラマ十三世の弟子となる。帰国後、東大のチベット語講師。著作は『西蔵遊記』『西蔵文化の新研究』など。

明治三十七、八年（一九〇四—一九〇五）の日露戦争の頃から、教団仏教じたいは国家権力との妥協のもとに仏教を発展させてゆく方向と、知識層の間で近代思想、近代仏教として発展させてゆく方向にむかっていった。日露戦争になると、資本の独占化、産業革命がすすみ、日本帝国主義がはじまる。戦争中、教団仏教は国家の御用宗教化され、また社会主義や自然主義に対する防壁の役目を課せられた。明治三十七年（一九〇四）五月に開催された日本宗教家大会は神・儒・仏・基の四つの宗教者が合同で行なったもので、宗教家の立場から戦争に全面的に協力することを誓った。

非戦論を主張したのは新仏教同志会の一部の者たちで、のちに大逆事件で死刑になった内山愚堂《ぐどう》、無我愛運動を展開した伊藤証信らがいる。伊藤は戦争の罪悪論を一貫して説き、戦勝に酔った国民をきびしく批難した。仏教同志会でも真言宗の毛利柴庵《もうりさいあん》（幸徳秋水・堺利彦の「平民新聞」廃刊後、その代行となった「牟婁《むろ》新報」の主筆）は参戦論者、同じく和田不可得《ふかとく》（性海《しょうかい》。のちの高野山真言宗管長）は反戦論者だった。キリスト教側では非戦論者に内村鑑三がいた。

しかし、多くの各宗派では戦勝祈願をしたり、従軍布教を熱心に行なった。

社会的活動

いっぽう、仏教の社会的活動もキリスト教に刺激されて次第に行なわれるようになったが、仏教国益論という立場が先にたち、市民的ヒューマニズムとは違った前近代的な面を残していた。いずれにしても仏教徒の社会的活動は慈善事業の性格をもって次の大正期に開花する。明治三十五年（一九〇二）の足尾鉱毒事件には諸宗派がこぞって救援にたちあがり、ことに仏教同志会が田中正造《しょうぞう》（一八四一―一九一三）を支援した。活動はめざましいものがあった。

大逆事件と仏教徒

日露戦争後は海外植民地への開教によって各宗は政府に積極的に協力した。そうしたなかにあって、社会運動と関連して明治四十三年（一九一〇）の幸徳秋水（一八七一―一九一一）の大逆事件に多数の仏教者が関係したことは世人を驚かせた。幸徳は中江《なかえ》兆民《ちょうみん》（一八四七―一九〇一）の門下だが、これは「仏教のアナーキズム的側面が顔をのぞかせたもの」といわれる。曹洞宗の内山愚堂（死刑）、臨済宗の峯尾節堂《みねおせつどう》（無期）、真宗大谷派の高木顕明《けんみょう》（無期、獄死）の他多数の仏者が連坐し、検挙されたり、家宅捜査を受けた者もいく人かいた。

近代仏教学の樹立

近代仏教学の形成では、護教《ごきょう》教学が主流を占めた日本仏教にヨーロッパの科学的研究法を導入したのが、笠原研寿《かさはらけんじゅ》（一八五二―一八八三）、南条文雄《なんじょうぶんゆう》（一八四九―一九二七）である。両者はいちはやく明治九年（一八七六）に渡英、マックス・ミューラーについてサンスクリット原典の研究に従事した。笠原は帰国後、病没した。南条は九年後に帰国した。明治十六年（一八八三）南条は『大明三蔵聖教目録』を出版した。ついで高楠順次郎《たかくすじゅんじろう》（一八六六―一九四五）らの留学によって大小乗の近代的研究が盛んになってきた。姉崎正治《あねざきまさはる》（一八七三―一九四九）、荻原雲来《おぎわらうんらい》（一八六九―一九三七）、渡辺海旭《かいぎょく》（一八七二―一九三三）らによって原典研究や初期仏教の研究が行なわれた。

渡辺海旭はドイツに留学し、比較宗教学も学ぶ。昭和四年（一九二九）、日本仏教学協会を設立した。高楠順次郎とともに『大正新脩大蔵経』を監修、出版。著作に『欧米の仏教』その他。

高楠順次郎は仏教学者。明治二十三年（一八九〇）ヨーロッパ留学。オックスフォード大学でマックス・ミューラーに師事してインド学・サンスクリット学を学ぶ。帰国後、東大教授、東洋大学学長。門下が多く、わが国インド学の先駆的な存在。著作は『高楠順次郎全集』十二巻他多数。

村上専精（一八五一―一九二九）らは明治二十七年（一八九四）に雑誌「仏教史林」を創刊した。これによって仏教の研究にはじめて歴史的研究法が導入され、ようやく護教的な仏教研究より脱却するようになった。

鈴木大拙の仏典英訳、姉崎正治の『根本仏教』『現身仏と法身仏《ほっしん》』、榊《さかき》亮三郎や荻原雲来のサンスクリット研究などがある。村上専精は明治三十四年（一九〇一）に『仏教統一論』を刊行したところが、大乗非仏説論を問われて、僧籍を脱退した。

明治期の仏教で功のあるものは仏教研究の分野における近代的研究法の樹立であった。

仏教徒の海外進出では河口慧海の前後十六年に及ぶチベット旅行、大谷光瑞の中央アジア探検を前に述べたが、明治二十六年（一八九三）シカゴの万国宗教大会に釈宗演《そうえん》（円覚寺管長一八六〇―一九一九）、土宜《とき》法竜《ほうりゅう》（高野山管長　一八五四―一九二三）らが出席し、ポール・ケーラス、インドのヴィヴェーカーナンダらと交流し、世界をめぐって諸宗教の実体にふれてきたことは特筆に価しよう。土宜はロンドン滞在以来、南方熊楠《みなかたくまぐす》と親交をむすぶ。釈は門下に鈴木大拙らがいる。

第八章

近代の仏教②——大正期

教団仏教の動向

▼仏教の社会的展開

大正の十五年間は、近代資本主義発展途上の中間期である。

明治仏教の残した最大課題は、近代的中産層の信仰としての仏教の形成ということであった。大正時代の仏教は、いわゆる大正デモクラシーの影響を受けながら近代化をめざしたけれども、明治以来の家制度が温存され、したがって寺檀制度もそのまま残り、教団仏教としてはみるべき改革がない。真宗本願寺派では大正二年（一九一三）に真宗同朋会が結成され、教団改革を提唱したが、不首尾に終わった。

大正仏教が明治仏教と異なる点は帝国主義的侵略による植民地への進出にともなう海外布教の定着化、職場伝道などであり、また教団仏教より通仏教への動向は大正デモクラシー、自由主義的風潮に対応するものであった。とくに大正期の仏教の社会事業は多様多彩でみるべきものがある。

大逆事件に多数の仏教者が関係したことはすでに述べたが、明治以来の反動的方向の動きは仏教界にも反映し、大正元年（一九一二）神仏基三教会同が開催されて皇運扶翼、国民道徳の振興をはかることが決議された。また大正三年（一九一四）には田中智学の国柱会が発足、この年、欧州では第一次世界大戦が勃発した。同五年（一九一六）には各宗が共同で仏教護国団なるものを結成した。

社会事業

いっぽう、大正期にはキリスト教の影響などもあり、また第一次大戦による世界的不況による労働者の失業など、深刻な社会状況のなかで、教団仏教の社会的活動も活発に行なわれた。そして、それは主として慈善事業的なもので、積極的な社会改造に参画するものではなかった。たとえば、貧民救済、学校経営、児童擁護、医療施設など、かなり組織化されたもので、キリスト教の方式にならったものが多い。こうした社会的活動は、資本主義の発達にともなう階級分化、貧富の差という社会現象に応ずるものであった。

部落解放運動

当時、未解放部落民は百万といわれ、そのうち八五パーセントまでが真宗信者で、しかもその大部分が本願寺派に属していたので、これらの部落寺院住職を中心に解放運動が行なわれた。大正十二年（一九二三）には真宗青年僧が黒衣同盟を結成し、部落解放、教団改革運動を起こした。

また奈良には大和同志会、兵庫には真宗和合会などの団体が誕生した。水平社の運動に刺激されて大正十四年（一九二五）に西本願寺の一如会、東本願寺の真身会が発足して同和運動がすすめられた。

また、仏教者が政治的発言を行ない、教団の組織を近代化するためには、どうしても参政権をえなければならなかった。そこで、大正四年（一九一五）に仏教連合会を組織し、僧侶の参政権と宗教法制定の実現を主張し、大正十三年（一九二四）に普選実現とともに、ようやく僧侶の被選挙権が認められた。昭和三年（一九二八）の総選挙で、権利の行使が行なわれた。また宗教法が大正十四年（一九二五）に、治安維持法と抱きあわせに制定されたのは皮肉であった。

出版事業

明治の新仏教運動は、大正四年（一九一五）に雑誌「新仏教」が不穏思想を胚胎するというかどで治安当局の命令で廃刊されるとともに終焉を告げた。清沢満之の「精神界」も大正七年（一九一八）に廃刊になった。これに代るべきものとして、大正十三年（一九二四）に創刊した仏教学者の高楠順次郎主筆の「現代仏教」をあげることができよう。それは一定の思想的立場にたつよりも、広範な大衆層を対象とした通仏教的視点によって編集されたのが特徴的である。

大正十一年（一九二二）に中野達慧《たつえ》（一八七一―一九三四）編『日本大蔵経』四八巻、南条・高楠・望月信亨らの『大日本仏教全書』一五一巻の刊行が完了した。翌年、高楠・渡辺海旭による『大正新脩大蔵経』全百巻の刊行が開始され、昭和三年（一九二八）に完結した。近代仏教史上に金字塔をうちたてた大事業である。

また大正六年（一九一七）からは『国訳大蔵経』『仏教大系』の刊行が開始された。

このように大型の出版事業が行なわれたのも、大正期の仏教の特質に数えられよう。

学問・文学

南条・ケルンの『梵文法華経』、仏教学者・木村泰賢《たいけん》（一八八一―一九三〇）の『印度哲学宗教史』『印度六派哲学』他、仏教学者・榊亮三郎（一八七二―一九四六）の『翻訳名義大《ほんやくみょうぎたい》集《しゅう》』、仏教学者・織田得能《おだとくのう》（一八六〇―一九一一）の『仏教大辞典』、日本史学者・村上専精（一八五一―一九二九）、同じく辻善之助（一八七七―一九五五）、同じく鷲尾順敬《わしおじゅんきょう》（一八六八―一九四一）の『明治維新神仏分離資料』など、個々の仏教研究で成果をえたものは数多い。

しかしまた、学問の自由討究の余波ともいうべきさまざまな事件も起こった。たとえば龍谷大学の野々村直太郎（一八七一―一九四六）は『浄土教革新論』で往生思想の神話的表現を批判したため教壇を追われた。また昭和期になって昭和三年（一九二八）に大谷大学の金子大栄《かねこだいえい》（一八八一―一九七六）が異安心《いあんじん》を指摘されて大学を去った事件が記憶される。

高楠順次郎

西田幾多郎、鈴木大拙はそれぞれ別個の意味で仏教を近代思想の中に摂取または普及した。西田の『善の研究』は明治四十四年（一九一一）刊であるが、大正時代にもなお広く読まれた。

大正デモクラシーの思潮は大正七年（一九一八）頃よりはじまり、仏教界にも多くの影響を与えた。

倉田百三《ひゃくぞう》は大正五年（一九一七）に劇曲『出家とその弟子』、大正十年（一九二一）に評論集『愛と認識との出発』を発表した。ともに内省的人道主義的なものであった。同じ年に刊行した西田天香《てんこう》の『懺悔の生活』、大正十四年（一九二五）の金子大栄『彼岸の世界』なども、これに呼応するものである。

倉田百三（一八九一―一九四三）は劇作家、評論家。一高在学中、西田幾多郎の思想的影響を受ける。戦時中の昭和十五年（一九四〇）に「生活者」を創刊し主宰となる。晩年は国家主義に傾いた。

西田天香（一八七二―一九六八）は宗教家。トルストイの『我が宗教』に啓発され、明治三十八年（一九〇五）帝都に一灯園《いっとうえん》をひらく。やがて托鉢《たくはつ》・奉仕・懺悔の生活に入り、のち光泉林、すわらじ劇団などを設立した。

金子大栄（一八八一―一九七六）は真宗大谷派の仏教学者。大正四年（一九一五）清沢満之の「精神界」の編集責任者になる。著作は『仏教概論』など。

チベット入国

大正期にチベットに入国して仏教を学んだ人に多田等観《とうかん》（一八九〇―一九六七）がいる。多田は浄土真宗本願寺派で、大正元年（一九一二）にダライラマ十三世の使節ツァワ・ティトゥルからチベット語を学び、この年に一緒にインドに渡り、チベットに入国した。十年間ラサの僧院でチベット仏教を学んで大正十三年（一九二四）に帰国した。多数のデルゲ版『チベット大蔵経』と蔵外仏典をもたらした。東北大学、東京大学のチベット語講師、米国のアメリカ・アジア研究所教授をつとめた。著作に『西蔵大蔵経総目録』『チベット仏教』など。

文芸など

大正期の文壇は、明治後期以後の花袋《かたい》、藤村《とうそん》らに代表される自然主義の文学より白樺《しらかば》派の人道主義、理想主義を主潮とする文芸運動に移っていった。社会的には人間平等、人間解放、婦人運動となって現われた。仏教も当然のことながら、そうしたヒューマニズムを基調とした通仏教がもとめられた。教養としての仏教、サロン仏教などといわれる反面、大正仏教は、大正デモクラシーと軌を一にしている。たとえば、作家・歌人・仏教研究家の岡本かの子（一八八九—一九三九）の創作活動などが知られる。すなわち、きびしい信仰、泥くさい信仰から隔離され、知識人の教養として迎えられた。したがって中間の小市民階級から、そうした仏教は疎外された。

求道的な運動に大正九年（一九二〇）に山崎弁栄《べんねい》（一八五九—一九二〇）がつくった光明会があり、口称三昧《くしょうざんまい》による弥陀合一を説いて近代的中産層への念仏行の普及につとめた。

在野の民俗学者、博学者の南方熊楠（一八六七—一九四一）の学問的態度がきわだって仏教的であるのに対して、同じく民俗学者の柳田国男（一八七五—一九六二）は、はなはだ非仏教的であった。熊楠はいう。「わが国特有の天然風景はわが国の曼荼羅ならん」。

仏教系新宗教のめばえ

第一次大戦後の経済恐慌は頻繁な労働争議となった。民衆の時代の苦悩を教団仏教は救うことができなかった。このような社会的状況のなかにあって、庶民の救いをもとめる声にこたえて大正中期より新宗教が多数現われたのは注目に価する。

大本教《おおもときょう》は大正七年（一九一八）に不敬罪をもって第一次の弾圧を受けた。この年、深田千代子（一八八七—一九二五）は円応教を創始した。大正六年（一九一七）のロシア革命に刺激され、大正十一年（一九二二）には日本共産党が結成され、活動を開始した。久保角太郎（一八九二—一九四四）は翌十二年（一九二三）に霊友会を、御木徳一は人道徳光会（のちのひとのみち教団）を創設、十四年（一九二五）には久保・小谷喜美が霊友会を再組織した。

また、大正十年（一九二一）頃から、各宗とも宗門大学の創設あるいは経営に力を尽くし、宗団後継者の養成につとめるようになった。

第九章

近代の仏教③——昭和期

▼あらまし

激動の昭和期

「激動の昭和」といわれるように、この間の仏教のあゆみを書くことは、他のいかなる時代よりもむつかしいといわなければならない。筆致に過不足のあるのは覚悟のうえで、昭和仏教の歴史のうねりのようなものを描写し、最後に日本仏教の未来性を展望して終わることにしたい。

昭和期の仏教は昭和二十年（一九四五）の敗戦を境にして、その前後に分けてみるのがよいであろう。

時代の動きと仏教界

大正十四年（一九二五）に治安維持法が実施され、左翼運動の弾圧がきびしくなったが、大正十五年（一九二六）に共産党が再建され、労働党は分裂した。この年、いっぽうでは第一回建国祭が開催された。

昭和二年（一九二七）三月、渡辺銀行などが休業し、世界的な金融恐慌にみまわれて経済界は不況のどん底に落ちこんだのであった。この頃、作家の芥川龍之介（一八九二―一九二七）が、「何となく不安」といって自殺したのは昭和の幕明けを象徴しているかのようである。翌年、いわゆる三・一五事件の共産党大検挙があり、壊滅的な打撃を受け、さらに翌年の四・一六事件でも検挙が行なわれた。

満州事変の勃発した昭和六年（一九三一）は日本反宗教同盟、日本戦闘的無神論者同盟（戦無）が結成され、宗教批判、仏教攻撃がするどくなってきた。妹尾義郎《せのおぎろう》の新興仏青が教団の改革をさけんだことはのちにみるであろう。

昭和七年（一九三二）に上海事変が起こって、戦火は大陸に拡がり、軍国主義国家の方向にむかっていったので、教団仏教もまた御用宗教化せざるを得なくなった。この年起こった血盟団の五・一五事件、十一年（一九三六）の二・二六事件などの右翼テロリストの主謀者はいずれも日蓮主義者であった。

宗教統制

翌十二年（一九三七）八月に日中戦争がはじまり、日独伊防共協定がむすばれた。

以後、敗戦を迎えるまで、国家権力の宗教統制は、明治初年に行なわれた明治絶対主義政権の国家神道政策のそれを思わせるほどに酷似している。

昭和十三年（一九三八）に文部省は神儒仏三教に国民精神総動員を協議させ、翌十四年には宗教団体法を公布し、神道以外の諸宗教に対してきびしい統制・弾圧を加えるとともに、諸宗派を合同させた。また、招魂社を靖国神社と改称し、国営を強調したので、事実上、信教自由の精神は死滅した。十五年（一九四〇）二月十五日に各宗は皇紀二千六百年記念事業にこぞって参加した。政府は神社局を廃止し、神祇院官制を公布した。これまた、あたかも明治五年（一八七二）三月の大教院設置、教部省設置と同じような処置をとったのであった。左翼、宗教者に対する弾圧、検挙は一段ときびしさを増してきた。昭和十四年（一九三九）に親鸞の『教行信証』に「主上臣下云々」とあるのが不穏な文言だというので削除を命じられ、また十六年（一九四一）には日蓮遺文の数百ヵ所も削除され、本門法華宗の曼荼羅事件で幹部の検挙、ホーリネス派の弾圧事件などが相ついで起こった。

十六年（一九四一）には仏教連合会を大日本仏教会と改称し、教団仏教はすすんで、戦争に協力する態度を示した。十七年（一九四二）には神仏基合同の大詔奉戴宗教報国大会が発足し、興亜宗教同盟が結成された。十八年（一九四三）に文部省は教学局に宗教課を設置し、これに対して翌年、大日本戦時宗教報国会が結成され、やがて敗戦を迎える。

満州事変の頃より教団仏教は著しく軍国主義に傾斜してゆくが、当初はファシズム反対、偏狭なナショナリズム批判が一部の教団人の間でみられた。友松円諦《ともまつえんたい》（一八九五―一九七三）、高神覚昇《たかがみかくしょう》（一八九四―一九四八）は昭和九年（一九三四）、仏教真理運動を展開し、国民の中産層を対象にした仏教啓蒙につくした。

友松円諦

友松円諦は仏教学者。昭和九年（一九三四）、ラジオで「『法句経《ほっくきょう》』講義」を放送して大きな反響をよぶ。この年、高神覚昇と「全日本真理運動」を起こし、十年（一九三五）、雑誌「真理」を発刊した。二十九年（一九五四）、全日本仏教会初代事務総長。庶民的な語り口で仏教の大衆化につくした。著作に『法句経講義』など。

高神覚昇は仏教学者。大谷大学で西田幾多郎に師事。昭和九年、ラジオで「般若心経」を講義、反響大にして仏教の大衆化をすすめた。友松と真理運動を起こす。著作に『般若心経講義』『密教概論』など。

新宗教と弾圧

教団仏教が庶民大衆の苦悩をよそに国家権力の走狗となっていった時代に、多数の新興宗教が興起したのは、時代の必然的な要請があったからである。

霊友会はすでに大正の末年から活動を開始したが、牧口常三郎（一八七一—一九四四）は昭和五年（一九三〇）に創価教育学会を設立、谷口雅春（一八九三—一九八五）は「物質はない、実相がある」という神示を受けて昭和十五年に生長の家を創始した。著作は『生命の実相』など。岡田茂吉（一八六九—一九二七）は九年（一九三四）に大日本観音会（のちの世界救世教）を、十一年（一九三六）に岡野正道（一九〇〇—一九七八）は霊友会を脱会して孝道会を、庭野日敬（一九〇六—一九九九）・長沼妙佼（一八八九—一九五七）が十三年（一九三八）には立正佼成会を設立した。

だが、十年（一九三五）の大本教の第二次弾圧、十一年（一九三六）のひとのみち教団の弾圧、創価教育学会の幹部の検挙など、新興宗教はいわば受難期であったといえる。

新興仏青同盟

法華主義者たち

教団仏教が軍国主義に絶対的に服従し、侵略戦争に加担していったなかにあって、鮮烈な反戦運動があった。新興仏教青年同盟のそれである。しかも、たんなる反戦ではなく、仏教界に革進的な運動をおしすすめた。指導者の妹尾義郎(一八八九―一九六一)は大正八年(一九一九)に大日本日蓮主義者青年団を結成し、昭和六年(一九三一)にはこれを新興仏教青年同盟と改称して、活動を開始した。

これは釈尊の精神にのっとり、資本主義を反仏教的なものとみなして、社会主義的仏教を一貫して主張し、反戦の旗色を明らかにした。同盟には各宗から青年仏教者が参加した。しかし、昭和十二年(一九三七)、妹尾らは人民戦線事件に連坐し、検挙されるとともに、同盟は解散を命じられた。人民戦線事件はこの年に加藤勘十ら四百名を検挙した左翼弾圧事件である。

妹尾らが社会的矛盾を積極的に解決することによって仏国土建設をめざしたのは、いくつかの新宗教が弾圧にもめげず、庶民のエリート意識をたかめ、世直しを合言葉に信者層を増やしていったのと、一脈通ずるものがあるといえよう。

昭和の激動期にあって七年(一九三二)二―三月に起こったいわゆる「一人一殺」の血盟団事件の主謀者は日蓮宗の井上日召《にっしょう》(一八八六―一九六七)である。また十一年(一九三六)の二・二六事件とつづくが、二・二六事件の指導者、北一輝《きたいっき》(一八八三―一九三七)も熱烈な法華主義者で、国家改造、ファシズムを唱えた。クーデターに参加した青年将校の中にも、多くの法華信者がいたのが注目される。

太平洋戦争中の大東亜共栄圏の理論的指導者でA級戦犯となった大川周明《しゅうめい》(一八八六―

一九二七)、悲劇の将軍といわれた石原莞爾《かんじ》(一八八九―一九四七)なども、法華主義者だった。

他に法華主義者に新興仏青の妹尾義郎がおり、法華経行者をもって任じた詩人、宮沢賢治(一八八六―一九二七)などがいる。

政治運動や社会運動あるいは革命運動の強烈なエネルギーとなった法華経は、思想的にも多くの人びとに深く影響するところがあった。そして日蓮のひたむきな殉教的な純粋性、仏法第一主義が共鳴をよんだといえよう。

敗戦後の仏教界

二十年(一九四五)八月十五日に敗戦を迎えるや、十一月三日に新憲法が公布され、信教の自由が改めて保障された。また、十二月二十八日に神道指令がマッカーサー司令部より出されて、国家神道体制は崩壊し、教派神道は明治初年以来の歴史的役割を終わった。翌年、政府の神祇院や官立の神宮皇学館は廃止された。

また、戦時中の合同宗団は四分五裂し、分派に分派を重ね、あるいは多数の単立寺院を生んで今日にいたっている。

明治以来、教団仏教における宗派の合同はおおむね国家権力によって行なわれ、分派は各派間の利害関係にもとづき、合同と分裂とを繰返してきたが、戦後の分裂は、日本仏教史上かつてなかったほど激しいものがあり、昭和二十九年(一九五四)になってようやく全日本仏教会が結成された。

戦後の昭和後半期の宗教界は戦時中の合同宗派の分裂、新宗教の発展、教団仏教の不振などが、主要点としてあげられる。

何よりもまず農地開放による寺院所有地の摂収は、主として地方寺院経済に大きな打撃を与えた。そして、いわゆる兼業住職が大半を占めるようになったのが、戦後の特色である。また寺院の世襲制は、明治五年（一八七二）の「肉食妻帯蓄髪《にくじきさいたいちくはつ》、勝手タルベシ」という太政官布が布告されて以来、すでに一世紀以上を経過したので、ほぼ固定化し、今では世襲三世の時代に入っている。

いわゆる高度経済成長時代になって独占資本は復活し、一種の安定ムードよりくる布教伝道活動の不活発化が目だち、また寺院と地方農村村落共同体との結合は過疎化のあおりで稀薄化し、さらに都市寺院の人口激増にともなう新しい布教活動のあり方が問われている。

国民の中間層への仏教のアプローチは教団仏教と無関係に、人生論的な仏教書のブームといったかたちで静かに進行している。

敗戦直後に哲学者の田辺元《たなべはじめ》（一八八五―一九六二）は『懺悔道としての哲学』を発表し、同じく三木清（一八九七―一九四五）の獄中の絶筆が『親鸞』であったり、歴史学者の服部之総《はっとりしそう》（一九〇一―一九五六）の『親鸞ノート』などがあるが、教団仏教においては依然として近・現代思想と仏教との関わりが少ない。また歴史学者の上原専禄《せんろく》（一八九九―一九七五）はドイツ中世史を専攻したが、晩年には日蓮の研究に打ちこんだ。

昭和二十六年（一九五一）に日本印度学仏教学会という全国学会が発足し、近代的な仏教研究の綜合機関としての役目を果たしている。研究分野はますます専門化、細分化の方向をたどり、全体的には停滞期に入っているといえよう。近年、戦前に出版された仏教書の復刻が異常なほどに行なわれているのも、そうした現象の一端とみられる。

いっぽう、浄土宗のおてつぎ運動、真宗の同朋運動、天台宗の一隅を照らす運動、高野山真言宗の合掌運動、真言宗智山派のつくしあい運動など、その他いずれの宗派でも信者層の再組織をねらっているが、これは新宗教のめざましい信者獲得運動に刺激された結果、行なわれるようになったものだが、実績はあまりあがっていないようである。

満州事変以来、第二次大戦に至るまでに侵略戦争に一致協力した仏教諸宗派は戦争責任の懺悔もなされないままに戦後三十数年を経過した。しかし、一部の良心的な宗教家たちは戦争に対する懺悔を行ない、昭和三十五年（一九六〇）には仏教徒平和協議会が安保改定反対デモを行ない、以来、反戦平和運動をすすめ、平和のための国際会議への参加、発言を活発化して、現在に至っている。

戦後、仏教徒の国際会議が次第に増えてきたのも、現代仏教の著しい特徴の一つといえよう。原水禁運動、核兵器と軍備の撤廃など一連の平和運動も一部の仏教者によってすすめられているものの、一般に教団仏教側は無関心の状態にあるといえよう。

また各宗が南北米国に競って別院を建立して海外布教をするようになった。

新宗教の発展

戦後目ざましい進出をみたのは日蓮系の新宗教で、その主なものは霊友会、立正佼成会、妙智会、孝道教団、創価学会などで、新宗教連盟も出来ている。

戦後いちはやく霊友会から妙智会、仏所護念会、妙道会、法師会などが分派した。

霊友会は現世利益、祖先供養を説きすすめ、法座と称するサークル活動を通じて信者の獲得につとめてきた。霊友会から最初に分かれたのは昭和十一年(一九三六)に創立した孝道会で、岡野正道(一九〇〇―一九七八)・岡野貴美子(一九〇二―一九七六)夫妻が主唱し、昭和二十三年(一九四八)に孝道教団と改称、天台の教学を基礎としているので、現在は天台宗に所属している。

また同じく霊友会から分かれた新宗教に立正佼成会がある。会長庭野日敬(一九〇六―一九九九)は長沼妙佼(一八八九―一九五七)と昭和十三年(一九三八)に霊友会より独立して大日本立正佼成会を創設し、長沼妙佼とともに活動を開始、昭和三十五年(一九六〇)に立正佼成会と改称して現在に至る。基本的には霊友会の法座組織を踏襲している。

創価学会は昭和五年(一九三〇)に創価教育学会として発足、初代会長牧口常三郎は十九年(一九四四)に獄死した。敗戦の翌年に創価学会と改称し、「正法は一つ」のスローガンの下に猛烈な折伏《しゃくぶく》運動を行なったり、国立戒壇の建立をさけんだが、これらはのちに戦術転換で消滅した。昭和三十九年(一九六四)には公明会が公明党となり政界進出をはかり、現在、わが国の政党の一つとしての地歩をきずいている。

戦後の新宗教の双璧は、創価学会と立正佼成会とである。

これらの新宗教は戦前から胎動していたが、戦後、急速の発展をとげたのは敗戦による国民の精神的空白をうめ、大衆を組織化するのに成功したからである。

新宗教・新新宗教の特色

新宗教の特色は、俗に「おかげ」「たたり」「なおし」だといわれる。「おかげ」は伝統的な仏教、主として密教が在来行なってきた現世利益に相当する。「たたり」は日本仏教を大きく特徴づけている精霊信仰、祖霊崇拝である。また、「なおし」は世直し、出直し、立て直しなどといわれるなおしで、多分に時代背景をもつ現世利益の一種である。天理教、金光教などのように幕末に生まれたものや、戦後の諸新新宗教も、いちように「なおし」によって世の中をよくし、庶民の幸せを自分たちじしんの手でつかむ、という意識が底流にあるのが認められる。たとえば、解脱会、阿含宗、念法真教、幸福の科学などである。このうち阿含宗のこの点に関しては対社会的態度があいまいな旧教団仏教と著しく異なり、したがって、戦後、新新宗教が驚異的な発展を遂げた秘密もここにかくされているように思われる。しかしまた、その本質は呪術的、シャーマニズム的な側面をひそめ、政治との関わりによって国家の運命にも大きく関係している。

近年、創価学会はかつての折伏戦術を一転して公明党の政界進出とともに社会への柔軟な浸透をはかり、また立正佼成会は人格完成と社会奉仕とをモットーとして、釈尊仏教をとり入れている。また阿含宗は密教・修験道・釈尊仏教を混淆《こんこう》したものである。

新旧を問わず、現代仏教は国際的な動きに左右されて、政治と宗教運動とが結びつきがちである。それだけに平和運動にしても、これからは宗教者じしんの主体性が厳重に問われるであろう。

▼むすび――日本仏教の未来性

今日、わが国の仏教は農地開放による寺院経済の基盤の喪失、本末制度の動揺、家制度の廃止など、いくたの問題をかかえながら、基本的には家中心の宗教としての葬式仏教、生活慣習としての祈祷仏教の形態を存続している。葬式仏教の死者儀礼は祖先崇拝、祖霊信仰にもとづくものである。葬式仏教は新宗教のいう広い意味での「たたり」、祈祷仏教は同じく「なおし」「おかげ」であってみれば、構造的には在来の教団仏教も新宗教もさして変わりがない、ともいえよう。だが、総体的にみると、教団仏教はまだ封建的旧思想を温存し、前近代的な側面が目だつ。国民思想として土着していながら、新しい世代の仏教離れの現象がみられる主原因も、ここにある。

仏教の国民生活そのものへの土着化は江戸時代以来、確かに地方農山漁村につよかった。しかし、全国的な過疎化現象の進行、あるいは都市化による村落共同体の没落などで、地方寺院の衰退はいなめない。反面、都市団地の増加による新しい個人対象の布教も都市型仏教の中に芽ばえつつあるものの、それは未知数だといってよい。

仏教社会学者の吉田久一氏は、近代資本主義社会と仏教について「仏教は無条件に資本主義を肯定することもできない立場にあり、仏教のもつ超歴史的な性格と近代性をのりこえる努力がもとめられる」といっている。思うに、この発言は重要である。こうした現実妥協をせずに常に歴史社会を超越した高次元の理想主義の立場が仏教の本来的な原点であるからである。

他方また明治初年以来、済《な》し崩しに出家仏教はすっかり変容して在家仏教となってしまって、その在り方が真摯に問われないままで今日にいたっている。そして今や、世界的に科学技術文明の発達にともなう種々なるマイナス面、すなわち自然破壊、公害、人口爆発、食糧不足、人種差別、戦争などの諸問題が絶えない。

ところで、仏教には一切衆生、僧伽という超民主主義的な人類共同体の思想がふくまれているのも事実である。イギリスの史学者アーノルド・ジョセフ・トインビー（一八八九—一九七五）は、二十一世紀の人類の思想は大乗仏教であろう、と予言した。この予言に、これからの仏教が果たして応えてゆくであろうか。

あとがき（旧版より）

わが国はアジア諸国のなかでは一世紀も前からいち早く近代化に着手し、現在、高度な先進工業国家として発展をつづけている一方、諸外国からはアジア諸国のなかでの仏教国とみられている。

歴史の古いわが国において仏教をとりあげただけでも、一千四百年の歴史をもち、しかもあらゆる時代の仏教が文化財、信仰、学問、習俗、年中行事、その他、いわゆる文化的精神的遺産として生きて伝わっている点で、アジアでも稀な国であるといってよい。

先般NHKテレビでフランスから来た新進の女流民俗学者の話があった。ある有識の対談者の、「なぜ日本まで来て修験や仏教の研究をしているのか」という質問に対して、「現にアジアで仏教の伝統が生きてそっくり残っているのは日本だけではありませんか」というかの女の答があり、対談者は「ああ、そうですか」と、全く認識不足な返事をしていた。

自国の伝統的な宗教についてよく知らないのは、実はわれわれ日本人じしんなのかも知れない。

ところで、十三世紀にわたる仏教史を語ることは、じつは容易なことではない。それはそのまま日本の歴史を語ることだといってもよいからである。

従来書かれた日本仏教史は数において決して少なくない。しかし、その大部分は教団側の歴史すなわち仏教教団史、仏教教理史といった類のものがほとんどであり、一般読者を対象とした出版物は、まことに少ない。

キリスト教に較べて、仏教では全般的に教団史の研究が著しくたちおくれているけれども、教団側の歴史研究もさることながら、教団、聖職者と一般庶民大衆との関わり合いにおいて捉えた生きた仏教史を想定するとき、民衆側の民俗的な、いわば下部構造的な仏教史でもなく、教団側の上部構造的な仏教史でもない、いわば仏教信仰史とでも名づける第三の仏教史が将来、形成されなければならないであろう。その事を念願しつつ、この拙ない一書を世におくり出したい。

なお、本書の性質上、先学の多数の著作を参考にさせていただいたことを感謝する。

改訂新版の刊行にあたって

昭和前期の長い間つづいた軍国主義の時代は、昭和二十年（一九四五）八月十五日の敗戦で終焉した。爾来、すでに六十四年の歳月が流れ去った。

この期間の伝統仏教の動向、仏教系の新宗教や新新宗教の躍進、時代社会の複合的発展などに筆を運ぶことは至難といってよいものがあろう。現在、われわれが生きている同時代について語ることは社会が大きく揺れ動いているので、それを客観的に把握しがたいからでもあろう。したがって戦後の仏教界を概観するのは雑感的な筆致に傾かざるを得ないが、これをもって結びに替えることにしたい。

第一、敗戦後のＧＨＱ（連合国軍）による占領政策でわが国はどのように変貌を遂げたかということである。明治期から戦前までの軍国主義の極端なナショナリズムは消滅し、アメリカ民主主義（戦後民主主義）を主潮とした新時代となってわが国の社会文化とくに教育に限ってみても全く一変してしまった――低学年の六三三制の導入、大学乱立など――。その主軸は基本的人権による民主化であった。もちろん、これは個人の自由と平等を揺るがぬ理念とするものである。

高度経済成長の時期を経て今日の世界的不況に見舞われるに至るまで、わが国の社会は民主主義の不消化の反面が露呈して今や時代社会の混迷、世相の荒廃はその極に達しているといわなければならない。

第二、仏教は人心の救済、社会の善導をもって利他行とすることでしかあり得ない。ありていにいって戦後の教団仏教は、時代の趨勢《すうせい》に真摯に対応できかねているのではなかろうか。

そのすべてとはいわないが、いわゆる新宗教、新新宗教とよぶ新興宗教教団がそうした時代の要請に対応して現実的に宗教的活動をしているのは否めないであろう。

第三、教団仏教は戦後、時代に即応して改革されてきただろうかということである。

残念ながら一千四百年の歴史の中で培われてきたはかりしれない潜在力を、今日、十分に発揮できないままでいる。しかし、筆者は日本仏教の未来性にかけているものである。

すでに書いたことであるが、イギリスの史学者トインビーは「二十一世紀に残る思想は共産主義か大乗仏教であろう。が、大乗仏教の可能性がある」といった。この予言的な期待に応えていかなければならない、と思う。

二十一世紀も依然として民族紛争と宗教的対立抗争がつづき、そのために地球上で局地的戦争が絶えることがない。

民族格差にもとづくいわゆる南北問題も解消の目途が立たないままである。

人心救済と社会善導はもとよりのこと、核廃絶と軍縮による世界恒久平和の実現に教団仏教は積極的に参画し推進していくべきである。自他ともに平和の宗教をもって是認する仏教に課せられた世界的責務は重かつ大であることを再言して擱筆したい。
　この増補改訂版の刊行で大法輪閣編集部の佐々木隆友氏になみならぬお世話をいただいた。ここに衷心より謝意を表する次第である。

平成二十一年九月初旬

信州の山房にて
筆者識す

日本仏教史略年表

五三八	宣化3	百済、聖明王、仏像と経論を日本に献ず。
五七四	敏達3	聖徳太子生まれる。
五八四	敏達13	司馬達等の娘、島女出家して善信尼（日本最初の比丘尼）。
五八八	崇峻1	善信尼、百済に留学。法興寺（飛鳥寺、元興寺）着工。
五九〇	崇峻3	善信尼帰国。達等の子多須奈、出家して徳斉（日本最初の比丘）。
五九三	推古1	聖徳太子、摂政となる。四天王寺建立。
五九四	推古2	仏法興隆の詔を発す。
六〇四	推古12	聖徳太子、憲法十七条を制定。
六〇六	推古14	初めて四月八日、七月十五日の設斎を行なう。
六〇七	推古15	法隆寺創建。
六一五	推古23	聖徳太子『三経義疏』完成。
六二二	推古30	聖徳太子没す(49)。妃たち「天寿国繡帳」を造る。
六二五	推古33	高句麗の慧灌が来日（三論宗初伝）。
六三九	舒明11	百済大寺（後の大官大寺、大安寺）を造営。
六四二	皇極1	旱魃となる。百済大寺で大乗経を転読悔過し、祈雨のため衆僧に『大雲経』を読誦させる。
六五三	白雉4	道昭入唐、玄奘に学ぶ。
六五七	斉明3	飛鳥寺に盂蘭盆会をもうけ、都貨邏人に供養す（盆の習俗のおこり）。
六五八	斉明4	僧智通・智達入唐して玄奘に学ぶ。
六六〇	斉明6	道昭帰国、元興寺に住して法相宗を伝う。
六六九	天智8	藤原鎌足、山階寺（後の興福寺）を創建。
六七五	天武3	殺生肉食を禁ずる。
六七六	天武4	放生会おこる。
六七八	天武6	入唐僧道光、帰国して律宗を伝える。
六八〇	天武8	天武天皇、皇后の病気平癒のため薬師寺建立を発願。初めて宮中と諸寺で『金光明経』を講ずる。

六八三	天武11	僧正、僧都、律師を任じて僧尼を監督させる。
六八五	天武13	家ごとに仏舎をつくり礼拝させる（家の仏壇のはじまり）。
六九四	持統8	諸国に『金光明経』百部を送って、毎年正月に読誦させる。
六九九	文武3	役小角、伊豆に流される。
七〇〇	文武4	道昭（72）没し粟原に火葬さる（火葬のはじまり）。
七〇一	大宝1	道慈、入唐。僧尼令の制定。
七一七	養老1	百姓の私度を禁止。行基の民間活動を禁止。玄昉、入唐。
七一八	養老2	道慈、唐から帰国して三論宗を伝える。
七二三	養老7	筑紫に観世音寺を建立。興福寺に施薬院・悲田院を建て封戸、水田等を施入。
七三五	天平7	玄昉帰国し、経論五千余巻を興福寺におさめる。唐僧道璿、バラモン僧菩提仙那、扶南僧仏哲ら来日。
七四一	天平13	国ごとに国分寺・国分尼寺を置く詔が発せられる。
七四三	天平15	墾田永世私財法を定める。盧舎那仏（大仏）建立発願。
七四五	天平17	行基、最初の大僧正になる。玄昉を筑紫に左遷。
七四九	天平感宝1	行基（82）没す。
七五二	天平勝宝4	東大寺大仏開眼供養。
七五四	天平勝宝6	唐僧鑑真来日し、律宗を伝える。
七五五	天平勝宝7	東大寺戒壇院建立。
七五六	天平勝宝8	聖武上皇没す。聖武上皇の遺品などを東大寺に納める（正倉院御物）。
七五九	天平宝字3	鑑真、唐招提寺を創建する。
七六一	天平宝字5	下野薬師寺、筑紫観世音寺に戒壇をもうける。
七六三	天平宝字7	鑑真（77）没す。

七六六	天平神護2	道鏡、法王となる。
七六七	神護景雲1	最澄、滋賀に生まれる。
七七〇	宝亀1	道鏡を下野に左遷する。
七七四	宝亀5	空海、讃岐に生まれる。
七七八	宝亀9	最澄、行表に学ぶ。
七七九	宝亀10	淡海三船、『唐大和上東征伝』を著す。
七八五	延暦4	最澄、東大寺戒壇院で具足戒を受ける。そのあと比叡山にこもる。
七八八	延暦7	最澄、比叡山寺を建立。
七九一	延暦10	空海、京の大学に学ぶ。
七九七	延暦16	最澄、内供奉に任ぜられる。空海『三教指帰』を著す。
八〇二	延暦21	最澄、高雄山寺で天台三大部を講ずる。
八〇四	延暦23	最澄、空海入唐。
八〇五	延暦24	最澄帰国する。空海、長安寺恵果より密教の大法をさずかる。長安の恵果入滅し、道俗千余人を代表し、空海が追悼の碑文を撰す。
八〇六	延暦25	最澄、天台法華宗年分度者二人を奏請し認可される。(天台宗開宗)空海帰国する。
八一二	弘仁3	最澄と弟子たち、高雄山寺で空海から灌頂をうける。
八一七	弘仁8	空海、高野山開創に着手する。最澄『照権実鏡』を著し法相宗の徳一と論争。
八一八	弘仁9	最澄『天台法華宗年分学生式』六条、『勧奨天台宗年分学生式』八条を制定する。
八一九	弘仁10	最澄『天台法華宗年分度者回小向大式』四条を制定する。
八二〇	弘仁11	最澄『顕戒論』を著し、南都僧綱と論争。
八二一	弘仁12	空海、讃岐の満濃池を修築する。この年最澄は『法華秀句』を、空海は『文鏡秘府論』などを著す。
八二二	弘仁13	東大寺に真言院をおく。最澄（56）入寂。比叡山戒壇勅許。この年高岳親王出家し、

		空海の弟子となる（真如）。
八二三	弘仁14	東寺を空海に給預、寺号を教王護国寺とする。空海『真言宗所学経律論目録』を奏進（真言宗の開宗）。
八二八	天長5	空海「綜藝種智院」（世界最初の庶民学校）を創立。
八三〇	天長7	空海『秘密曼荼羅十住心論』『秘蔵宝鑰』を著す。淳和帝の勅により「天長六本宗書」が提出されたものに入る。
八三二	天長9	実慧（七八五—八四七）東寺長者となる。
八三五	承和2	空海、内道場で後七日御修法を修す。空海（62）、高野山で入定。弟子の真済、空海の詩文を集めて『遍照発揮性霊集』を編纂。
八三八	承和5	最後の遣唐船により常暁、円仁ら入唐。
八四二	承和9	慧雲入唐。
八四七	承和14	円仁帰国。『入唐求法巡礼行記』を著す。

		真雅、東大寺別当となる。
八四八	承和15	円仁、常行三昧堂を建立。
八五三	仁寿3	円珍、入唐。
八五四	仁寿4	円仁、比叡山座主職につく。
八五八	天安2	円珍帰国。
八五九	貞観1	三井園城寺落慶。円珍長吏となる。
八六〇	貞観2	真雅、東寺長者となる。
八六二	貞観4	真如親王、宗叡ら入唐。
八六六	貞観8	最澄に伝教大師、円仁に慈覚大師とおくり名する。真如親王、広東を出発してインドに向かう（のち羅越国で没す）。
八六八	貞観10	円珍、天台座主となる。
八七六	貞観18	嵯峨院を大覚寺に改める。聖宝（八三二—九〇九）醍醐寺を創建。
八八〇	元慶4	安然、『悉曇蔵』成稿。
八九〇	寛平2	益信、東寺長者となる。
九〇六	延喜6	観賢、東寺長者となる。のちに醍醐寺第

		一世座主、高野山金剛峯寺座主も兼ねる。
九二一	延喜21	空海に弘法大師とおくり名する。
九二七	延長5	円珍に智証大師とおくり名する。
九三八	天慶1	空也、京都で念仏をすすめる。
九四八	天暦2	空也、比叡山で天台座主延昌につき受戒、高勝と名のる。
九五一	天暦5	空也、西光寺（六波羅蜜寺）建立。
九六三	応和3	増賀、多武峯に入る。
		良源、興福寺浄蔵らと清涼殿で論義（応和宗論）。空也、金泥大般若経を完成、六波羅蜜寺で供養し、万灯会をもうける。
九六六	康保3	良源、天台座主となる。
九六七	康保4	性空、書写山に円教寺を建立。
九八三	永観1	奝然、入宋。太宗から法済大師の大師号をおくられる。
九八五	寛和1	源信、『往生要集』を著す。
九八七	寛和3	良源に慈慧大師とおくり名する。

九九三	正暦4	山門・寺門の対立。円珍の門下は三井の園城寺に移る。
一〇〇三	長保5	寂昭、入宋。宋の真宗より円通大師の大師号をおくられる。
一〇二二	治安2	藤原道長の法成寺金堂落慶。
一〇五二	永承7	この年より末法の年に入ったと信じられた。藤原頼通、宇治の別荘を平等院とし、翌年、阿弥陀堂（鳳凰堂）を落慶。
一〇七二	延久4	成尋、入宋。神宗から善慧大師の大師号をおくられる。
一〇九四	嘉保1	永超（法相宗）『東域伝燈目録』を著す。
一〇九五	嘉保2	覚鑁、肥前に生まれる。
一一〇五	長治2	藤原清衡、平泉に中尊寺を建立。
一一一七	永久5	良忍、融通念仏を感得。
一一二四	天治1	良忍、京都で融通念仏を唱う。
一一三二	長承1	覚鑁、高野山に大伝法院建立。
一一三四	長承3	覚鑁、大伝法院兼金剛峯寺座主となる。

一一四〇	保延6	覚鑁、高野山をのがれ根来山に移る（新義真言宗）。
一一四一	永治1	栄西、備中に生まれる。
一一四三	康治2	覚鑁（49）入寂。
一一四七	久安3	法然、叡山で出家。皇円につき天台を学ぶ。
一一五〇	保元6	法然、黒谷で叡空に師事。
一一六八	仁安3	栄西入宋。重源とともに天台山に登る。同年、栄西、重源帰国。
一一七三	承安3	親鸞生まれる。
一一七五	承安1 安元5	法然、専修念仏を唱え、黒谷を去り西山広谷に移り、ついで東山吉水に住む。
一一八一	養和1	重源、東大寺復興の宣旨を受けて諸国勧進をはじめる。親鸞、慈円について得度。
一一八五	文治1	源頼朝、米一万石・砂金一千両・上絹一千疋を東大寺に寄進し造営費にあてる。東大寺大仏開眼供養。
一一八七	文治3	栄西、再び入宋。
一一九〇	建久1	高弁、栂尾山を下賜。
一一九一	建久2	栄西、虚菴懐敞より臨済禅を受け帰国。
一一九五	建久6	東大寺大仏殿再建供養、天皇行幸し、源頼朝ら従う。重源、醍醐寺に宋本一切経を施入する。
一一九八	建久9	高弁、文覚より栂尾の復興を託される。法然『選択本願念仏集』を、栄西『興禅護国論』を著す。
一一九九	正治1	俊芿、入宋。
一二〇〇	正治2	道元、京都に生まれる。
一二〇一	建仁1	親鸞、源空の弟子となる。
一二〇二	建仁2	栄西、建仁寺を創建。
一二〇四	元久1	法然、「七箇条制誡」をつくり門弟を誡める。
一二〇五	元久2	貞慶、念仏停止の訴状（興福寺奏状）を起草。
一二〇六	建永1	法然の弟子、安楽・行空捕えられる。高弁、

		栂尾に高山寺を創建。
一二〇七	承元1	法然は土佐、親鸞は越後へ流罪となる。
一二一一	建暦1	俊芿、律・天台・禅を修め、宋より帰国。法然赦されて帰洛、東山大谷に住む。
一二一二	建暦2	法然（80）入寂。高弁『摧邪輪』を著し、法然の『選択集』を批判する。
一二一三	建暦3	道元、叡山の公円座主について出家。
一二一四	建保2	栄西『喫茶養生記』を著す。
一二一五	建保3	栄西（75）入寂。
一二一七	建保5	道元、建仁寺に入り明全に参じる。
一二一八	建保6	俊芿、泉涌寺を再興。
一二二〇	承久2	慈円『愚管鈔』を著す。
一二二一	承久3	聖覚『唯信鈔』を著す。
一二二二	貞応1	日蓮、安房国に生まれる。高弁『光明真言句義釈』を著す。
一二二三	貞応2	道元、明全と入宋。行勇、北条政子の発願により、高野山金剛三昧院を建立。
一二二四	貞応3	親鸞『教行信証』を著す。
一二二七	安貞1	道元、帰国し曹洞禅を伝える。建仁寺で『普勧坐禅儀』を著す。延暦寺の衆徒、源空の墓を破却。延暦寺の僧徒『選択集』の版木を焼く。
一二三一	寛喜3	道元『正法眼蔵』弁道話を示衆す。
一二三三	天福1	日蓮、清澄に入山。道元、深草に興聖寺を開山。親鸞この頃京都へ向かう。
一二三六	嘉禎2	叡尊、覚盛、円晴らと東大寺において自誓受戒する。
一二三九	延応1	一遍、伊予に生まれる。忍性、西大寺で叡尊より受戒する。
一二四三	寛元1	日蓮、比叡山に登る。道元、波多野義重の招きにより、越前に去る。
一二四六	寛元4	道元、大仏寺を永平寺と改め上堂を修す。蘭渓道隆、宋より来朝。
一二四七	宝治1	道元、鎌倉で北条時頼と法談。

一二五三	建長5	日蓮、はじめて題目を唱え、鎌倉に布教開始（唱題立宗）。道元、永平寺を懐弉に譲る。道元（54）入寂。建長寺落慶、道隆開山となり住す。
一二六〇	文応1	兀庵普寧、来朝し建長寺に住す。
一二六一	弘長1	日蓮、伊豆に流罪。
一二六二	弘長2	親鸞（90）入寂。
一二六三	弘長3	日蓮、伊豆流罪を赦される。
一二六四	文永1	日蓮、小松原で法難。
一二六八	文永5	凝然、『八宗綱要』を著す。
一二七一	文永8	日蓮、竜口法難。日蓮、佐渡に流罪。
一二七二	文永9	日蓮『開目抄』を著す。覚信尼、親鸞の墓を吉水に移し、本願寺を建立。
一二七三	文永10	日蓮『観心本尊抄』を著す。
一二七四	文永11	日蓮、流罪を赦される。日蓮、身延山に退隠。一遍、熊野本宮証誠殿に参籠し神示を受ける。
一二七五	建治1	日蓮『選時抄』を著す。
一二七六	建治2	日蓮『報恩抄』を著す。一遍、時宗を開く。
一二七九	弘安2	無学祖元、北条時宗の招きに応じ来朝。一遍、信州伴野で別時念仏をはじめる。
一二八二	弘安5	日蓮（61）、武蔵国池上で入寂。北条時宗、円覚寺を建立し、祖元を請じ開山。
一二八三	弘安6	無住、『沙石集』を著す。
一二八四	弘安7	叡尊、宇治橋を補修、幕府官符を下して宇治川の網代漁を禁止する。
一二八九	正応2	一遍智真（51）入寂。
一二九四	永仁2	忍性、四天王寺に悲田院・敬田院を復興する。
一二九九	正安1	一山一寧、元から来日する。
一三一一	応長1	凝然『三国仏法伝通縁起』を著す。
一三二一	元亨1	瑩山紹瑾、諸岳寺を総持寺と改め住す。
一三二二	元亨2	虎関師錬、『元亨釈書』を著す。
一三二五	正中2	夢窓疎石、南禅寺に住す。

一三三九	暦応2 延元4	足利尊氏、暦応寺（天竜寺）を創建、疎石開山となる。
一三四二	興国3 康永1	幕府五山十刹の制をしく。
一三八六	元中3 至徳3	幕府五山の順位を定め南禅寺を五山の上とする。
一三九七	応永4	足利義満、金閣鹿苑寺を創建。
一四一三	応永8	高野山での一切の念仏行を禁制する。
一四三九	永享11	日親、将軍義教を諌めて、信徒三十六人と共に捕えられ拷問を受ける（永享法難）。
一四六五	寛正6	延暦寺の衆徒、大谷本願寺を破壊。蓮如、近江へ移る。
一四七一	文明3	蓮如、越前吉崎に本願寺を建立する。
一四七四	文明6	一休宗純、大徳寺住持となる。加賀一向一揆、守護代を殺す。
一四七九	文明11	蓮如、京都山科に本願寺建立。
一四八二	文明14	足利義政、東山に銀閣慈照寺を創建。
一四八八	長享2	加賀一向一揆、守護の富樫氏を滅す。宗徒、能登・越中を侵略する。
一四九六	明応5	蓮如、大坂石山に本願寺の別院を建立。
一五〇六	永正3	一向一揆、諸国に蜂起する。
一五三二	天女1	法華一揆、山科本願寺を焼打する。
一五七一	元亀2	織田信長、比叡山を焼打ち、堂塔ほとんど焼く。
一五八一	天正9	信長、信孝に高野山を包囲させる。信長、諸国の高野聖三千余人を殺す。
一五八五	天正13	秀吉、根来寺を攻撃。高野山の木食応其を援助する。
一五九五	文禄4	秀吉、方広寺の大仏供養、日奥、出仕をこばむ（不受不施派のおこり）。
一五九六	文禄5	玄宥、智積院開基（新義真言宗智山派）。
一五九九	慶長4	日奥、家康に喚問され、受不受を対論。翌年、対馬に流罪となる。天海、喜多院を再興する。石田三成、高野山に一切経蔵を創建。

一六〇一	慶長6	家康、高野山に法度を下す。
一六〇二	慶長7	顕如の子、教如、六条烏丸に東本願寺を建立。
一六〇八	慶長13	江戸城で浄土宗廓山と日蓮宗日経、宗論を行なう。翌年、日経惨刑となる。延暦寺法度を下す。
一六〇九	慶長14	園城寺・東寺・醍醐寺・高野山学侶方・関東真言宗古義諸山。相模国大山寺・聖護院に法度を下す。沢庵、大徳寺の住持となる。
一六一〇	慶長15	高野山・石山寺に法度を下す。
一六一二	慶長17	曹洞宗・興福寺・長谷寺に法度を下す。
一六一五	元和1	諸宗本寺本山の諸法度を定める。
一六一六	元和2	身延山に法度を下す。
一六一七	元和3	天海、助言して家康を日光に改葬し、東照宮（輪王寺）を建立。高野山・五山十刹に重ねて法度を下す。
一六二五	寛永2	天海、江戸上野に東叡山寛永寺を建立、第一世となる。
一六二九	寛永6	沢庵、大徳寺紫衣事件により出羽上山に流罪となる。
一六三〇	寛永7	日蓮宗不受不施派の日奥（妙覚寺）の遺体、日樹（本門寺）らを流罪にする。
一六三二	寛永9	幕府、寺院本末帖作成を命ずる。沢庵、赦免され帰洛す。
一六三五	寛永12	幕府、諸藩に寺社奉行を置く。
一六三八	寛永15	家光、江戸品川に東海寺を創建、沢庵開山となる。
一六四〇	寛永17	幕府、宗門改役を置き、寺請・宗旨人別帳をつくらせる。
一六四八	慶安1	天海版大蔵経が完成し刊行される。天海に慈昭大師とおくり名される。
一六四九	慶安2	運敞、この頃『性霊集便蒙』を著す。
一六五〇	慶安3	鈴木正三、この頃『万民徳用』を著す。

一六五四	承応3	隠元隆琦、来日する。
一六六一	寛文1	隠元、宇治に黄檗山万福寺を創建する。元政、深草に瑞光寺を建立、法華律（草山律）を唱う。
一六六五	寛文5	幕府、不受不施派に対し寺領手形を要求、応じた者（悲田派）は許され、応じなかった日講ら（恩田派）流罪となる。
一六七二	寛文12	妙立、自誓受戒す。
一六七八	延宝6	霊空、妙立に師事し十重禁戒を受ける。
一六八一	天和1	鉄眼道光、黄檗版（鉄眼版）大蔵経を刊行。浄厳、『悉曇三密鈔』を著す。
一六九〇	元禄3	覚鑁に興教大師とおくり名する。
一六九一	元禄4	浄厳、江戸湯島に霊雲寺を創建。不受不施派（悲田派も含め）の大検挙、多数の僧侶、信徒が伊豆諸島に流罪となる。
一六九二	元禄5	幕府は高野山の学侶、行人の抗争を裁断し、聖寺を取潰し、行人、聖一千余人を山外に追放（元禄聖断）。寺院再興、新寺の建立を禁止。
一六九三	元禄6	天台座主公弁法親王、安楽律院を再興、霊空に住持せしめる。
一七〇〇	元禄13	卍山道白、曹洞宗の革正を訴願。
一七〇二	元禄15	卍元師蛮、『本朝高僧伝』を著す。
一七〇七	宝永4	聖宝に理源大師とおくり名する。
一七〇八	宝永5	白隠慧鶴、信濃の道鏡慧端（正受老人）に参ず。
一七二三	享保8	鳳潭、京都松尾に華厳寺を建て、華厳宗を復興。霊空、東叡山の浄名院を改めて律院とする。
一七二九	享保14	霊空、日光に興雲院を建立し弘律の道場とする。天桂伝尊、『正法眼蔵辨註』を著す。
一七四五	延享2	富永仲基、『出定後語』を著し、仏典の批判的な研究をする。
一七五八	宝暦8	真流円耳、安楽律派を追い、安楽律院の

		大小兼学を改める（安楽騒動）。白隠、駿河竜沢寺開基。慈雲、生駒の双竜庵に隠棲し、梵本研究をはじめ、のち『梵学津梁』一千巻の成果をあげる。
一七七二	安永1	輪王寺宮公遵法親王、令旨をもって安楽院の律制を大小兼学に復す。円耳は追放となる。
一七七四	安永3	良寛、出家する。この頃、慈雲『十善法語』を著す。実恵に道興大師とおくり名する。
一七九七	寛政9	慈雲河内高貴寺に戒壇をもうけ、正法律の根本道場と定める。
一八〇四	文化1	慈雲（87）示寂。この頃、良寛、越後に五合庵を造り住す。
一八〇五	文化2	幕府、三業惑乱に裁決、智洞を処罰す。
一八一七	文化14	平田篤胤の『出定笑語』出版される。
一八一八	文政1	仰誓、『妙好人伝』を作る。
一八三八	天保9	幕府、不受不施派を全国的大検挙。

一八四三	天保14	島津斉昭、神仏混淆を廃し、神社を唯一神道に改める。薩摩のかくれ念仏の真宗門徒十四万人が摘発される。
一八六五	慶応1	薩摩藩、廃仏毀釈を行なう。
一八六七	慶応3	津和野藩、廃仏毀釈を行なう。
一八六八	明治1	キリシタン禁制の高札。神仏分離令発布。各地に廃仏毀釈おこる。
一八七二	明治5	大教院が設立される。高野山、比叡山の女人禁制が解かれる。修験道を廃し天台、真言両宗に帰属させる。一宗一管長制が布達される。西本願寺の島地黙雷・赤松連城・東本願寺の現如法主・石川舜台ら渡欧する。
一八七四	明治7	大内青巒『明教新誌』を発刊。
一八七五	明治8	真宗四派、大教院から分離。大教院解散。
一八七六	明治9	転宗転派の自由が許され、諸派別立おこる、東本願寺の南条文雄・笠原研寿「渡

		英し、マックス・ミュラーにつき梵語仏典の研究をはじめる。親鸞に見真大師とおくり名する。
一八七九	明治12	道元に承陽大師とおくり名する。
一八八三	明治16	南条文雄、無量寿経等の梵本および『大明三蔵聖教目録』を刊行。島根蕃根『縮刷大蔵経』の出版を開始。俊芿に月輪大師、真盛に慈摂大師とおくり名する。
一八八四	明治17	神仏教導職を廃止し、教師・住職の任免を管長に委任。田中智学、立正安国会（のちの国柱会）を結成。
一八八六	明治19	一遍に円照大師、蓮如に慧燈大師とおくり名する。雲照律師、東京に目白僧園を創立する。
一八八七	明治20	井上円了、哲学館を設立。『真理 金針』『仏教活論』を著す。
一八八九	明治22	大内青巒、尊皇奉仏大同団を結成。

一八九三	明治26	井上哲次郎著『教育と宗教の衝突』、井上円了著『忠孝活論』、村上専精著『仏教忠孝論』等の出版。万国宗教大会（シカゴ）に釈宗演（円覚寺管長）、土宜法竜（高野山管長）ら出席。
一八九四	明治27	村上専精ら『仏教史林』を創刊。古河勇、雑誌『仏教』に「懐疑時代に入れり」の論文を発表。諸宗、従軍布教使・慰問使を派遣。日清戦争勃発。
一八九五	明治28	清沢満之、京都白川で東本願寺改革運動をはじめる。
一八九七	明治30	鈴木大拙、渡米し、仏典の英訳・著述に活躍をはじめる。河口慧海、チベット旅行に出発。
一八九九	明治32	境野黄洋・高島米峰・杉村楚人冠ら仏教清徒同志会（のち新仏教徒同志会）を結成。翌年、雑誌『新仏教』創刊。出口王

		仁三郎、出口なおと協同で大本教を推進する。
一九〇〇	明治33	清沢満之、東京に浩々洞を開く。高楠順次郎『巴利仏教読本』を刊行。
一九〇一	明治34	清沢満之、雑誌『精神界』を発刊。村上専精『仏教統一論』を著す。田中智学『宗門の維新』を著す。
一九〇二	明治35	大谷光瑞ら、第一回中央アジア探検に出発。近角常観、東京本郷に求道学舎を開く。『卍字蔵経』(前田慧雲・中野達慧ら編集)刊行はじまる。
一九〇三	明治36	大谷光瑞ら、中央アジア探検より帰国。河口慧海、チベットより帰国。前田慧雲『大乗仏教史論』を著す。清沢満之(41)、『我が信念』を執筆。
一九〇四	明治37	2月、日露戦争勃発。神儒仏基による日本宗教大会(東京芝)開催。姉崎正治

		『現身仏と法身仏』出版。
一九〇五	明治38	伊藤証真、無我苑を開く。
一九〇九	明治42	関山に無相大師、瑩山に常済大師とおくり名する。
一九一〇	明治43	幸徳秋水の大逆事件に内山愚堂(曹洞宗)、峯尾節堂(臨済宗)、高木顕明(真宗大谷派)等が連座する。姉崎正治『根本仏教』、立花俊道『巴利語文典』、荻原雲来『梵語入門』刊行。
一九一一	明治44	西田幾多郎『善の研究』を著す。
一九一二	明治45 大正1	神仏基の三教合同が開かれ、皇運扶翼、国民道徳の振興を決議。南条・高楠・望月ら『大日本仏教全書』の刊行開始。
一九一三	大正2	南条文雄・ケルン、梵文法華経』を刊行。南条・泉芳環『梵漢対照新訳法華経』を出版。大西愛治郎、ほんみち開教。
一九一四	大正3	11月、第一次世界大戦勃発。田中智学、

		改めて国柱会をおこす。木村泰賢『印度哲学宗教史』、松本文三郎『仏典の研究』刊行。
一九一五	大正4	荻原雲来『梵漢対訳仏教辞典』、木村泰賢『印度六派哲学』刊行。雑誌『新仏教』廃刊。
一九一六	大正5	各宗共同して、仏教護国団を結成。榊亮三郎『梵蔵漢和四訳対校翻訳名義大集』を刊行。倉田百三『出家とその弟子』出版。
一九一七	大正6	織田得能の遺稿『仏教大辞典』刊行される。『国訳大蔵経』『仏教大系』の刊行はじまる。隠元に真空大師とおくり名する。
一九一八	大正7	この頃から大正デモクラシー高まり、仏教界も影響をうける。深田千代、円応教を開創。雑誌『精神界』廃刊。大本教第一次弾圧。

一九一九	大正8	妹尾義郎、大日本日蓮主義者青年団を結成。辻善之助『日本仏教史の研究』刊行。
一九二〇	大正9	山崎弁栄、光明会をつくり念仏行の普及につとめる。
一九二一	大正10	西田天香『懺悔の生活』、倉田百三『愛と認識との出発』刊行。『国訳大蔵経』(二九巻)刊行。
一九二二	大正11	中野達慧編『日本大蔵経』(四八巻)。『大日本仏教全書』(一五一巻)刊行了。日蓮に立正大師とおくり名する。
一九二三	大正12	真宗青年僧侶、黒衣同名を結成し、部落解放・教団改革運動をおこす。久保角太郎、霊友会を、御木徳一、人道徳光教(後のひとのみち教団)をおこす。高楠順次郎・渡辺海旭ら『大正新脩大蔵経』全百巻の刊行開始。
一九二四	大正13	高楠順次郎主筆の「現代仏教」創刊。

一九二五	大正14	久保、小谷喜美が霊友会を再組織。金子大栄、『彼岸の世界』刊行。治安維持法と抱きあわせて宗教法制定。
一九二八	昭和3	金子大栄、異安心により大谷大学を追われる。
一九三〇	昭和5	牧口常三郎、創価教育学会を設立。谷口雅春、生長の家を創始。
一九三一	昭和6	1月、妹尾義郎、大日本日蓮主義者青年団を新興仏教青年同盟と改称。9月、満州事変勃発。
一九三四	昭和9	友松円諦・高神覚昇、真理運動を展開。岡田茂吉、大日本観音会（のちの世界救世教）をおこす。
一九三五	昭和10	大本教第二次弾圧。
一九三六	昭和11	ひとのみち教団、弾圧。岡野正道、霊友会を脱して孝道会を設立。
一九三七	昭和12	妹尾義郎、人民線戦事件に連坐、新興仏教青年同盟に解散を命ぜられる。
一九三八	昭和13	文部省、神儒仏三教に国民精神総動員を協議させる。庭野日敬・長沼妙佼、霊友会より独立して大日本立正佼成会を創設。
一九三九	昭和14	親鸞の『教行信証』の「主上臣下云々」を不穏とされ削除を命ぜられる。
一九四〇	昭和15	神社局を廃止し、神祇院官制公布。各宗、皇紀二千六百年記念事業に参加。
一九四一	昭和16	仏教連合会を大日本仏教会と改称。日蓮遺文、数百か所削除を命ぜらる。法華宗本門流の幹部、曼荼羅事件で検挙される。12月、東アジア太平洋戦争勃発。
一九四二	昭和17	神仏基合同の大詔奉戴宗教報国大会発足。興亜宗教同盟結成。
一九四三	昭和18	文部省、教学局に宗教課を設置。
一九四四	昭和19	大日本戦時宗教報国会結成。
一九四五	昭和20	8月15日、終戦。新憲法公布、信教の自

一九四六	昭和21	由が保障される。神道指令がマッカーサー司令部より出される。 政府の神祇院、官立の神宮皇学館廃止。創価教育学会を創価学会と改称。この頃から仏教教団は分派・独立が盛んとなる。
一九四七	昭和22	1月、法隆寺金堂火災、壁画損傷。
一九五〇	昭和25	7月、金閣寺全焼。
一九五一	昭和26	日本印度学仏教学会発足。宗教法人法公布。
一九五四	昭和29	全日本仏教会結成。
一九六〇	昭和35	仏教徒平和協議会が安保改定反対デモを行なう。
一九六一	昭和36	知恩院法然上人七百五十年大遠忌。東西本願寺、親鸞聖人七百年大遠忌。世界宗教者平和会議を京都で開催。6月、アインシュタイン、湯川秀樹ら七人、ヴァグウォッシュ平和宣言発表。
一九六二	昭和37	4月、日本宗教者平和協議会結成。
一九六三	昭和38	宇井伯寿没（81）。
一九六四	昭和39	立正佼成会、大聖堂落成。成長の家、政治連合結成。公明党、結成大会。
一九六六	昭和41	古都保存法施行。鈴木大拙没（96）。天台宗、伝教大師最澄生誕一千二百年慶讃法要執行。
一九六八	昭和43	全日本仏教会、靖国神社国家護持法案に反対を決定。
一九七一	昭和46	創価大学認可。日蓮聖人生誕七百五十年慶讃法要。椎尾辨匡没（95）。曾我量深没（96）。
一九七四	昭和49	日中友好仏教会が発足。
一九七五	昭和50	第一回全日本仏教青年会議、神戸で開催される。
一九八四	昭和59	弘法大師空海千百五十年遠忌法要、真言諸寺にて執行。

一九八五	昭和60	第一回日中仏教学術会議、京都で開催される。
一九九五	平成7	オウム真理教による地下鉄サリン事件起こる。
一九九九	平成11	中村元没（86）。
二〇〇〇	平成12	聖護院、金峯山寺、醍醐寺の修験三本山が役行者神変大菩薩千三百年遠忌を大峯山寺で行なう。

索　引

あ

い

う

え

お

か

き

こ

さ

し

そ

た

て

と

な

に

ね

の

は

ひ

ふ

へ

ほ

ま

み

む

め

も

や

ゆ

よ

ら

り

る

れ

ろ

わ

本書は、昭和54年に小社より刊行されたものに、著者が加筆・修正をして、新たに発行するものです。

宮坂　宥勝（みやさか・ゆうしょう）

1921年（大正10）、長野県岡谷市生まれ。東北大学文学部インド学科卒業。同大学院修了。文学博士。

高野山大学教授、サンパウロ大学東洋学部客員教授、リオ・カトリック大学講師、アンシエタ大学講師、名古屋大学教授等を歴任。

1999年（平成11）より2007年（平成19）まで、真言宗智山派管長・総本山智積院化主第68世の任に就く。

現在、名古屋大学名誉教授、美術院評議員、岡谷市照光寺長老他。

著書に、『仏教の起源』（山喜房佛書林）、『宮坂宥勝著作集（全6巻）』『インド学密教学論集』『空海曼荼羅』（以上・法藏館）、『密教世界の構造』『仏教箴言集（ちくま学芸文庫）』（以上・筑摩書房）、『仮名法語集』（岩波書店）、『空海密教の宇宙』（大法輪閣）他、多数。


〈改訂新版〉日本仏教のあゆみ ―その歴史を読み解く

昭和54年11月1日　初版　第1刷発行
平成22年4月22日 改訂新版 第1刷発行 ©

著　者　宮　坂　宥　勝
発行人　石　原　大　道
印刷所　三協美術印刷株式会社
製　本　株式会社　若林製本工場
発行所　有限会社　大　法　輪　閣
東京都渋谷区東2-5-36　大泉ビル2F
TEL　(03) 5466-1401(代表)
振替　00130-8-19番

ISBN978-4-8046-1300-0　C0015　　Printed in Japan